万法归宗

证券投资方法思考与回顾

陈立辉◎著

北方联合出版传媒（集团）股份有限公司

万卷出版公司

VOLUMES PUBLISHING COMPANY

ⓒ 陈立辉 2010

图书在版编目（CIP）数据

万法归宗：证券投资方法思考与回顾 / 陈立辉著
——沈阳：万卷出版公司，2010.3
（引领时代）
ISBN 978-7-5470-0719-8

Ⅰ.①万… Ⅱ.①陈… Ⅲ.①证券投资—基本知识
Ⅳ.① F830.91

中国版本图书馆 CIP 数据核字（2010）第 029937 号

出 版 者	北方联合出版传媒（集团）股份有限公司
	万卷出版公司（沈阳市和平区十一纬路 29 号　邮政编码　110003）
联系电话	024-23284090　　**邮购电话**　024-23284627 23284050
电子信箱	vpc_tougao@163.com
印　　刷	北京鹏润伟业印刷厂
经　　销	各地新华书店发行
成书尺寸	165mm × 245mm　　**印张**　16
版　　次	2010 年 11 月第 1 版　2010 年 11 月第 1 次印刷
责任编辑	周莉莉　　　　　**字数**　190 千字
书　　号	ISBN 978-7-5470-0719-8
定　　价	40.00 元

目　录
CONTENTS

万法归宗——证券投资方法思考与回顾

第五章　价值分析投资法的演进

第六章　万法归宗

第一章

Chapter1

证券投资的基本特征

第一节 证券市场简介

Section1

  证券市场是人类生产方式从自然经济发展到商品经济之后的必然产物。

  在自然经济生产方式中，生产者以直接获得产品为目的，农民种田是为了获得谷物，牧民放养是为了获得畜牧。但进入商品经济即市场经济之后，生产者生产的目的就不再是产品本身，而是蕴含在产品中的普遍价值或交换价值，也就是既能充当交换媒介又代表物质财富的货币。这样，货币就慢慢成为具有抽象财富意义的象征，而具体的物质财物如土地、机器乃至比较抽象的物质如人力、无形资产，都可以用货币来数量化。

  由货币这种财富象征的独特功能，可以进一步延伸出两个新的功能：一是将物质财富证券化和标准份额化，也就是虚拟化，使财富能实现无障碍地流动，财富的流动就不必真正将具体的物质搬来挪去，只要进行证券交割就可以了；二是信用体系的建立，不仅证券、存折、合约（即标准化合同）等是一种信用，连货币本身都是一种信用，其所代表的物质或真实财富，必须靠整个社会的信用体系才能得到保障，要是一方或双方可以随意推翻不认账的话，那整个社会就乱了套。

  但是，物质财富的证券虚拟化和信用体系的建立，只是证券市场形成的充分条件，仍需要其他必要条件，而生产规模的扩大和资源效率的优化，就是证券市场产生的必要条件。在最初的市场经济中，只存在资本与商品之间（尽管通过货币实现但本质未变）、资本与劳动力之间两种最基本的交换方式，前者就是我们熟悉的买卖关系或市场营销，后者就是我们熟悉的公司与员工关系，现在称之为资本和人力资源配置。但只有这两种交换体系还很不够：一方面，任何一家企业的资本都是有限的，而生产的规模则需要不断扩大，这样，企业必须从外部获得资本才能尽快实现规模化生产、扩张，虽然借款是一种常用的方式，但借款的时间约束性太强，不利于企业长远发展；另一方面，有些经营不善的企业想要退出经营，有些企业想要卖掉原有的生产设备转向新的行业，等等。在这两种发展需要的推动下，市场经济的交换必须从原来的资本与商品、资本与劳力两大领域进一步扩大到资本与资本之间，这种资本与资本的交换，也就是我们现在的证券市场，也叫资本市场。

由于资本市场是通过虚拟的财富证券形式实现，所以，又叫虚拟经济或叫衍生经济，它的根本功能是为实体经济服务，同时也受到实体经济的决定性制约。但是，这种虚拟经济或衍生经济一旦发展起来并达到一定规模，就具有自己的相对独立性，不见得就听实体经济的话，就像儿子不一定听老子的话一样，反倒会时不时闹情绪、搞逆反，如果这种情绪或逆反超出一定程度或范围，就会酿成金融危机，最常见的就是先吹起资产的证券价格泡沫，然后泡沫破裂，进而波及实体经济。衍生经济这种对实体经济的反作用，有时是非常巨大的，比如，美国的次贷危机对世界经济的影响，国际金融资本对能源、粮食价格上涨的助推，都是一些很好的例子。

由于证券市场是西方资本主义发展的产物，因此，在没有资本主义的中国古代，是完全没有这种东西的，所以，中国人对证券市场的认识和理解是比较初级和肤浅的，为此，有必要简略回顾一下西方证券市场的发展进程。大致来说，证券市场在西方国家经历了诞生、普及和完善三个阶段。

1．诞生阶段

时间约为17世纪初—18世纪末。西方证券市场的最初萌芽，可以追溯到16世纪初资本主义原始积累时期的西欧，当时法国的里昂、比利时的安特卫普已经有了证券交易活动，不过，最早进入证券市场交易的是国家债券，而不是现在普及的股票。到了17世纪初，随着资本主义经济的发展，出现了所有权与经营权相分离的生产经营方式，即股份公司开始形成和发展起来。股份公司的出现必然导致大量的股票、债券发行，投资人持有的公司股票、公司债券又经常有转让、变现的需要，于是，它们也就进入了证券交易的行列，并促进交易机构和系统的形成。1602年，在荷兰的阿姆斯特丹成立了世界上第一家股票交易所；1773年，英国的第一家证券交易所在"乔纳森咖啡馆"成立，1802年获得英国政府的正式批准，它就是现在伦敦证券交易所的前身；1790年，美国第一家证券交易所费城证券交易所宣布成立，从事政府债券等有价证券的交易活动；1792年5月17日，24名经纪人在华尔街的一棵梧桐树下聚会，商订了一项名为"梧桐树协定"的协议，约定每日在梧桐树下聚会，从事证券交易，并订出了交易佣金的最低标准及其他交易条款，1817年，这些经纪人共同组成了"纽约证券交易会"，1863年改名为"纽约证券交易所"，这便是著名的纽约证券交易所的前身。

这一时期证券市场的特点是：信用工具比较单一，主要是债券、股票两种形式，而且往往政府债券占据主导；证券市场规模小，主要采用手工操作；证券市场行情变动较大，投机、欺诈、操纵行为十分普遍；证券市场的管理、立法很不完善，证券市场也较为分散。

2．普及阶段

时间约为19世纪初—20世纪20年代。从18世纪70年代开始的工业革命，到19世纪中叶已在各主要的资本主义国家相继完成，工业革命推动了机器制造业的迅速发展，并使股份公司在制造业中普遍建立起来。1862年，英国有165家股份公司，而到了20世纪80年代中期，登记的股份公司达1.5万多家。发生在英国的这一过程，无一例外地先后发生在西方其他资本主义国家，产业革命后，股份公司迅速成为美国、法国、德国等资本主义国家企业组织的主要组织。股份公司的建立和发展，不仅使有价证券发行量不断扩大，也使有价证券的结构随之发生了变化，政府公债不再占有价证券的主要地位，取而代之的是公司股票和企业债券。据统计，在1900—1913年发行的有价证券中，政府公债占有价证券发行总额的40%，公司债券和各类股票则占60%。

这一时期的证券市场，其主要特点是：第一，股份公司逐渐成为市场经济企业组织的主要形式；第二，有价证券发行量不断扩大，已初具规模；第三，一些国家开始加强证券管理，引导证券市场规范化运行，如英国在1862年颁布了股份公司条例，德国1892年通过有限责任公司法，法国1867年颁布了公司法，日本1894年制定了证券交易法等；第四，证券交易市场在世界各地得到了广泛发展，如1878年日本东京证券交易所成立，1877年苏黎世证券交易所成立，1891年香港成立了股票经纪协会，1914年易名为香港证券交易所，等等。

3. 完善阶段

时间为20世纪30年代后至今。在1929—1933年这次资本主义发展历史中最严重的经济危机打击下，世界主要证券市场股价一泻千里，市场崩溃，投资者损失惨重，如到1932年7月8日，道琼斯工业股票价格平均指数只有41点，仅为1929年最高水平的11%。但是，大危机也使各国政府清醒地认识到证券市场管理的重要性，于是，世界各国政府纷纷制定证券市场法规和设立管理机构，使证券交易市场走向法制化，如美国1933—1940年期间，先后制定了证券交易法、证券法、信托条款法、投资顾问法、投资银行法等。

第二次世界大战结束后，随着资本主义各国经济的恢复、发展和增长，证券市场也迅速恢复和发展。于是，20世纪70年代以后，证券市场出现了高度繁荣的局面，市场规模不断扩大，交易也日益活跃。这一时期证券市场的运行机制发生了深刻的变化，出现了一些明显的新特点。

（1）金融、财富证券化。即企业通过证券市场融资的比例越来越高，居民储蓄结构也相应的出现了证券化倾向，股票和其他证券市值占国内生产总值的比例越来越高。

（2）证券市场多样化。这主要表现在：有价证券的发行种类、数量及其范围不断扩大；交易方式日趋多样化，除了证券现货交易外，还出现了期货交易、期权交易、股票价格指数期货交易、信用交易等多种交易方式。

（3）证券投资法人化。第二次世界大战后，证券投资者的结构有很大变化。除了社会公众个人认购证券外，法人进行证券投资的比重日益上升，尤其是20世纪70年代后，随着养老基金、保险基金、投资基金的大规模入市，证券投资者法人化、机构化速度进一步加快。

（4）证券管理法制化。第二次世界大战后，西方国家更加重视证券市场的法制化管理，不断制定和修订证券法律、法规，不断推进证券市场的规范化运行。同时，还通过各种技术监督和管理活动，严格证券市场法规的执行，证券市场行情趋于稳定，证券市场的投机、操纵、欺诈行为逐渐减少。

（5）证券系统网络化。在以计算机为基础的网络技术推动下，证券市场的网络化迅速发展，这主要体现在网络交易的突飞猛进上。与传统交易方式相比，网络交易的优势是：第一，突破了时空限制，投资者可以随时随地交易；第二，直观方便，网上不但可以浏览实时交易行情和查阅历史资料（公告、年报、经营信息等），还可以进行在线咨询；第三，成本低，无论是证券公司还是投资者，其成本都可以大大降低。

（6）证券市场国际化。现代证券交易越来越趋向于全球性交易，世界上主要证券市场的经纪人可以通过设在本国的电子计算机系统与国外的业务机构进行昼夜不断的24小时业务活动联系，世界上各主要的证券交易所都成为国际性证券交易所，它们不仅在本国大量上市外国公司的证券，而且在国外设立分支机构，从事国际性的股票委托交易。1990年在伦敦证券交易所上市的外国公司达500家，纽约证券交易所有110家，东京证券交易所有80多家。国际化的另一个重要特点是，国际证券市场的联动性越来越强，管理难度也越来越大，需要世界各国达成统一认识，采取联合行动。

（7）证券产品不断创新。"二战"后，西方发达国家的金融产品日新月异，证券品种不断创新。浮动利率债券、可转换债券、认股权证、分期债券、复合证券等新的证券品种陆续涌现，20世纪的后20年更是如此，金融期货与期权交易等衍生品种的迅速发展，使证券市场进入了一个全新的阶段。

（8）证券市场对整个经济的影响越来越大。20世纪80年代后发生的多起世界性、地区性金融危机，尤其是最近始于美国的次贷危机，最能反映这一点。

第二节 证券投资与实业投资的比较

Section2

要认识证券市场及其投资，还有必要比较其与商品市场及实业投资的差异。

1. 交易内涵

无论从目的还是从形式上看，商品市场交易与证券市场交易都有着本质的不同：在前者中，买卖双方实现的是商品价值和使用价值的转换，也就是使用价值的转移，在这一过程中，必然会伴随着物质的流动，俗话叫一手交钱，一手交货，现在的经济学语言叫物流或商流；在后者中，买卖双方交易的是抽象化了的价值，而且是通过信用虚拟的价值即证券，不发生具体物质形态的转移，即不发生物流，只发生资金流。此外，商品交换一般是一次性完成，也是一次性结束的，也就是说，获得商品使用权的一方，在交易完成后，就开始使用、享受商品直到商品报废，不是特殊原因，不会再转让该商品。而证券交易则完全不同，因为它交换的是抽象的价值或者说权益，只要不发生证券代表物如企业、国家的毁灭，是可以无限交易下去的，变化的只是价值额或价格，证券本身是不变的，是恒久存在的。

2．交易基础

商品的交换主要是社会生产分工的产物，因为不同的人和不同的企业生产的是完全不同的产品。这样，只有通过商品交换才能满足各自的需求，当然，这种交换是以货币为媒介进行的，不是原始的以物易物交换。而证券的交换虽然源头也是社会生产的分工，但主要原因还是前面说到的生产规模化和资源优化配置的需要。

3．交易速度

商品的交易速度一般是比较缓慢的，受供求关系的影响很大。当供远远过于求时，会导致商品的严重积压，交换无法实现，有时降价都不起作用，因此，商品交易永远存在着销售瓶颈，所以，销售就普遍成为企业经营中最大的难题；即使是供不应求，商品交易也是需要一定时间的，这样的时间尺度至少也是以天来计算的。而证券交易则完全不一样了，如果以市价为标准的话，只要想转手的证券数量不是特别大，基本上随时都可以为完成交易，几乎就是几秒几分钟的事，交易速度极快，换一种说法，也就是流动性很好、变现能力强，这也是证券市场富有吸引力的因素之一。

4．定价方式

商品和证券交易的定价因素和方式也是差别很大的。对商品定价起决定性影响的因素主要是两个，一是产品的综合成本以及相应的劳动生产率，二是供求关系以及相应的社会生产平均利润率，深究起来，这二者实际上是一个东西，只不过前者是从单个企业的生产水平看，后者是从同类企业社会的平均水平看。所以，归根到底，商品的价格取决于两个核心因素，一是管理、科技水平以及所影响的劳动生产率，一是劳动力价格；而且，长期来看，二者之间成反向运动，即劳动生产率总体上是越来越高，从而导致商品的价格不断走低，但劳动力的价格总体上也是越来越高，从而导致商品的价格不断走高，最终的结果看哪个因素的作用更大。此外，资源的约束性对价格的影响也很大，基于短缺或垄断资源所生产的商品，价格一般较高，反之，不受资源约束的商品，价格一般较低。最后，社会习惯和消费心理，对某些特殊商品价格的影响也很大，比如奢侈品、具有囤积居奇投资功能的产品、品牌产品、民俗文化产品等，价格一般比较高。

应该说，商品的定价已经比较复杂了，但证券的定价还要更为复杂，涉及的因素要更多，价格的稳定性也更差，本书及笔者其他书籍对此有过较多论述，由于内容太多，这里不可能展开，只提请投资者注意以下两点。第一，价格或定价是证券投资最核心的问题，一切投资理论和方法都是与证券定价相关的，都是力求找到证券价格运动的规律，进而获取价差盈利；第二，影响证券定价或价格的，是系统性因素及作用，而且是动态变化的，绝不是单一的因素及作用，也不是固定不变因素，因此，任何企图用单一或几个因素来解释证券价格、探求证券市场奥妙的做法和想法，都是不科学和不可取的，也是不能成功的，兼容并蓄、融会贯通、具体情况具体分析，是证券价格分析和投资方法的永恒原则。

此外，商品的定价，作为买方的企业拥有较大的定价自主权，而作为买方的消费者，就单个而言，基本上无力决定商品的定价；而证券交易的双方，基本上都没有定价权，定价是由整个市场及交易双方以集合竞价的方式决定的，但少数有控制交易能力的大资金则可以左右价格，中国证券市场习惯称这种有操纵价格能力的大资金为庄家。

5．盈利方式

实业投资的盈利是通过商品市场及交换来实现的，因此，投资成败的关键，在于投入—产出是正还是负，产出大于投入就盈利，否则就是亏损。这个衡量实业投资成败的公式形式上是很简单的，但具体的运作过程和计算则是很复杂的，并不是一般人都能掌握或明白的，它涉及大量的数据处理和财务分析。证券投资盈利是通过证券市场的交换来实现的，其投资的成败，取决于一买一卖或一卖一买之间的价差，这一点与实业投资的投入—产出计算方法，形式上是一致的，虽然掌握其中的奥妙与实业投资一样很难甚至更难，但计算却比实业投资要简单得多，只要懂得加减法就够了，不需要实业投资那样复杂的财务核算和数据统计分析。

6．财富性质

实业投资，一方面直接创造财富，另一方面也进行着社会财富的一次分配或初次分配。而证券投资，并不直接创造财富，最多只能说证券资本参与了社会财富的创造，因此，证券市场及其投资，主要参与的是社会财富的再分配，而且，这种财富的再分配，除了少数通过资产优化、重组有利于社会之外，多半对社会并没有太多积极价值，只是对个人的影响很大。

7．风险程度

绝大多数人认为，证券投资比实业投资的风险要大，这是一个模糊的说法，如果进行理性和逻辑的分析，这种说法是不能完全成立的。问题的关键在于人们对风险性质和来源的错误理解，多数人根据自己的直观感觉，认为风险是一种纯客观的存在，实际上并不完全是这样的，风险本质上是一种客观与主观之间的关系界定或评价，一方面与客体相关，另一方面也与主体相关。老虎、鳄鱼是凶猛的，所以接近它们有风险；街上车来人往，所以横穿马路有风险。这样的常识判断是没错的，但是，无论是老虎、鳄鱼还是车来人往的马路，所谓的风险都是针对人而言的，如果换成鱼儿、鸟儿，那就谈不上有多大风险了，因为它们具有人不具备的应对老虎、鳄鱼或车来人往的特殊能力。

所以，风险主要是就主体针对客体的能力而言的，如果主体不了解、不认识客体，或者虽能了解、能认识客体但无力应对，这样，风险就产生了，反之，风险就不存在至少是大大降低了，所以，人类发展和进步的历史，就是人类能力不断提高从而更能应对自然和社会挑战的历史。把这一观点用在实业投资和证券投资的风险认识上，对风险就会有与常识不同的理解：无论是实业投资还是证券投资，如果投资者没有足够的认识和能力，风险都是一样大的，实业投资亏损破产、家破人亡的事例不会比证券投资少；无论是实业投资还是证券投资，既有难以认识和把握的地方，也有相对容易认识和把握的地方，如实业投资的高科技、矿产资源开发等领域就是较难的，也就是高风险的，而饮食、轻工就相对容易得多，证券投资也一样，价格的短期走势、外汇等就是较难把握的，也就是风险较高的，而长期大趋势、大型底部等方面，就是相对容易把握的。所以，无论是实业投资还是证券投资，处理或应对风险的关键在于，一方面不断提高自己的能力，另一方面就是做自己能把握的事，如果既没有能力，又自不量力，带着赌博的心理谋求发财的话，那么，什么投资都做不好，投资什么都风险重重。

8. 主体组织

实业投资一般采取组织方式进行，那就是企业、个体户式或小农式的生产经营虽然也存在，但不是主流，其效率和能力也远远低于企业组织，对社会的作用与影响，更不如企业大。而证券投资至今为止的组织化程度，总体上还不如实业投资高，在中国更是如此，尽管机构组织已经成为股市的主导力量，但更多的依然是分散的、无组织的散户，即使是私募基金，也还不是很严格的组织。

但是，证券投资的机构化就像实业投资的企业化一样，是大势所趋，因为个人投资有着太多的局限性，绝大多数个人是无力应对市场的，这种状况，不仅妨害了证券市场的稳定良性发展，也使个人投资者亏损累累。在证券投资的组织化方面，美国是发展得最快的，远远走在世界前列，中国则还有很长的路要走。要改变中国证券组织化程度低的不良状况，需要多方努力和改变：从民间投资机构或私募基金来说，必须提高能力，坚守职业道德，取信于社会，不能做坑蒙拐骗的事，也不能滥竽充数；对投资者来说，要认清自己的局限，相信社会分工的合理性，遵循资金所有权和投资操作权分离的大势，然后，遴选出优秀的投资机构、投资人，再将自己的资金委托出去。

第三节 证券投资的方法论哲学

Section3

在证券投资过程中，会面临许多问题，但不管具体的问题有多少，最终都可以归结为几个基本矛盾或关系。这些基本矛盾或关系，既是证券投资每天必须面对的现实问题，又是投资方法的理论或哲学源头，因此，对其认识和把握的程度，影响到对投资方法的深入理解，更决定着一个投资者的眼界、境界以及成败。可是，许多投资者或由于思维的局限，或因为急功近利，或出于对理论或哲学的偏颇，总是不愿意深究或有意无意地回避这些基本矛盾，这是不可取的。为帮助投资者克服这种不良弊端，对投资方法的深层理论基础有一个大致了解，这里选取投资方法中的五个基本矛盾或哲学问题加以适当阐述，尽管这些是投资者习以为常的几个基本概念，但真正理解的不多。

◎ 不确定性与确定性

不确定性与确定性之间的关系，既是证券市场本身存在的客观辩证统一关系，也是市场存在与市场认识、客观与主观之间的辩证统一关系，它在投资实践中最集中的体现，就是大家熟悉的风险与收益之间的关系。投资一方面需要获得收益，另一方面又要规避风险、保障资金的安全，这样，投资的本质就是在变动不居的市场中，抓住其中相对确定的部分，舍弃其中不确定的部分。

但是，关于证券市场投资风险与收益的关系，大家接受的却是一种非常错误的流行观点，那就是风险越大、收益越高，反之，风险越低、收益也就越低。这是对不确定性和确定性关系不理解的产物，是一种似是而非的表面看法，危害很大，使投资者误认为要想获得高收益，就必须去冒高风险，反之，不冒险的话，就没有高收益。

从哲学上分析，应该这么来理解风险、安全、收益及相互关系：

风险来自主、客观之间的不确定性，既可能是客观事物本身捉摸不定，也可能是主观认识不足，更可能是主、客观两方面都存在较大不确定性因素。比如游泳，假如游泳者不知道水下的暗礁、旋流、危险动物，那肯定是很危险的；若一个人游泳技能不行的话，那就更危险。因此，一个既不熟悉水下情况又没有过硬游泳技术的人，其游泳的危险性是最高的。

安全就是主、客观之间的确定性。比如过河，可以有很多选择，架桥、划船、徒步涉水、游泳等，其中只有架桥是最安全的，因为它的确定性程度最高。

收益则是投入—产出之间的正差额。它与不确定性和确定性、风险和安全之间的相互关系是十分复杂的。既不能说风险越高、收益就越大，也不能说安全性越高、收益就越高。因为收益的高低涉及的因素很多，绝不是仅仅依据风险和安全状况就能作出评价的。所以，收益与风险、安全之间，不存在简单的正比或反比关系，存在着多种可能的组合：有风险高、收益也高的状况，如创业板中创投企业、以前中国股市盛行的控盘庄股；有风险高、收益却低的状况，如盲目地追涨杀跌、指数久涨之后的高位买进；有风险低、收益却很高的，如指数大型底部的买进，高速成长的优质股；有风险低、收益也低的，如成长性不足但市盈率较低的蓝筹股、大盘股。

当然，以上的分析是从单一一次投资交易来看的，也就是说，单一一次投资，既不能肯定高风险带来高收益，也不能肯定越安全收益越好。但是，如果从长期累积来看，投资收益是与风险成反比而与安全成正比的，也就是说，投资的确定性越高即安全性好、风险低，长期收益率就会越高，反之，投资的确定性越低即安全性差、风险高，长期收益率就会越低甚至亏损。格雷厄姆、巴菲特、林奇等投资大师，之所以能取得长期稳定的业绩，就是因为他们将不亏本作为投资的首要原则，并坚持价值基础上的趋势确定性，这证明了安全和收益之间，存在着长期基础上的正比例关系，否定了风险越高、收益也越高的假设或观点。

从客观上看，一个越稳定的市场，相对确定的范围就越广，也就越适合投资，安全性自然也就越高，反之，就不太适合投资，或投资的安全性较差。新兴市场或证券市场发展的早期，稳定性一般较差，能确定的东西较少，因此，风险很大，投资成功很难，这一点中外皆同。巴菲特、林奇之所以能成为现代的投资大师，那是因为他们所处的时代，有一个强大而稳定的美国股市，而20世纪30年代之前的美国股市，由于不稳定，同样也出不了大师。中国股市还很不成熟、不稳定，近二十年的发展过程，基本上是在反复的暴涨暴跌中完成的，这样的状况，客观上是不利于投资的，尤其不适合中小投资者参与，要想获得投资成功也是很难的，因此，投资成功的人很少，更不可能出投资大师，只有当中国股市成熟稳定之后，才适合广大中小投资者参与，才可能诞生中国的投资大师。

从主观上看，一个投资者越能从市场中发现确定的东西，他的投资就越安全，成功的可能性也就越大，反之，一个投资者总是不能发现或抓不住市场中确定的东西，他就绝不可能成功。在这点上，巴菲特和索罗斯是两个经典的榜样：巴菲特大智若愚，以保守著称，认为自己很多东西看不懂即不确定，因此，几十年如一日坚持只投资自己能看得懂的东西即能确定的部分；这是任何人都应该而且可以学习的；索罗斯则目光深邃犀利，有一个能洞悉世界一切的绝世聪明的大脑，能看到和看懂的东西很多，因此，就能做到纵横捭阖，不仅股市不在话下，期货、外汇同样得心应手，真是市场和投资的天才，这是绝大多数人学不到的。

其实，不确定性与确定性以及风险、安全、效益或效率之间的关系，并不是证券投资所独有的，而是人类社会所有决策领域都要遇到的问题，也是个人生活中的常识，只不过生活中在处理相关问题时，有许多千百年积累下来并潜移默化的经验，问题因而也就显得不像证券投资那么难解决。譬如，你去应聘了一个职位，而且成功了，你就知道自己起码能得到一份工资，收入也就有了，这就叫确定性；再如，你把钱存入银行，肯定会得到利息，这也是确定无疑的。这些日常生活中对确定性东西的选择，都是普遍的经验使然，不需要学习什么理论和技术。但证券投资就不同了，证券价格走势中的确定性东西，既没有任何明确的法规保障，也不是那么清晰可辨的，而是深藏或隐含着的，并且是流动的，因此，是很不容易发现和抓住的，需要深邃敏锐的眼光，需要运用坚实的理论和方法。这一点与猎人打猎是一样的，猎物要么是藏着的，要么是奔跑的，总之，是很难被发现和捕获的，只有对猎物十分熟悉并且捕猎方法非常厉害的猎人，才能不断收获猎物。

以不确定性与确定性的关系来看待投资方法的话，就可以这么说，如果一种投资方法，其可确定性程度越高，可确定的范围越广，那就越好，反之，就不是好的投资方法，或许个别人能掌握运用，进而成为独家秘籍，但不具有普遍性。

◎ 时间与空间

这实际上是上一个问题的延续，也是上一个问题在市场时空上的体现，无论是不确定性还是确定性，在投资中必然落实到对市场和投资品种未来时空变化的评估。

市场的运行总是在时空范围内进行的，要进行投资，就必须分清哪些时间和空间是可以确定的，哪些时间和空间是无法确定的，然后，投资那些自己能确定的时空组合，放弃那些自己不能确定的时空组合。这里重点涉及一个最常见的投资基本问题，那就是长期、中期、短期的选择问题，而决定这种选择优劣的标准，主要就是看其可确定性程度。仅从投资者的自主性或愿望来看，无论长期、中期、短期都是可以选择的，没有谁好谁不好的绝对区别，问题的关键还是在于确定性程度：假如你对长期方向最有把握，长期投资就是最好的，如巴菲特和费雪，要是你对长期方向很不确定，那就绝不能盲目长期投资；假如你对中期方向最有把握，中期投资就是最好的，这方面索罗斯、林奇是少有的天才型人物，要是你没有驾驭中期趋势的能力，那中期投资就不是你的好选择；短期投资也一样，好与不好、可选与不可选，也是看自己的把握程度；假如无论长期、中期、短期，你都搞不清，那任何投资方式都不合适，就最好远离市场。

但是，如果从纯客观的角度看时空关系，情况就完全不一样了。越长期（指几十年以上）的股市趋势，就越是比较确定的，因为市场长期的总体趋势肯定是向上的，这和人类是不断进步的一样，但这样的长期时间跨度太大，如果打算把财富留给子孙后代，这样做是不错的，如果想在自己的有生之年就享受财富的话，一二十年就是长期投资的极限了。

相反，越是短期的市场走势越是最不确定的，也就是最难投资的，国内外都没有真正成功的先例。所以，短期投资是最不可取的，国内盛行的短炒致富理论和技术是歪理邪说，是违背市场和投资规律的，是中介商为了自己的利益而对投资者的刻意教唆，也是中国股市不成熟、不稳定带给投资者的不良反应。

相对于股市长期的抽象确定性及过于遥远、短期的飘忽不定，市场中期的可确定性程度是比较中庸适度的，也是投资上最为可取的，既符合客观规律，也符合认识规律。因为1—3年左右的时空范围，是人类对未来相对容易预见的尺度，也是可计划、可操作程度最好的，太长不具有操作性，太短则不具有确定性。当然，这个中期是一个有弹性的时空，下限为一个月以上，上限最长可以到10年左右，但1—5年是中期的主要范围，所以，在各种计划中，也是以1年、3年、5年期最为普遍。

投资中的时空关系是非常丰富而复杂的，上述内容只是最基本的方面，但笔者认为，投资者最应该理解也最容易犯错的是时间。由于投资利润直接表现为空间上的价差，而且空间是看得见、摸得着的显性存在，所以，投资者最在意空间即指数或股价的涨跌，绝大部分技术分析也都是研究空间的方法，相反，由于时间属于看不见、摸不着的隐性存在，投资者和技术分析就对其很不重视。可是，对市场认识越深、对投资理解越深，就会越发觉得时间才是市场和投资的根本所在，俗话说，"十年树木，百年树人"，投资与此没什么两样，投资利润虽然看起来属于空间，但本质上是时间积累的结果，没有足够的、合适的时间保证，就不可能获得空间上的利润，市场也不可能走出空间上的趋势。今天栽下一棵树苗，没有谁愚蠢到希望它明天就长成大树，可在证券投资上，许多人却是这么做的，结果必然是失败。

时间在投资上的价值，主要表现为三个方面：一是对投资时机的把握，买入和了结时机都必须恰当好处，才有利于获得盈利，这与农业必须依据农时或季节播种、耕种一样，早了、晚了都不利于农作物的生长，自然就难以有好收成，甚至有可能导致农作物死亡，同样，该收获不收割，也会腐烂变质；二是耐心，机会没有到来之前，要耐心等待，在适当的机会买入之后，也要耐心等待收获季节的到来；三是市场的分析判断，必须特别重视时间的影响或作用，尽管时间看不见、摸不着，好像是空无一物，可实际上它对趋势的形成和发展影响最大，判断和预测趋势最好的方法也是时间，因为任何作用于市场的因素，都要通过时间来实现。

所以，只要你读懂了时间和学会了利用时间，市场分析和投资运作，其实就变得相对简单了，巴菲特就是靠这一点成为大师和世界首富的，抛开巴菲特具体的投资方法，深入地追究他的成功之道，他胜就胜在对时间的理解和运用能力超出常人许多。巴菲特许多方面谈不上有太多的过人之处，他的理论来自格雷厄姆和费雪的结合，应该还从凯恩斯那里吸取了营养，总之，没有什么特别之处，他的投资范围主要限于股市，而且单一地做多，不像索罗斯那样广泛和手段多样，因此，表面上的巴菲特是很容易读懂的，与其成就相比，甚至给人太平常之感，可是，又有几个人能像巴菲特那样，对时间有着深入骨髓的理解和运用呢？

关于时间，还有一个涉及投资方法的重要方面，那就是市场及价格运行，是过去、现在和未来三个时间维度的辩证统一。这样，不同分析投资方法的矛盾就可以统一起来了，它们既有合理性又有局限性，只有集合起来，才是市场的完整状况。价格的过去（过去时）与现在肯定会有或大或小的联系，技术分析正是利用这种联系去预测未来价格的，形态、均线、指标等技术方法，也都是由此建立起来的，但这种联系并没有紧密到形成必然结果的程度，故技术分析往往会失效；价格当下的状态（即现在时）是没有什么规律可言的，因此，不要做无谓的短期预测，更不能据此投资，而随机漫步、市场有效论则正好揭示了价格当下状态的无序性、随机性特征，但是，事实上依然有人能够获得伟大的成功，这说明市场短期的随机性、杂乱性，并不影响其具有深层的、长期的规律性、可知性；价格的未来（将来时）发展主要是受到企业价值、投资者预期等潜在力量的影响，所以，企业价值分析、空中楼阁和反身性理论中的市场预期分析，是非常必要和合理的，但无论是潜在的价值还是可能的市场预期，实际都没有可靠的测度标准，而且它们本身也是变化的，所以，单纯的价值分析或市场预期分析，都不能完全揭示未来的价格状况。

以上几种不同的市场理论及分析投资方法，各自揭示了市场时空尤其是不同时间维度的特征，但又都不完整，只有把它们综合起来，才能得到市场完整的图像或结论：任何一个时空位置的价格，表面上是纯粹的当下存在，实际上它不仅与现在有关，而且与过去和未来有关，正确的看法应该是把任何一个价格看成过去、现在和未来的集合或共振，是三维时间共同作用的结果。比如，中国石油2009年10月30日的收盘价是13.31元，这个价格既是当时各种基本面、技术面状况的反映，也是中石油股票此前的历史价格发展的结果，同时，还是投资者对该公司未来价值评估、价格预期的结果，只有通过这种三维时间的综合分析，得出的结论才比较全面、客观，任何单一方面的分析，都容易陷入片面性。

◎ 认识与实践

投资的整体过程，从哲学认识论的角度看，属于认识与实践的关系范畴，这其中包括两个基本方面，一是主观认识和客观规律的关系，一是投资理论、方法与投资操作或实践的关系。

就投资的主观认识与客观规律的关系来说，必须尽可能做到认识与市场实际或规律保持一致，也就是市场分析要客观化，分析结论、投资决策要有充足的依据，要符合市场运行的客观事实和逻辑，不能凭主观臆想或依据不足的预测进行投资。

主观想象或自我中心是投资的天敌，许多投资者的失败，主要原因就在于对市场的认识不足，不仅一般的投资者是这样，就是一些投资老手也经常犯这种错误，而且造成巨大的损失。历史悠久的英国巴林银行破产的直接原因，就是新加坡巴林公司期货经理尼克·里森强烈的主观意识所造成，1995年1月，日本经济呈现复苏势头，里森看好日本股市，分别在东京和大阪等地买进大量期货合同，希望在日经指数上升时赚取大额利润，但他看到的只是表象和日本经济曾经繁荣的历史，没有看到日本经济的脆弱性以及日本之所以获得畸形发展的特殊外部条件，当1995年1月17日日本突发阪神地震之后，其股市便持续下跌，巴林银行因此损失金额高达14亿美元，这几乎是巴林银行当时的所有资产，这座曾经辉煌的金融大厦就此倒塌。

日本住友公司交易员滨中泰男，在国际铜市上连续征战了20多年，取得过辉煌的成绩，但20世纪90年代，滨中泰男错误地利用公司的名义以私人账户进行期铜交易，并且依据过去的老经验看涨做多，殊不知当时整个世界的商品期货，由于受到80年代接连发生的多起国际金融危机的打击，在90年代变得非常疲弱，但他没有看到这一点，结果给住友公司造成了19亿美元的巨额损失，超过尼克·里森。

我国1994年发生的"327"国债期货事件也是一样。本来，在高通涨的压力下，银行储蓄存款利率不断调高的趋势再明显不过，但在证券市场当惯了老大的万国证券当家人管金生就是不信这个邪，他主观地认为国家财政力量当时极其空虚，不太可能拿出这么大一笔钱来补贴"327"国债利率与市场利率的差，拿国家信誉当儿戏，不仅在"327"国债期货上重仓持有空单，而且违背交易所规定巨额持仓，当眼看自己的错误无法避免时，不但不思改正，反而孤注一掷，在下午4：22分，利用收市前最后的短短8分钟，违规地抛出大量的卖单，蓄意打压价格以图挽回损失，最后一笔730万口的卖单让市场目瞪口呆（按照上交所的规定，国债期货交易1口为2万元面值的国债，730万口的卖单为1460亿元，而当时"327"国债总共只有240亿元），但这样的疯狂，也挽救不了他自我毁灭的命运。

从这些及其他许多失败的例子中，可以得出三个极为重要的结论：其一，当你对市场还没有足够的认识和理解时，就不要投资，尤其是不能把自己所有的资产都投入证券市场，最多也只能用小额资金，以学习、训练的态度进行投资探索；其二，哪怕你过去对市场判断准确，投资成功率很高，也不等于下一次的判断就一定对，就不会犯错误，因为市场是不断变化的，时刻都有犯错误的可能，因此，需要时时提醒自己的分析判断，是不是符合市场客观实际，而不能以自己过去的经验为投资依据，一旦发现错误，就必须勇于承认和尽快纠正，市场总是对的，绝不能用自己的主观标准去衡量或裁定市场，从而认为市场是错的；其三，主观认识与客观市场符合与否，与资金大小没有关系，就像官大官小与真理没有关系一样，大资金尽管对市场的影响也大，短期内也完全有可能控制市场，但市场最终会按自己的规律运行，不会总是受大资金所左右。

需要注意的是，这里的客观或客体，并不仅仅包含经济规律，还包括其他很多市场因素，其中就有市场本身的非理性成分。许多投资者往往把市场的非理性涨跌视为不合理，并依据自己认为合理的标准去逆这种市场的非理性趋势去操作，这是投资者最容易犯的主观错误之一。市场确实经常运行得不合理、不理性，但这种不合理、不理性，同样是市场客观性的组成部分，其不合理、不理性是从某种经济规律、社会法则、道德标准去衡量的，虽然也是事实，但从投资的角度，必须同样把它当成客观规律看待，不能天真地用自己认为正确的投资去纠正市场的错误，市场的错误也只能靠市场本身去纠正。

就理论与实践的关系来说，投资既需要理论，更需要实践。有了理论哪怕是十分正确的理论，也不等于实践操作上就一定成功，因为从理论到实践还有一段经验距离，还需要具备在实践中运用理论的能力，因此，只有单纯的理论而没有实践经验的话，依然属于纸上谈兵，不把理论与实践有机结合，就远不能算懂得投资。历史上，就有过不少有名的经济学家投资失败的案例：美联储前主席格林斯潘曾经在1980年涉身股市，开咨询公司给人提供投资建议，结果输得连水电费都付不起；保罗·萨缪尔森（1970年诺贝尔经济学奖获得者）也曾在期货市场搏击，结果屡屡失手，金盆洗手前愤愤地对朋友说，期货市场投机过盛，"被数百只大猩猩搞得乌烟瘴气"；至于1929年在股市崩溃中破产、晚年凄凉度日的美国著名经济学家欧文·费雪的故事，更是众所周知。中外股市像这类的空头投资理论家、经济学家很多，对于这些所谓的专家，投资者应该听从彼得·林奇的告诫——不要盲信盲从，其分析也许还有一定的参考价值，但具体投资或操作建议是万万信不得的。

反过来，光有经验，但如果不掌握一定的经济、市场、投资理论的话，虽然有可能获得暂时的、阶段性的或偶然的成功，但不可能获得持续稳定的成功，像格雷厄姆、费雪、巴菲特、索罗斯、林奇等投资大师，之所以能获得长期稳定的成功，与他们拥有坚实、深厚的科学投资理论是分不开的，他们既有自己独特的理论创新，又善于吸收前人优秀的理论成果。巴菲特就曾反复表示，自己的投资理论主要来源格雷厄姆和费雪，而索罗斯的理论来源则更广泛和博大精深，他原本就是理论家出生，师从现代哲学大师波普，从他创立的反身性理论和其他著作、言论看，足以称得上是一个思想家，所以，他的投资比任何其他投资家都来得更广泛和成功效率更高，这点连巴菲特都比不上。遗憾的是，中国的许多投资者，注重的是浮光掠影、盲人摸象式的所谓投资技术或秘诀，却对投资理论不肯深究，包括许多股神、技术分析大师、投资经理等，其理论基础和功底都很薄弱，有些甚至毫无理论可言，这样的人断不可能取得什么大的、持久的投资成绩。

从学习和借鉴投资方法的角度看，有投资成就的理论和方法，肯定要好于没有投资成就的理论、方法，因此，格雷厄姆、凯恩斯、费雪、巴菲特、林奇、索罗斯等人的理论和方法，绝对要好于道氏、艾略特所创立的理论和方法，因为后者不仅没有投资业绩，甚至连投资经历、经验都没有。

◎ 绝对与相对

这是真理的绝对性和相对性关系，既然是真理，就有它绝对性的一面，但任何真理都是有条件约束的，脱离了真理应具备的条件，真理也会变成谬误，这就是真理的相对性一面。比如人是要死的，这是绝对的真理，因此，长生不老和万岁就是做不到的，但是，人的死是针对人的生命或肉体而言的，如果从人的思想、事业、贡献可以被继承、传播的角度看，也可以说人是可以不死的，那些伟大的人物都会受到人类永恒的怀念，其思想、品质影响了一代又一代的人。

真理的相对性涉及科学、理论、方法的局限性问题，因为任何科学、理论、方法，都是从一定的角度去认识事物的，或者认识的是整个事物的局部领域，因此，就不可能存在百分之百正确的理论和方法，也不存在百分之百错误的理论或方法，彼此之间的差异多半是正确和错误程度的不同，有一个阿拉伯的故事，就很能说明这一点。一位族人长老，被请去解决两位哲学家之间的长期争论：第一位争论者热切地陈述自己的观点，长老专心聆听后，沉思了一下，公布道，"你说得对。"接着，第二位哲学家以相同的热忱和说服力滔滔不绝地陈述自己的观点，而且他的观点与前者是完全相反的，长老听后也是点头同意，"你说得很对。"一位旁观者看得莫名其妙，向长老提问，"你对两人都说很对，但他们两人的主张完全抵触，不可能都对啊！"长老很快就回答道，"你说得对。"

其实，很多理论和现实问题都是这样，看起来好像是泾渭分明、是非对错一清二楚，但实际上远不是那么回事，比如民主与独裁、公有与私有、人治与法治、理性与感情等等，莫不如此。可以说，真理的相对性，是人类面临的最普遍难题，存在于各个领域，是各种矛盾和纷争的主要根源之一，所以，公说公有理、婆说婆有理，是普遍的社会现象，并不只是存在于家庭纠纷中。在证券投资方法上，也同样存在着这种状况，不同的理论、方法，都有它的道理、价值，也都有它的局限性、不足，因而，没有一种方法是万能的或普遍适用的，也没有一种方法是一点价值都没有的。这就要求投资者在学习、运用具体投资方法时，必须辩证地看问题，必须具体情况具体分析，不能绝对化，其中有两个关系最为重要。

1. 普遍与特殊

证券市场是在西方资本主义发展过程中形成的，然后再普及到全世界，尽管不同国家的证券市场都会遵循一些普遍的基本原则，但同样存在着各个国家不同的特殊性，而且证券市场内部也存在股票、债券、期货、外汇不同性质的市场差异，即使是同一个市场中的个股与个股之间，也不尽相同。这就要求投资者，对每一种不同的投资方法，要了解其适用范围或条件，要了解自己所要投资市场的特殊性。

对于这一点，投资大师巴菲特在佛罗里达大学的演讲中，当涉及日本股票市场投资问题时，就曾说，"日本企业的资产回报率都很低，只有少数企业能达到4%、5%或6%的回报。如果日本企业本身赚不了多少钱的话，那么其资产投资者是很难获得好回报的。""我现在从日本那里没发现什么好生意。当然，日本的文化也可能会作某些改变，比如他们的管理层可能会对公司股票的责任多一些，这样回报率就会高些。但目前来看，我看到的都是一些低回报率的公司，即使是在日本经济高速发展的时候，也是这样。说来也令人惊奇，因为日本这样一个完善巨大的市场，却不能产生一些优秀的高回报的公司。日本的优秀只体现在经济总量上，而不是涌现一些优质的公司，这个问题已经给日本带来麻烦了。"

2. 整体与局部

这主要涉及指数与个股的关系，指数是整体，个股是局部，彼此之间的影响和作用是完全不可同日而语的。一般情况下，指数对个股的影响很大，在中国这种齐涨齐跌的股市，甚至可以说指数对绝大多数个股的涨跌起着决定性作用，而个股除了少数权重股外，对指数的影响是微乎其微的。因此，在中国股市投资，首先必须考虑的是指数而不是个股，而且指数本身就极不稳定，这样，像巴菲特、林奇只关注个股不管指数的做法，用在中国基本行不通。此外，如果说个股还可以用价值来衡量的话，那指数又用什么去衡量呢？即使可以用宏观经济衡量，可宏观经济并不是价值或利润，而是产值，何况股市与经济背离也是常有的事。这样，虽然具体的投资对象是个股，可实际分析判断的重心在市场整体，可市场整体的判断比起个股来，又要复杂得多，不能认识和处理好这种整体与局部的关系，至少在中国是做不好投资的。

整体与局部的关系还体现在选时和选股问题上，有人认为选时重于选股，也有人认为选股重于选时，实际上都很片面。从本质上看，选股与选时是同等重要的，二者必须是统一的，只有这样才能获得投资的成功，即使是价值或成长股投资，也是要看时机或价格的，不是随时随地买进都合适的。但在不同特性的市场中，选股与选时又需要各有所侧重或差别处理：选时要比选股更重要，也就是市场的整体判断要重于个股的判断选择，只有当大盘指数判断好之后，选股才有意义，否则，选股也是杨白劳；但在美国这种长期稳定的股市，选股的作用要更突出，因为大盘指数相对稳定、总体向上、持续性好，所以，系统性风险较低，不需要过多地担心指数的暴跌或巨大波动，只要选好个股，投资是不难成功的，价值投资也就有了用武之地，而价值投资的本质就是选股。

◎ 对立与统一

在证券投资方法中，无论理论上还是实践上，都存在着一些完全对立的方法，比如顺势与逆势、多数派和少数派（即相反或反向理论）等，即使是基本面与技术面、趋势投资与价值投资、定量分析与定性分析这些彼此并不是完全对立的方法之间，也都是存在着相互矛盾的，对此，如果投资者完全采取非此即彼的态度的话，那就错了。

比如大家熟悉的相反理论，其基本的操作要求是，大家一致看好时反而要卖出，大家一致看淡时反而要买进。总之，必须与绝大多数人的想法、做法或潮流相反，它与我国古代商人提出的"人弃我取，人取我与"的经商理论是完全一样的。但如果投资者简单地理解和运用相反理论的话，必定会失败，因为多数人的看法、做法正是趋势的根源所在，其力量是十分强大甚至是持久的，盲目相信相反理论比盲目地随大流更可怕，这是投资与生活的不同之处。相反理论的真正价值，在于要用发展的、动态的、周期性的眼光看市场、趋势或价格，要有超前意识，也就是与时俱进，不要思维僵化。因此，真正要把握好反向投资操作的时机，难度是相当大的，必须对市场变化的时间差有很准确或恰当的拿捏，就像排球中的短平快战术，在二传手传球之前，攻击手就要预见其传球点并提前做好起跳准备，一旦二者之间的时间差没有配合好，必定导致失误白送分。所以，相反理论的实质上还是预测问题，只不过更强调周期性变化在预测中的作用，以及预测要有提前量即抢先别人一步。这样，原本对立的多数派理论和少数派理论，本质上是完全统一的，仅仅是看问题的角度和时间发生了变换。再如，顺势和逆势也是这样，在同一个大趋势背景下，顺势和逆势在实际操作时也是完全统一的，顺势指的是大趋势或大方向，而逆势指的是中途暂时性或波段性调整，对大趋势的顺势投资，需要在短期的逆势中去把握时机或选择价格，不宜直截了当顺着大趋势的方向追涨杀跌，这就是顺大势、逆小势的对立统一操作之道。

当然，刚才提到的相反理论，除了周期性、反转性思维外，还有一层重要的含义，这里也顺带论述一下，那就是尽可能看到别人没有看到的机会。由于认识的局限、体制或规则的不完善或漏洞，证券市场上总是存在如下几种难得的机会：一是尚未被人发现的或知晓的事实，这种情况极少；二是只有少数人发现或知晓的事实；三是虽然广为人知却被大众忽略或无力判断其价值的事实；四是几乎人人皆知却不愿意去做，或没有耐心去做，或做不好的事情。所以，无论从哪个角度看，相反理论的实质都是要有超出绝大多数人的判断力、鉴别力、素质、耐力，从而使自己最好达到韦尔奇说的那种数一数二的高度或高端，至少也要保持在上游行列，这其中，相反理论比的是自己超出绝大多数人的程度，绝不仅仅是站在大多数人的对立面，或者反其道而行之那么简单。

在真正懂得辩证法的人看来，许多对立的概念、理论、方法，是不能相互割裂的，反而应该是相互统一的，割裂必然导致错误或失败，只有统一才有可能成功，如继承优良传统与改革开放、自由与法制、民主与集中、公平与效率、公有与民有、人权与主权、爱心与严格、自主与管理，等等。这其中最重要或关键的并不是辩证的词句，你可能非常熟悉一方面应如何如何，另一方面又应如何如何，既要怎么样怎么样，又要怎么样怎么样，这种的辩证法表述格式或套路并不难学，难的是真正在实践中做到使对立的矛盾双方达到一种恰当的动态平衡，就像骑自行车、蹬三轮车一样，还没学会之前，你是不会懂得如何平衡的，骑上去必定东倒西歪，无法前行。

对市场及投资方法的认识和运用，本质上与骑自行车、蹬三轮车毫无差异，与下围棋更加一致，核心就是动态的平衡能力。围棋的规则很简单，基本的定势有一定基础的人也都知道，因此，棋力的差异主要体现在棋手取势与取地、效率与厚实、进攻与防守之间的平衡驾驭能力。基本的投资方法，许多投资者也都是能掌握的，关键就在于你能不能相互融合、平衡驾驭、协调统一。

第二章

证券市场的规律和趋势探索

第一节 证券市场的六大基本规律

Section1

证券市场是存在规律的，而且从不同角度和层次看，规律不少。尽管这些规律不是牛顿力学那样的线性规律，即使知道已知条件，也无法得出唯一的或确定性的结果，但认识和了解这些规律，仍然是投资成功的前提和基础。根据笔者的研究，其中有六大最基本的规律。

◎ 系统作用规律

系统是一种普遍的自然和社会存在现象，即事物往往是以系统的方式存在和运动，因此，现代科学中产生了一门专门研究系统的系统学或系统论，它是一个内容丰富而庞大的知识体系，涉及众多学科，所以，系统规律并不是一个单一规律，而是一群规律的集合。

证券市场无疑是一个系统，而且是一个自组织系统，除了遵循所有系统的共同规律外，还有自组织系统的特有规律，由于这方面的内容太多又复杂，加之笔者之前的著作已有过较多论述，这里就不打算展开了，只强调一下其中的三个要点：

其一，证券市场及其运行结果，受到多种因素的相互作用或系统作用，在进行市场分析时，原则上应该将所有的因素都考虑进去，才能得出比较正确的结论，依据单一因素甚至几个因素的分析所得出的结论，是不全面、不可靠的。比如将中国股市看成政策市的流行观点就是错误的，仅仅依据政策投资操作也是不可能成功的。

其二，影响市场、指数、趋势、价格的众多因素，其作用的大小是存在很大差异的，有些起决定性作用，有些起辅助性作用，有些则相互抵消，可以忽略不计。因此，在市场分析中，必须对众多因素尤其是重要的因素，进行权重排序，对影响市场权重大的因素，要给予更多重视。

其三，不同国家、不同时期的证券市场，其系统的构成、影响因素及权重排序都是有所不同的，因此，不存在一种通用于所有国家、所有时期的分析方法，尤其是基本面分析方法。所以，将国外的模式套在中国股市，往往是失效的、行不通的，就像中国的革命道路不能照搬俄国十月革命的道路，中国的发展不能照搬西方的模式一样，只能走中国式的农村包围城市的革命道路，只能走有中国特色的社会主义发展道路。

尽管不同国家、不同时期证券市场的构成方式、运行方式不完全一样，但作用或影响市场的因素又是具有共性的，至少以下几个因素在形式上是普遍存在和必不可少的：①市场规则和法律制度；②经济、社会、科技发展状况及国家实力；③产业及企业经营管理状况；④市场心理和投资预期；⑤货币政策；⑥市场操纵。基本面分析尤其是大盘指数的分析，主要就是对这六大方面及其相互关系的研究，只要把握了这六大方面，分析结论一般不会太离谱，而如果缺少其中的一项或几项，结论就可能出现较大偏差，甚至完全不靠谱。

◎ 价值轴心和价格波动规律

所谓价值轴心指的是价格、指数尽管波动频繁，但总是在围绕着价值转，此可谓万变不离其宗，而这个"宗"正是价值。

价值规律是市场经济最基本的规律，证券市场属于整个市场经济的一部分，自然也要受到这个最基本规律的支配。由于价值是比较抽象的概念，按照马克思主义政治经济学原理来理解的话，价值本质上是凝聚在商品中的一般劳动或抽象劳动，其表现形式就是商品或资产的价格，换句话说，价格是商品或证券的现象，价值才是商品或证券的本质。既然是这样，价格无论怎么变化，都摆脱不了价值的制约，如果把价格比做风筝的话，价值就是那条拴住风筝的线，也可以把价格比做游子，价值就是价格的家园。

尽管价格是价值的货币体现，但价格却常常与价值不一致即背离，而且这种背离是经常性发生的，即价格围绕价值频繁波动。可以说，在证券市场上，价格与价值一致的状况是少数，多数情况是价格与价值不一致，所以，价格波动就是证券市场永恒不变的规律。这种波动既带来巨大利润，也同样带来巨大风险，这正是证券投资的魅力所在，假如价格长时期很少波动的话，那么，市场可能就没有什么人来参与投资了。

价格不断波动并常常与价值不一致，是由很多原因造成的，至少包括如下一些重要方面：

其一，市场中并没有一把公认的尺子来准确地衡量价值，这一点证券比商品更加突出，对同一个个股或期货的价值，不同的投资者有着差异很大的认识，而且同一个投资者对某一个股或期货价值的认识也是不断变化的，仅从这一点看，就足以使价格不断地波动了。

其二，价格还受到供求关系、社会心理、投资预期、政策调整、企业发展变化、经济和产业周期、资金操纵、虚假信息等等数不清的因素影响，所以，又怎么能不频繁波动呢？

其三，价值本身也是变化的，科技的进步、劳动生产率的提高，会使商品生产中所需的劳动量减少，价值自然也会减少，价格也就随着会降低。这种现象每个人都经历过很多，商品是这样，证券也是这样。假如一个行业充分竞争的话，整个行业的利润就会降低，相关公司的股票也就贬值；另一方面，有少数企业，或者由于资源、技术、政策垄断，或者因为经营管理水平很高，或者是品牌效应突出，它们据以获得的利润，就会高于行业或社会平均水平，那么，其公司的股票就会不断增值和上涨。

既然价值缺少统一的判断标准，而价格又常常波动，那到底通过什么方式来认识、评估价值及其作用呢？这是一个困扰市场和投资的永恒难题，即使是价值投资者也不例外。其实，这个问题的解决和人类其他许多类似的问题一样，那就是通过投票的方式来确定价值的标准，即多数人原则或少数服从多数，因此，也可以说，多数人的认可就是判断价值的标准。不过，证券市场投票决定价值的方法与总统选举或会议举手表决，并不完全一样，它不是依据一人一票的投票结果相加，而是依据资金的多少，因此，资金的投向就基本可以表明价值的所在，成交量分析方法的合理性依据，恐怕也就在这里。

这样的一种判断和衡量价值的方式，尽管也常常不合理，但却是市场和人类的无奈选择，面对这种难以衡量或决策的困境，人类的能力和智慧往往是有限的，因此，市场的理性决策假设是不成立的，市场有效论也是不充足的，市场非理性和无效的情况是普遍存在的，一万年以后还会存在。对于这种集体表决或决策的错误或非理性行为，人类一方面只能承受自己的错误，另一方面，又会想方设法加以纠正，这既是人类发展和进步的真实状况，也是证券价格与价值关系的真实状况。

具体到价格与价值不一致的状态，只存在两种情况。一种情况是价格高于价值，笔者称之为负背离，即价值减去价格的结果是负数，价格透支了价值，价值亏空了，不仅不值得投资，而且风险很大，因为亏空的价值必然需要补充，才能达到平衡。这种补亏也只有两种方式，一是企业快速发展，增加企业价值，以弥补亏空；另外就是价格跌下来，向价值回归，这就是投资风险。

另一种情况是价格低于价值，笔者称之正背离，即价值减去价格的结果是正数，价格的含金量增加了，价值低估了，这正是价值投资的好机会，并被称之为安全边际，因为在价格中已经获得额外价值，价格就是短期再跌也不怕，根据价值规律，市场迟早会把价格推上去，使价格与价值达到平衡，实现价值回归。当然，这种投资方式并不是完全没有风险的：一是系统性风险，那就是价格随大盘环境继续下跌，这是比较短期的风险；二是企业价值与价格同步降低，甚至降幅更大、降速更快，这是难以预测的个股非系统性风险。

那么，投资者又该如何衡量价格是高于还是低于价值呢？这实际上是价值衡量难题的另一种形式，解决问题的方法本质上并没有变，还得依靠市场共同的表决或投票，只不过，此时一般是站在投资者个人的角度来看待或等待市场表决。这其中涉及两个重大的投资问题：

一是市场预测，投资者必须将自己对价格高于还是低于价值的判断与市场多数人的判断做一个比较和预测分析，当自己的判断市场认同时，就说明自己的判断对了，如果市场不认同，那说明自己的判断与市场有距离，既可能是错的，也可能是超出了市场的平均认识水平。但不管是什么情况，假如自己的判断长期得不到市场认可，就必须修正自己的估值判断。

二是对企业的研究和准确把握，因为价格高于还是低于价值，除了市场认可因素外，另一个衡量尺度就是企业的状况。假如企业越来越好却还没有被市场发现，那其股票价值很可能被低估，而如果企业变得糟糕起来而市场却不知道的话，那其股票价值很可能被高估。

以上两种影响价格与价值偏离状况的不同因素，分别受到两类不同投资者的重视，趋势投资者比较注重价格与价值关系的前一个因素即市场因素；价值投资者比较注重价格与价值关系的后一个因素即企业因素，但本质上两者是相互影响的，也是很难绝对区分开来的。所以，趋势投资和价值投资并没有本质差异，都是在价格与价值关系上做文章，依据的都是价值轴心和价格波动两个基本的市场规律，只不过彼此关注影响价格和价值关系的要素或侧重点不同而已。

投资者要想真正理解市场和投资，必须对价值规律和价格波动规律有透彻的认识，否则，投资者很容易犯简单化、片面化的错误。此外，价值与价格的关系，同实体经济与虚拟经济、基本面与技术面之间的相互关系，在许多方面是一致的。至于价值投资和趋势投资之间，并没有绝对的界线，二者都要考虑价值轴心和价格波动规律，只不过重点不同罢了。

◎ 意识乖离规律

这实际上是从另一个角度看待和表述价值轴心和价格波动规律，那就是从主观与客观、存在与意识的哲学角度看待价值和价格波动。所谓意识，用经济学的语言来说，也就是预期，用社会学的语言来说，就是大众心理。

尽管市场存在很多影响价值与价格关系的因素，但绝大多数因素属于纯物质范畴，只有人即投资者既是物质拥有者，又是意识拥有者，其中的物质就是资金，意识就是认识和心理情绪。这样，投资者（即市场）就是一个物质和意识的统一体，投资者的这种物质和意识的双重性，必然赋予市场交易的双重性，也就是价值和价格的双重性。前面说过，从交换的角度看，价值只有得到市场即投资者的认可，才是真实的或可以实现的，而投资者对于价值的认识或看法，既可能是正确的，也可能是错误的，但不管是正确还是错误，只要一个价值评估得到市场多数的赞同即能完成交易，就可以视其为符合价值。投资者在交易那一刻，肯定就是这样想的，但当多数投资者的看法发生改变后，也可以说价值随之发生了变化，因为投资者衡量价值的标准、看法变了。

从这里，可以得出两个重要的市场结论：其一，证券价值既是客观的又是主观的，是主观和客观的统一体，市场上从来就没有过纯粹客观的价值，也从来没有过完全主观的价值。因此，所谓的价值投资，只不过更偏重价值的客观性、物质性、基础性的一面而已，但不可能完全排除价值中的主观意识性。当然，这里的主观意识，不是哪一个人的意识，而是多数投资者的意识。其二，价值的衡量或评估标准会随着投资者认识的变动而变动，因此，也可以说不存在固定不变的价值，价值会随着社会、企业、投资者观念的变化而不断变化。

正是由于投资者意识在市场运行和证券估值中有着巨大的

主观能动性，所以，它常常导致价格、指数与价值、基本面发生剧烈偏离或乖离，从而出现市场或价格的暴涨暴跌，一个很普通的利好，在牛市背景下，会被投资者的疯狂情绪成倍地放大，而一个很平常的利空，在熊市背景下，也同样会被投资者的恐慌情绪成倍放大。这种意识的乖离，有些是无意识的群体性行为，有些是刻意的操纵行为，但往往是两者的结合，总体上属于自组织系统范畴，就像社会中的群体性事件一样，虽然绝大部分参与群众带有很大的盲目性，但总有几个刻意的煽动者、领头挑事儿者。

在决定趋势的因素中，如果对意识乖离作个大致评估的话，其权重或贡献率至少要占到1/3，有些时候甚至会超过1/2，也就是说，在一个趋势单元中，指数或价格的上涨或下跌，有1/3到1/2要归功于意识的乖离。以2005—2007年中国股市的大牛市为例，按基本面和企业的正常状况或价值，指数从998点涨到3000点是合理的，而最后却涨到6000点，其中有一半的推动力量或涨幅就来自意识乖离，可见意识乖离在市场中的作用和影响之大，而且越是新兴市场和越不成熟的市场，越是如此。

意识乖离的根源在于人性，只要有人参与的活动，就必然会受到人性的影响，因此，证券市场也肯定要受到人性的巨大影响。这是很早和很多人都看到了的现象，道氏、艾略特、江恩、格雷厄姆、凯恩斯、索罗斯、巴菲特、林奇都谈到过这一点，而笔者认为伯纳德·巴鲁克（1870年出生于美国，19岁进入华尔街，不到35岁便成了百万富翁，在使格雷厄姆、凯恩斯等大师都倾家荡产的1929年股市大崩溃中，他却做到了全身而退）说得的一段话最为精彩，"股票市场就是人，是人们在努力阅读未来。正因为人有这种孜孜以求的特性，股票市场才会变成一个戏剧化的竞技场，人们在竞技场上拿他们相互冲突的判断进行较量，让他们的希望与恐惧相互竞争，用他们的优点和缺点彼此对抗，以他们的贪婪之心与抱负理想进行比拼。"

所以，意识乖离规律或现象其实早就被认识到并加以运用了，只不过概括为规律则形成较晚，凯恩斯的空中楼阁理论算是对这一规律的最早期表述，只不过分析不够深入和到位，真正对这一规律进行深刻认识和有效运用的，是索罗斯的反身性理论及其投资实践。

之所以许多人看到了意识在市场中的巨大作用，却未能像索罗斯一样上升到规律来认识和运用，是因为近现代西方思想受到牛顿物理学机械决定论的影响很大，导致无论在经济理论还是投资理论中，普遍将人视为机械的被动接受者，同时又将消费者和投资者视为完全理性的人，因而，无法接受投资者甚至整个社会的意识可以作用乃至左右市场或价值的事实，进而在市场及投资分析中，没有给予投资者和社会意识足够的重视或权重，也就不可能提出意识乖离规律，只有索罗斯这样的反潮流者才会提出。但是，即使意识乖离规律提出来了，可无论是凯恩斯的空中楼阁理论还是索罗斯的反身性理论，真正理解和赞同的也并不多。

如果我们将视野扩大到整个人类历史，就会发现，意识乖离可以说是人类社会普遍存在的一种现象，在资本主义市场经济诞生以前，主要出现在宗教和爱情两个领域，宗教狂热、情人眼里出西施，就是这一规律的最突显表现。而到了近现代，则在经济和证券领域表现得最为突出，17世纪荷兰疯狂抢购郁金香球茎和18世纪英国南海泡沫，是两个最经典和著名的意识乖离事件，中国1992年深圳发生的"8.10股票认购表风波"也属于类似的现象。其实，任何一次大一点的金融危机的发生，都有着意识乖离的一份功劳，按照金德尔伯格《疯狂、惊恐和崩溃——金融危机史》一书的统计，1618—1998年间，大大小小经济、金融危机发生了38次，再加上1998年的俄罗斯金融危机、2000年的美国纳斯达克泡沫、2007—2008次贷危机，那么，在1618年开始至今的近400年的时间里，就出现了41次大小不等的危机，相当于约10年左右，就会在某个国家或世界某些地区发生一次危机。

此外，在意识乖离大规律之下，还有一个附带的规律，它也是与前面的价值轴心和价格波动规律相关的，那就是负乖离多于正乖离，也就是说，相对价格低于价值的意识乖离，价格高于价值的意识乖离更普遍。这一点通过证券历史的考察，是很容易得到证实的，如果统计证券历史上所有的暴涨暴跌的话，那么暴涨一定会多于暴跌，而且一般总是暴涨在先，暴跌在后。这其中的道理也是不难理解的，暴涨是向上的，吻合人类的欲望、理想、幻想，人人都喜欢，而且，向上就是朝着天空的，是没有止境的，无论暴涨到多高，理论上都是可能的。可暴跌则不一样了，它是向下的，是毁灭的，是下地狱，人人都不希望这样，而且，向下是朝着地面的，幅度再大都有个极限，那就是零，但一般总不至于跌到一文不值吧。所以，无论是投资大众，还是价格操纵机构，本能地都以选择做涨或做多为主，即使做跌或做空，也是在先做涨的前提下再实施的，就是政府和经济学家，也都是对超涨睁一只眼闭一只眼，即使有所指责，也是言不由衷，而对于暴跌，则视为灾害、经济或金融危机。实际上，许多暴涨对社会和经济的危害要远远大于暴跌，相反，每次所谓的暴跌或经济危机，都对经济和社会起到了很大的推动作用，无理由地喜欢上涨，又无道理地批判暴跌，这也是人类很奇怪的一种普遍心理。

最后，意识乖离还有一个重要的表现，那就是人人知道的东西就会失灵，这在技术分析上表现得最为明显。以形态为例，笔者在研究历史图表时就发现，越是经典的形态出现的概率越低，造成这种状况的原因，就在于技术分析尤其是形态技术，基本上属于弹性较小的通用技术，一旦市场中绝大多数投资者都按相同的方法分析操作的话，最后的结果就会变形，因此，越是通用的、无弹性的技术，如形态、成交量、K线、波浪理论八浪模式等，可靠性就越差。这其实从另一个方面体现了市场的自然属性或客观性，它是不可能让绝大多数人完全窥破市场需要隐藏着的秘密，只允许极少数人知道，一旦多数人知道后，原来的规律就失灵了，规律就会改变自己的方式，正所谓"天机不可泄露"，泄露天机遭天谴，从这个角度来理解和运用相反理论，应该更加合理和有效。

◎ 不对称、不平衡规律

这个规律比较容易理解，主要包括以下几个方面的内涵。

其一，证券市场参与者之间的资金大小是不平衡、不对称的，其中的差异非常大，小资金如果不形成合力，对市场及价格几乎没有什么影响，而大资金则完全有可能阶段性地或在局部范围控制市场和价格，由于这种市场交易力量的不平衡、不对称，使得价格操纵很难杜绝，市场和价格歪曲的现象也就很容易发生。这一点与政治领域的投票表决比较，就显得更加明显，政治表决是一人一票，每个人的权力或力量完全是对称的、对等的。

其二，无论是对整个市场还是对具体品种，每个投资者的分析判断能力、所掌握信息的多少，也是不对称、不平衡的。这样，就会造成两种情况：一种是内幕交易，由于信息的不对称、不平衡，无论如何监控，任何市场都无法杜绝内幕交易，而由于中国股市属于政府管制和以国有控股为主的，这样的内幕交易和政策信息泄露就更加普遍了，完全可以这么说，中国股市存在少数专门通过不合法的内幕交易的致富者；另一种情况则是存在价值遗漏，也就是说，市场总是存在少部分没有被充分发现和认识的机会，它正是优秀投资者的用武之地，美国投资大师彼得·林奇就是进行这方面投资的高手，并且总结出了一整套发现这种机会的方法，这是非常值得投资者学习的。

其三，个股之间同样是不对称、不平衡的。这种状况就更好理解了，本来这一点是没有必要拿出来说的，就像人与人之间千差万别、贫富悬殊一样，是十分平常和显见的事。之所以还要提到这一点，是因为中国股市与此背道而驰，本来应该是很不平衡和对称的个股之间，结果却是齐涨齐跌，牛市中，再差的股票涨幅也要超过指数，熊市要稍好一些，但好股票也免不了随指数暴跌，这说明中国股市很不成熟和规范，运行过程中连起码的常识都无法遵循，从而使得价值投资很难发挥，投机则长盛不衰。

除了上述方面外，市场的不对称、不平衡还表现在其他许多方面，如宏观经济与股市运行的不对称、政策调控与股市规律的不对称、大小股东之间的不对称、投资者与上市公司和政府监管权力之间的不对称、个股流通量之间的不对称、技术分析与基本分析之间的不对称、不同分析方法之间的不对称，等等，前面说到的价值与价格之间也是不对称、不平衡的，这些都对市场和投资有很大影响，在实际的投资过程中，需要具体问题具体分析，很难一概而论。

如果说投票选举是实现政治民主的基本程序或机制的话，那么，市场自主决策就是实现经济民主的基本程序或机制，这一点是不用质疑的，除此之外，没有更先进和合理的机制可以替代这二者。所以，无论是攻击投票选举的政治民主机制，还是抨击市场自由化的经济民主机制，都是违背历史规律和潮流的，是落后的封建意识在作怪。投票选举的政治民主和自由竞争的经济民主，应该说是人类可以找到的最合理的、程序上最公平的两大机制，但这样的机制只能保证形式、规则、程序上的民主和公平，不能保证内容上、实质上的民主、公平，其主要原因在于，无论政治上还是经济上，都存在着太多不利于民主的不对称、不平衡状况，对于这种不对称、不平衡状况，单靠民主机制本身，肯定是无法解决的，它需要全社会的努力，尤其需要政府利用公共权力在其中起到调节和平衡作用，否则，政府就是失职，但愿中国的和谐理论和科学发展观，真正能够纠正、调节政治和经济两大领域中的严重不对称、不平衡状况。

就投资而言，市场的不对称、不平衡，既是机会所在或产生利润的价差源泉，又是风险所在，因此，要想获得投资成功，必须对市场的不对称、不平衡状况，有很强的识别和驾驭能力。

◎ 确定与随机、可测与不可测相统一规律

证券市场及其价格到底能不能准确预测呢？这个问题从来就没有获得过一致的认识，总体上分成三大派：

一派认为市场是可以准确预测的，但必须要找准把握市场的方法，同时要对这些方法有完整到位的理解，其中的两个典型人物就是艾略特、江恩及其理论，其他技术分析也基本上可以归入这个范围。因此，这一派的拥有者很多，在中国尤其如此，否则，就不会有那么多人天天在做预测了，更不会有所谓的技术分析大师和股神之说了，投资者更不会盲信盲从了。

第二派认为市场是完全不可预测的，任何预测都是徒劳的，随机漫步理论是这一派的典型，但真正完全持这种观点的人很少，假如真是那样，他就不会进入证券市场了，一个认为市场随意乱走、杂乱无章的人，肯定会远离市场。

第三派则介于两者之间，既不认为市场完全可以预测，也不认为市场毫无预测可言，市场有可预测的方面和时候，也有不可预测的方面和时候，投资就是要抓住市场能预测的方面和时候，放弃市场不能预测的方面和时候，当然，预测的好坏，还得要看个人能力。

笔者属于中庸的第三派，持这种观点的主要依据，就在于市场具有确定性与随机性、可测性（可知性）与不可测性（不可知性）相统一的规律。所谓市场的确定性、可测性或可知性，包括明确的事实和明显的规律两部分：明确的事实主要是市场规则、市场容量、个股与企业的关系、指数和价格走势轨迹等明白无误的东西，这些都是很容易确定的事实；明显的规律则是公认的、具有较严密逻辑关系的市场现象和因果联系，如趋势运行、涨跌循环以及笔者在本节中阐

述的六大规律等。

所谓市场的随机性、不可测性或不可知性，主要指的是市场和价格未来运行的具体轨迹，完全是不确定的、无法预知的，假如要一个投资者说出明天、下一周、下个月、下一年指数或个股价格如何走，他肯定说不出，或者只能说出个大概，硬要其说出具体点位的话，事后验证至少80%是说错的，即使那对了的20%，也多半是瞎蒙瞎猜的，并没有严格的计算公式或必然的推理方法。

将以上二者结合起来，那就是市场确定与随机、可测与不可测相统一规律。这是个很特别的规律，它的特别之处在于：越是确定性的事实，与投资的要求离得越远，实际价值也就越小，而越是无法确定的具体走势或轨迹，越是对投资意义重大，也越是投资者想知道的东西；此外，市场中越是具有规律性的东西，越是抽象的，无论趋势还是价值规律或周期性规律，都没有具体所指，而且这些所谓规律与数学、物理、化学公式完全不一样，无法通过已知的前提条件或数据，推导出未知的结果或数据，它们属于统计或概率性质的规律，不是公式化的必然性形式逻辑规律，虽然它们有很大的市场分析判断价值，却不能用来对指数或价格的具体运行轨迹进行预测，只能做概率性、统计性的大致预测。

这个规律揭示了市场分析预测的本质所在，那就是预测只能是方向性、概率性的，不是具体的指数点位或个股价位，相反，越是具体的指数点位和个股价位，越是无法预测的，任何人、任何方法都做不到，因此，也就是不应该预测的。所以，了解这个规律，对投资者认识市场分析预测的性质很重要，从而避免走向预测的误区。可是，有很多投资者不了解这一点，花费大量的时间、精力，用于研究、学习各种既违背市场规律又没有实际效果的预测技术、方法、秘籍，并且反复地进行劳而无功的指数点位和个股价位预测，这是一种南辕北辙的愚蠢做法，对投资只有害处没有益处。

◎ 长期总体向上规律

这个规律也就是凯恩斯早就发现了的长期友好理论，笔者也多次论述过这个规律，为便于投资者加深理解，这里再次重复一下形成这一规律的几个要点：

第一，社会的不断进步，导致证券市场及长期趋势的水涨船高。

第二，货币的不断发行，就像不断往水池中注水，池子的水面自然会慢慢抬高。

第三，企业在发展、创新、重组、优胜劣汰的前进过程中，所创造的财富越来越多，这使得证券市场就像日积月累的河床，步步抬高。

第四，投资者普遍存在买涨不买跌的心理，这也在一定程度上强化了证券市场长期向上的趋势。

前面第一章在论述时空关系时，笔者曾说过，像这种过于长期的向上大趋势，对许多投资的实际意义并不大，因为没有几个投资者是为了子孙后代而投资的，那样也是不可取的，后代自有后代福，父母为下一代存留太多现成的财富，对后代的成长发展往往不是好事。但是，这个规律对证券市场及其投资有一个其他规律不能代替的基础性作用，那就是信仰，即坚信未来是光明的，如果没有这个信仰的话，市场在重大危机打击下，就有可能完全崩溃，巴菲特就没有理由在市场恐惧的时候买入，所以，投资者也不要轻视这个规律。

对以上六大规律理解的程度和运用的能力，可以显示出一个投资者的功底，功力高的话，离投资成功就很近了，如果功底不足，就没有成功的必然性，至于投资的其他方法和技术、技巧，是可以从这六大规律推导出来的，若是没有这六大规律作为理论基础，也不可能完全理解和运用好投资的方法、技术。所以，笔者建议投资者好好弄懂、弄透这六大规律，它正是俗话所说的基本功或功力之所在，"练武不练功，老来一场空"，投资者要切记这句老祖宗留下的教诲。

第二节 市场及价格趋势的基本属性

Section2

◎ **趋势的定义**

　　道氏理论对市场趋势早就有过明确而简洁的定义，他是基于市场趋势曲折变化所形成的波峰和波谷特征来定义趋势的，因此，依据这些峰、谷的递进方向，可以分为三种趋势：如果峰、谷依次上升，则形成上升趋势；如果峰、谷依次下降，则形成下降趋势；如果峰、谷依次横向伸展，则形成横盘趋势。

　　道氏理论对趋势的这种定义方法和含义，一直是证券投资分析的共识，尤其是技术分析的基石，但实际上这是一个有着巨大缺陷的定义，所定义的内容是事物的外部特征，并没有触及事物的本质，这也是导致技术分析投资方法总是停留在现象层面无法深入的一个重要原因。

　　从逻辑学和科学的角度看，定义主要包括两类对象：一类是具体的事物，比如狗、汽车、山等，定义这类具体事物一般使用种加属差的形式逻辑方法，"人是能制造生产工具的动物"，就是这样一种完整的定义，这种定义法的重点是要突出所定义对象与同属不同种事物之间的本质差异；另一类是抽象的事物，如规律、感情、科学、法律等，它们的定义方法比较复杂，没有统一的标准，而且无论怎么定义，都很难获得一致认同，能获得多数共识就是最好的了，所以，许多抽象事物或概念的定义，都是五花八门的，总是有好几种定义同时存在，多的达几十上百种，但不管怎么样，对这类事物的定义，都是要力求揭示事物的本质特征，不允许用外部特征或形式逻辑来下定义。

　　以此来看道氏理论对趋势的定义，就显得很原始初级，甚至是很幼稚的，与古希腊哲学家柏拉图定义"人是没有羽毛、两脚直立的动物"并没有本质的不同，它不仅不能涵盖所有趋势的本质，即使仅仅用于证券市场也存在着巨大的缺陷，因此，为了更好地理解市场趋势，需要对趋势进行重新定义。基于上述抽象事物定义的困境，要对趋势下一个比较好的定义是很难的，但有一点可以肯定，即趋势是一个很广泛的概念，远远不局限于市场或价格，在任何领域、任何事物中都存在趋势。而且，尽管趋势是一个抽象事物或概念，由于其十分常见，早就成为众所周知的日常语言，"大势所趋"这样的话，连中小学生都能脱口而出，这说明趋势概念实际上是深入人心的，所以，绝不能仅仅在证券市场或价格范围内来定义和看待趋势，它们只是趋势概念内涵的一小部分而已。

以笔者对趋势的理解，大致可以如此定义：趋势就是事物在内在规律作用下的必然性持续发展或运动过程。在这个定义中，有两个关键性本质，一是趋势源于事物内在规律的必然性因素及作用，二是趋势具有时空的持续性，而且这两点是密切相关的，如果不具备这两点的话，就不能叫趋势。一个人偶然生病，就不能叫趋势，一个勤奋工作的人，时不时娱乐娱乐、放松放松，也不能叫趋势。按照趋势的这个定义，对于任何事物趋势的把握，主要抓住两点就够了，一是找到趋势形成的规律性、必然性原因，二是评估趋势运动时空上的持续性状况。将这个趋势的通用定义套用证券市场上，那么，所谓市场或价格趋势，就是市场或价格必然性的持续运动过程，因此，在进行趋势分析时，就必须找到市场、指数、个股价格形成趋势的必然因素，再评估其时空规模，如果能做到这一步，投资也就不难成功了，即所谓看大势者成大事。

◎ **证券趋势的分类及关系**

1. 宏观性历史大趋势

也就是上面刚论述过的长期大趋势，这是一种宏观性、历史性趋势，因此，也是高度抽象和概括的趋势，只有指导性意义，具体的投资操作意义不大。

2．基本面趋势与技术面趋势

道氏理论中，有一个著名的观点，那就是股市是经济的晴雨表，这个观点虽然很不全面，却道出了基本面趋势和技术面趋势的关系：其中经济社会发展属于基本面趋势，它是市场趋势的本源或本质所在，也可以叫本源性、实质性趋势；而作为晴雨表的股市指数则是技术面趋势，它是市场对经济社会的反映，是派生出来的现象，也可以叫反应性、派生性趋势。因此，市场趋势表现为基本面和技术面、本源性和派生性（反应性）二元结构状态，这是证券市场比较独特的现象，主要是由实体经济与虚拟经济关系所决定的，实体经济及社会是证券市场的物质基础，指数、个股是经济社会的货币化表现。

从投资分析的角度看，基本面趋势可以说是技术面趋势的生成系统，是市场趋势分析的核心，技术面趋势是基本面趋势的衍生系统、验证系统、形式系统，是市场趋势分析的辅助手段。但不管从哪个角度分析，基本面趋势和技术面趋势的关系，都属于哲学上本质与现象、形式与内容、决定与被决定、作用与反作用的关系，这种相互关系的次序是绝对不能颠倒的，否则，就会犯本末倒置、因果错位的原则性逻辑错误，单纯的技术分析就常犯这种错误。

虽然道氏理论看到了证券趋势的二重性，可他关注的重点却没有放在基本面趋势，而是放在了技术面趋势，并依次来构筑出整体技术分析体系，从而导致这个体系变成浮在现象层面的方法论，虽知其然却不知其所以然，据此进行趋势投资，其效果肯定是不好的。

就指数而言，其基本面趋势是由宏观经济周期、国家实力、社会变迁、技术进步、管理政策、企业发展、市场心理等众多因素集合推动的，要想真正把握指数的基本面趋势，就必须对相关要素进行综合分析判断，而且要随时跟踪其变化状况，仅仅看指数的涨跌或依据趋势线、形态、成交量等技术性要素来判断指数趋势，是很不全面的。由于纯技术性方法不探究市场趋势形成的原因，从而使市场趋势的基本面内因处在一种黑箱状态，结果，投资者对市场趋势总是缺乏足够的信心、底气而变得摇摆不定，对市场趋势的纯技术性预测也很容易主观化。就个股而言，情况要更加复杂，其运动趋势一方面要受到指数综合趋势的影响，另一方面又要受到企业经营管理状况即个股基本面趋势的影响，而所谓价值投资，其实就是要将分析的重点放在企业经营管理的基本面实质性趋势上，忽略甚至放弃对指数和个股技术走势的过分关注。

3．主导性趋势与调整性趋势

道氏理论在论述市场趋势时，还有两个重要定义，一是基本趋势，二是次级或次要趋势，这是对一个相对独立的大趋势再进行内部层次的划分，其中，基本趋势属于运行至少一年以上的大方向性趋势，而次级趋势则是与大趋势相反的几个月的中期趋势，是对大趋势的修正。应该说这种划分是很不错的，只是其概念的用语不是很恰当，为了便于更好地理解趋势的层

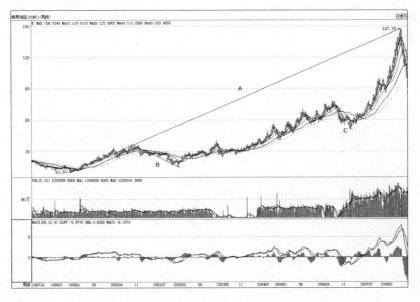

图2-1

次，笔者觉得有必要对这两个既有内在联系又性质和方向完全不同的趋势概念进行重新命名。基本趋势应改为主导性趋势，次级趋势应改为调整性趋势，这样表述就显得更为明确和合理了，概念词语与定义的内涵要更为贴切或一致。"主导"也就是决定大方向，"调整"也就是大趋势的退却或休整，这样，理解起来也更容易到位，否定原来的概念用语很可能造成误解。

在图2-1中，A线所指示的方向为主导性趋势（这里为大型上升趋势），B、C则属于调整性趋势，它是主导性趋势的休整或修正。

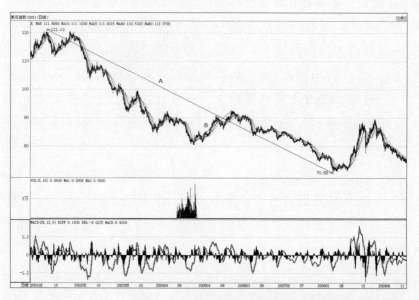

图2-2

在图2-2中，A线所指示的主导性趋势为大型下降趋势，B则是对上升趋势的调整。因此，主导性趋势与调整性趋势总是方向相反的。

道氏理论将趋势单元划分为基本趋势、次级趋势和短暂趋势三个层次的做法，虽然理论上说得通，但并没有实际意义，在这一点上，笔者赞同的是艾略特波浪理论对趋势单元两个层次的划分法，即推动浪和调整浪，笔者这里的主导性趋势和调整性趋势，与艾略特的推动浪和调整浪是基本一致的。

4．指数趋势与个股趋势

这个很容易理解，但要说明的是，这里的趋势主要是指技术面或派生性趋势，也就是指数和个股的涨跌趋势，虽然也包括了指数和个股的基本面本源性趋势，但并没有全部涵盖进去，尤其是个股的价格趋势，在多数情况下，其受指数的影响要大于受企业经营管理实质性趋势的影响，因此，个股的价格趋势与企业经营管理的基本面本源性趋势往往是脱节的，这在中国股市更是家常便饭。所以，在中国股市投资，对指数的分析判断，必须优先于对企业的分析判断，像美国价值投资者巴菲特、林奇那样，将企业的分析判断置于对指数的分析判断之上的做法，在中国目前以及相当长的一段时期内，还是行不通的，这也是中国股市不成熟的表现。但即使是在西方成熟股市，对指数趋势的判断依然是必不可少的。20世纪30年代以前的美国股市，与现在的中国股市也是差不多的，投机盛行，内幕横飞，暴涨暴跌，齐涨齐跌，因此，那时候的美国同样做不到严格的价值投资，道氏理论也正是对那个时代美国股市的真实反映，只是后来美国股市成熟了，美国也十分强大了，价值投资才有了更广阔的舞台。中国现在的股市相当于处于美国早期的股市，只能注重指数趋势和技术分析投资方法，因此，投资方法也是与股市所处阶段及特性密切相关的，只能随着股市的发展而同步发展，不可能超越股市走在它的前面，任何超越时代、不切合市场实际的投资方法，都是行不通的，至少是效果不佳的。

◎　**趋势单元及规模**

如同家庭和企业属于社会最基本的组织单元一样，证券市场的趋势也是有这种最基本的组织单元的，它们是投资分析、技术分析、实际操作的基础，可除了艾略特的波浪理论重点关注过这个问题外，其他任何理论和技术都没有涉及这个问题，这不能不说是一个非常大的缺陷。完全可以这么说，如果不建立起趋势单元的概念，就难以进行有效的趋势分析和投资。

那么，趋势单元又该怎样来定义呢？这还是要涉及前面提出的基本面本源性趋势和技术面派生性趋势概念。从技术面趋势看，趋势单元应该是一个有明显的开始和结束状态且中间连贯的独立趋势，用常规的技术分析语言来说，那就是趋势的底部和顶部两端必须清晰，中继形态可辨。但是，仅仅从技术面趋势来定义和辨别趋势单元是很不够的，因为它没法告诉我们趋势形成的内在原因，而且有时候技术面趋势不能分辨两个串联在一起的不同趋势单元。所以，定义趋势单元，必须将基本面本源性趋势和技术面派生性趋势一起考虑，据此，大致可以这样来定义趋势单元：在相同或相近的大背景作用下所形成的有始有终的趋势，就叫一个趋势单元。

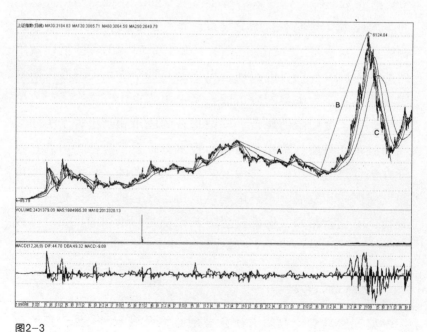

图2-3

在图2-3中，A、B、C是三个相对独立的趋势单元，由于这是已经完成的历史图表，所以，趋势单元的区分和判断是很清楚的，但是，如果趋势还在运行之中的话，趋势单元的判断、分析、预测，就是投资的基础性甚至核心工作了，这需要借助基本面和技术面的多种方法，准确与否，就看个人的能力了。

就像企业有规模差异一样，趋势单元也有规模差异，因此，需要对趋势规模做适当的划分，但这样的划分，在已有的投资理论中也是没有的，无论是道氏还是艾略特，其对趋势或波浪的划分，都属于趋势的分层、分级范畴。可是，在投资分析和操作中，仅仅划分趋势的层次是远远不够的，还需要对趋势的规模进行划分，对此，笔者的《赢在趋势》、《市场乾坤》、《图表智慧》已经做过趋势规模的分类和分析，这里并没有更多的新观点和研究成果，但觉得原来的划分法还不是很完善，故在此加以补充和完善。

根据投资分析的需要和证券市场历史的运行实际，以时间为主要标准，笔者认为将趋势规模划分为四档比较合适：

（1）特大型趋势。持续时间五年以上的趋势单元，可以称

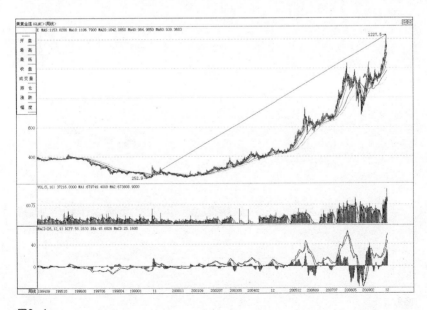

图2-4

之为特大型趋势。这是投资的最佳对象，可惜，像这样的趋势在证券市场是比较少的，而且事先也不容易预测到，费雪、巴菲特对某些个股的特大型趋势有较好把握，有的甚至持有超过二十年，但这样的情况依然是十分罕见的。如果说在股市上通过企业研究还勉强可以事先把握特定个股的特大型趋势的话，那么，对于指数、期货、外汇的特大型趋势，几乎没有任何人能事先预测到，更不要说从头投资到尾了，能抓住其中一大段就相当不简单了。

图2-4是美国黄金期货周线显示的特大型上升趋势，整个趋势从1999年开始直到现在还没有结束，时间已经超过10年，像这样的特大型趋势是比较少见的，也是最理想的投资目标。

（2）大型趋势。持续时间在两年以上、五年以下的趋势单元，可以称之为大型趋势。大型趋势既是投资的好目标，又是可以判断的最佳趋势单元，因为对两三年的时间尺度作出趋势性分析判断，还是有一定的条件和可能的。

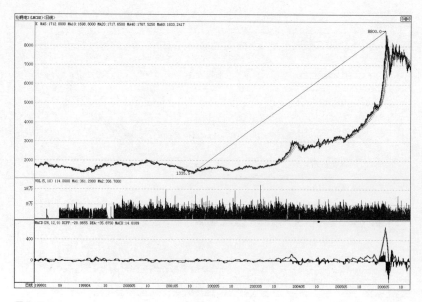

图2-5

图2-5是伦敦铜期货大型上升趋势，整个趋势从2001年底开始到2006年中结束，接近5年。

（3）中型趋势。一年左右的趋势单元，就是中型趋势。这种规模的趋势单元反而不好判断，它的构成要素一般不是很清晰、完整，初看起来可能趋势走得很好，其实比较脆弱，投资者也是左右摇摆的比较多，坚定地看好的并不多，而且，某些品种的中型趋势，不排除价格操纵的因素。

图2-6

图2-6是西藏旅游1997—2000年的三年走势，期间出现了三个中型趋势单元，其中A、C属于上升趋势，B则属于下降趋势。

（4）小型趋势。从几周到几个月左右的趋势单元，就是小型趋势。这样的趋势一般带有突发性，投机色彩较浓，但也可能是因为市场不活跃造成。总之，小型趋势一方面缺乏坚实的基本面基础，另一方面也没有市场群众基础，所以，趋势就很难保持持续状态，很容易短命或夭折，最好不要参与。

◎ 趋势反转与趋势串联

这个题目探讨的是相邻两个趋势单元之间的关系。我们都知道，从总体上看，市场的运行是无止境的，是不断连贯发展下去的，但市场又是以趋势单元的阶段性变化方式运行的，如同人类一代一代地相传，所以，区分上一代趋势单元和下一代趋势单元之间的关系，对认识和把握趋势非常重要。

以笔者的研究发现，两个相邻的趋势单元之间只有两种关系：一种是大家非常熟悉的反转关系，也是趋势单元最普遍的结构关系，顶部、底部、反转形态等技术，就是对这个方面的研究和运用；一种是还没有人提到过的串联或链接关系。

趋势反转是趋势运行和趋势周期性的极端表现，属于两个方向对立趋势之间的转换，如果上一个趋势单元是上升的话，那么，下一个趋势单元就会反转为下降趋势，反之，则是下降趋势反转为上升趋势，它就像在革命年代里，下一辈完全背叛了上一辈的阶级成分，地主、资本家、官僚的子女起来闹革命，推翻自己父辈的统治。

尽管已有的趋势分析方法对趋势反转作了较充分的认识，但有一点还是比较模糊的，那就是对趋势反转没有给出很好的量化标准。在西方股市中，一般将指数下跌幅度超过20%—30%就视为趋势反转，但笔者认为这是有疑问的，因为它只反映了西方成熟股市的状况，不适用于所有市场。所以，笔者在此提出一个新的趋势反转标准：如果指数或价格从原有趋势顶端或底端方向运行超过从顶端或底端计算的30%，那么，就可以基本视为趋势反转，而如果指数或价格反向运行后超过原有趋势单元总空间的50%，那么，趋势反转就得到了完全验证。在这个标准中，30%的计算起点，是有严格要求的，那就是必须从上一个趋势单元顶部或底部算起，这虽然在事后是很容易做到的，但由于在一个大中型规模趋势单元的内部，还会存在不同的阶段，在某些阶段尤其是初始阶段，趋势单元运行中的调整，也完全有可能超过30%，如波浪理论中的二浪深幅调整，以及我们熟悉的双重、三重、头肩等形态结构，都可能存在超过30%的调整幅度。因此，要真正把握好趋势反转，光从指数或个股的技术面趋势判断是很不够了，还得结合基本面趋势本源性趋势。

趋势串联指的是两个方向相同趋势单元之间的关系，也就是说，一个趋势单元结束后，并没有发生趋势反转，而是在经过一段时间后，在同一个方向上，又重新酝酿出一个新的同方向趋势单元，它相当于下一代继承上一代的事业。对这个方面的认识，在证券投资的已有方法中，可以说是空白，艾略特波浪理论虽然看到了这一点，但他却笼而统之地归入自己那个一环套一环的超级循环模式中，而他的超级循环模式是不可取的，因而，他的分析也就基本丧失了价值。从证券历史来看，趋势串联不如趋势反转那么普遍，主要是因为趋势要形成串联，需要的条件比较苛刻，不容易具备，就像保持世代兴旺发达一样不容易。

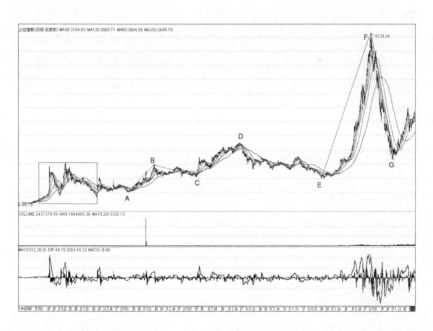

图2-7

图2-7是大家熟悉的上证指数成立至今的全部走势，从趋势单元及其关系角度看，以牛、熊反转关系居多，如图中方框处的两轮一上一下趋势、从E到F再到G的牛熊反转，仅出现一次两个上升趋势之间的串联关系，即先是从A—B的第一轮牛市，经过B—C的浅幅调整后，继续从C—D的第二轮牛市。许多人将B—C也视为熊市，这是不可取的，实际上它只是两个牛市之间的过渡，起着串联的作用，虽然总体是下跌的，但却不具备一个独立熊市趋势单元的空间规模和基本面要素。

此外，无论是趋势反转还是趋势串联，并不是一转身就可以完成的，那只是极少数情况，即我们熟悉的V型反转，多数情况下，中间会有一个漫长的过渡地带，已有的趋势理论和技术，对这个地带也是研究和重视不够的，从而导致投资者盲目地抄底、抓顶。在这个过渡地带，是没有什么规律性可言的，时间可长可短，有几天时间就完成反转的，也有经过几个月才完成反转的，甚至经过几年才完成反转的也有。因此，这个地带相当于趋势或证券市场的沼泽地，是最难把握的危险区域，投资者很容易被这个沼泽地吞噬，希望投资者对这个地带要引起足够重视，笔者《赢在趋势》、《胜在时机》、《市场乾坤》、《图表智慧》虽然都对此做过努力的探索，但依然觉得很难驾驭。

◎ 趋势的速率、惯性、结构

这方面的含义和内容，应该说投资者是比较熟悉的，理论上也相对简单容易理解，实际也是时空关系的一个方面，故不作更多分析，仅谈一些容易忽略的问题。

趋势速率即速度或角度，有三点需要特别注意：其一，45°是趋势发展或运行的最佳状态，也是时空的最佳组合或匹配，当我们发现趋势形成这样的速率时，是中线参与和加码的最好时机；其二，如果趋势运行的速度过快、角度过大的话，一般持续性是不强的，就像经济过热难以持续一样，所以，要想继续保持原有趋势的话，就必须调整到比较合适的45°，因此，发现趋势速率过快或角度过大时，以获利了结为佳，等待调整充分后再做打算；其三，如果趋势运行的速度过慢、角度过小的话，很可能趋势动力不足或正在衰竭，要是趋势已经运行了相当长的时间的话，出现这种情况后，就存在趋势发生反转的很大可能，此时应退出原有交易，等待趋势发展变化后再做打算。

关于趋势的惯性，笔者在《市场乾坤》、《散户法宝》两书中，都有过分析，但比较多地从物理学运动原理解释趋势的惯性，按笔者现在的认识和理解，也许投资者心理和思维才是形成趋势惯性的根本原因。心理学上的思维定式现象可以佐证这一点，也就是说，人一旦习惯于用某种思维方式、观点看问题以后，就很难轻易改变，尤其是那些知识面较窄、接受能力较弱、对外界反应迟缓的人更是如此，这也是有些人特别固执己见的原因，再加上出于维护自尊心的需要，一个人要改变自己的看法就更难了。所以，牛市或熊市的思维定式，一旦在绝大多数投资者心理扎下根的话，就会形成巨大的惯性力量，许多投资者往往不理解这种惯性作用，仅仅依据价格的偏离或某些基本面的变化，就判断趋势会很快终结，从而经常逆势操作。

在一定意义上，趋势的惯性，也可以说是意识乖离规律在趋势上的体现，可见，在市场或趋势分析中，许多东西其实是相通的，如果真正能做到多种理论和方法的融会贯通，市场也许就变得不那么难以理解和把握了，投资者成功的可能性就更大了。

相对于趋势的速率和惯性，趋势的机构要更复杂一些。就像不同的企业组织之间在内部结构上都会存在差异一样，不同趋势单元之间的结构也是有差异的，有些结构相近，有些则差异很大。一般来说，趋势单元的结构与趋势规模关系密切，越是大型的趋势，结构越趋向于复杂，但同时又有较强的规律性，而越是小型的趋势，结构越简单，且基本没有什么结构规律。

趋势单元的结构主要是以波段的方式来构成的，这一点道氏理论已经早就发现，并分别把牛市和熊市划分为三个阶段，艾略特对此作了进一步的发挥，并创立了波浪理论。波浪理论的合理内核就在于主导性趋势的五浪结构，但艾略特将主导性趋势的五浪结构扩展为八浪循环并进一步构成超级循环，这是不正确的，而且没有实际意义，至于将八浪结构当成所有趋势单元的结构，基本上也是错误的。

笔者在《市场乾坤》、《图表智慧》中，对趋势单元的结构做过较充分的研究，发现道氏理论的趋势三段结构或艾略特推动浪的五浪结构（实际还是三个上涨波段，只不过加上两个调整浪而成五浪），都是某些大中型趋势单元才具备的常见结构，但除此之外，还存在其他结构，有比三段更简单的两段、一段结构，一般发生在市场创立的早期和某些周期性很强的品种上，有比三段更复杂的是四段、五段结构，主要发生在一些大型趋势单元上，详细的内容请参看笔者的《图表智慧》。但是，总的来说，趋势单元采用三段结构是最为普遍的，这也是波浪理论受到很多人偏爱的原因。

趋势的结构对于时机的把握尤其是波段投资的作用很大，而对于长线投资者和大趋势投资者，并没有太大价值，但对此有个基本认识和了解，总是有好处的。

◎ 趋势的周期性循环

趋势的周期性循环是一个很普遍的规律，是所有技术分析方法的总纲领，投资者都比较熟悉。波浪理论、江恩理论也是以此为主要依据建立的，但是，对趋势的周期性循环，也是误解最多的，存在不少错误的理解和认识。此外，趋势的周期性循环与前面分析的趋势反转、串联、结构是有内在联系的。由于笔者的《市场乾坤》、《图表智慧》两书，对趋势和市场的周期性做过重点分析介绍，这里就不重复了，只补充几点可能遗漏或论述不充分的方面。

其一，趋势的周期性循环不等于固定线路循环。有些趋势分析理论和投资者，把周期性循环理解为与钟表类似的遵循固定线路的机械运动，这是十分错误的，波浪理论就是如此，也是这一理论方法的根本性缺陷，江恩理论也有这样的强烈倾向，至于一般技术分析投资者，有这种看法的人更多。正是因为把周期性循环错误地理解为按固定线路运动，所以，总有不少人企图找到一种理论、方法、秘诀，能够发现价格趋势中早就存在并固定不变的线路，这样，就可以准确地预测趋势了，就能很容易发达致富了。无论从理论上看还是从证券价格历史走势看，趋势或市场根本就不可能有事先就存在的固定线路，不仅证券趋势如此，其他任何趋势和运动都没有事先存在的固定线路，这种错误源自机械决定论和上帝创世论，是一种对人类有着深刻危害的错误哲学，中国老百姓几千年来深受其害，那就是相信生死由命、富贵在天，面对奴役、剥削、贫穷，只好听天由命。

其二，趋势的周期性循环不等于牛熊循环。牛熊循环确实是证券趋势比较普遍的现象，也是趋势周期性循环的主要体现，但周期性循环并等于一定就是牛熊循环。前面已经分析过，在趋势单元的前后运动或组合中，除了常见的趋势反转即牛熊转换外，还存在着同方向趋势单元的串联关系，也就是说，如果上一个趋势单元是上升或下降趋势的话，那么，接下来的下一个趋势单元，并不是反转为下降或上升趋势，而是形成另一个上升趋势或下降趋势。如果投资者不能认识到这一点，抱着简单机械的牛熊循环思维的话，往往就会对具体情况不做具体分析，就想当然地认为价格涨多了就必然会跌、跌多了就必然会涨，从而陷入盲目地抓顶抄底的逆向操作的巨大危险之中。"没有只涨不跌的市场，也没有只跌不涨的市场"，这句投资格言虽然理论上并没有错，但如果绝对化地、不加具体分析地理解和运用，那就大错特错了。

其三，趋势周期性循环的含义是很宽泛的。趋势的周期性循环主要指的是趋势单元与趋势单元之间的关系，就像历史上一个皇朝与另一个皇朝之间的关系一样，但并不限于此，它还包括趋势内部主导性趋势和调整性趋势之间的循环，且可以进一步划分下去，比如箱型、三角形等调整，也都存在周期性循环。此外，除了直接以趋势作为分析判断周期性循环的特征外，在技术分析中，用得较多的是时间周期划分法，主要是k线和均线，其中均线取任何时间尺度来分析周期都是可取的和有一定意义的，但K线只有日线和周线两种最为合适，过小和过大的时间周期单位，都不是很合适的。

其四，形成趋势周期性循环的因素是很多的。但主要的原因是三个：一是实体经济的周期性变化，这是最重要的因素，而且主要的影响是趋势运动的大周期即单元周期；二是市场本身具有自己的运行节奏，节奏是任何运动都存在的要素，是运动的普遍规律；三是市场或投资者心理的周期性变化，它是

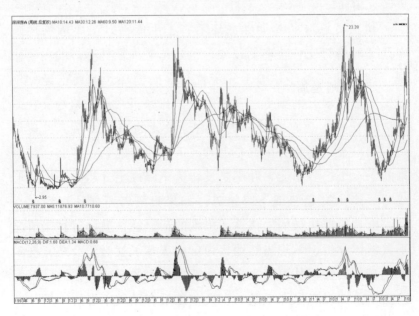

图2-8

趋势内部周期变化的重要原因，更是周期性日常波动的基本原因，而对单元周期的影响要小得多。

图2-8是最常规的周期性循环结构，可以称之为钟摆型周期循环模式，这是不少周期性行业和个股的特征，但不是周期性循环的唯一模式，这一点很多人容易误解。

图2-9

图2-9则是周期性循环的另一种常见模式，可以称之为螺旋形周期循环模式，它可以说是市场和个股更普遍的周期性循环模式，也是自然、社会发展的普遍模式，与我们平常说的事物总是在曲折中发展的含义是一样的。

第三章

hapter3

证券投资方法的奠基者

第一节 道氏趋势理论

Section1

◎ 基本身世

查尔斯·亨利·道（或简称查尔斯·道），1851年11月6日出生在康涅狄格州斯特林的一个小农场主家庭，6岁丧父，仅上过小学，却以当记者作为自己的梦想，后来依靠自学终于实现了这个梦想，成为一名出色的财经记者，而在成为记者之前，干过多种工作。1869年，18岁的查尔斯·道加入了斯普灵菲尔德的《共和党人报》，开始了职业记者生涯，1875年，道去了《普罗文顿斯日报》，在对普罗文顿斯和纽约之间的交通系统进行了漫长的研究后，道对商业项目产生了兴趣。1878年，科罗拉多州发生了银行罢工事件，年轻的道从中受到启发，并写了很多文章，这些文章也直接促成了他来年成为《纽约邮政快讯》的财经记者。后来，道又成为基尔南新闻社的作家和编辑，并聘用了朋友爱德华·琼斯，琼斯曾经做过《普罗文顿斯日报》的编辑。

查尔斯·道曾经在股票交易所大厅里工作过一段时间，但这段经历来得有些奇特。当时，一个叫罗伯特·古德鲍蒂的爱尔兰人，从都柏林来到美国，并决定在美国进行股票投资，但由于纽约股票交易所要求每一位会员必须是美国公民，罗伯特·古德鲍蒂没有那么快就获得美国国籍，于是，查尔斯·道成了他的合伙人，在罗伯特·古德鲍蒂为加入美国国籍而必须等待的时间里，查尔斯·道就在股票交易所中的大厅里执行他的各种指令，当古德鲍蒂成为美国公民以后，查尔斯·道退出了交易所，重新回到他更热爱的报纸事业上来。

在曼哈顿与爱德华·琼斯的相识，使查尔斯·道的事业出现重大转折。琼斯毕业于布朗大学，虽然脾气暴躁却有闪电一样快的思维，由于自己教育程度不高，查尔斯·道非常崇敬他受过的大学教育，两人很快便成了朋友，并在《普罗文顿斯日报》一起共事。后来，两人合伙于1882年11月在华尔街15号一个狭小的办公室里，成立道琼斯公司，公司名称显然来自两人名字的组合，尽管此后查尔斯·密尔福特·伯格斯特里瑟作为第三个伙伴加入了进来，并给予公司很大支助，但公司的名字却没有再更改。公司成立后，最初的几年主要在纽约金融区活动，以为客户收集、摘抄商业信息及发布财经新闻为生，并且编辑出版了手写版的《客户午后日志》，它是华尔街日报的前身。但此时的美国正处在经济飞速发展的高峰期，公司的客户量因此不断扩大，于是，公司的三位合伙人在1889年正式创办了《华尔街日报》，专门报道有关金融的消息，以适应蓬勃发展的商界对信息日益增大的需求，从报纸成立到1902年逝世，查尔斯·道一直任总编。

道琼斯公司成立后最伟大的创举是创立了股票市场价格平均指数——"道琼斯工业指数"。该指数诞生时只包含11种股票，其中有9家是铁路公司，到1897年，单一的股票指数又一分为二：一个是工业股票价格指数，由12种股票组成；另一个是铁路股票价格指数，由20种股票组成。到1928年，工业指数的股票覆盖面扩大到30种，也就是它今天代表的股票数量，1929年，又添加了公用事业股票价格指数。

◎ **主要内容**

查尔斯·道在任《华尔街日报》总编的13年间，发表了一系列社论，表达了他对股市行为的研究心得，但从未写过投资理论的完整文章，也没有给它命名。由于查尔斯·道的文章揭示了股市运行的一些规律，客观上满足了投资分析和预测的需要，所以，在他逝世一年后即1903年，这些文章被纳尔逊收编到其所著的《股市投机常识》一书中，并首次使用了"道氏理论"的提法，当该书1978年重印时，股评家理查德·罗素在为该书所撰写的序中，把道氏对股票市场理论的贡献同弗洛伊德对精神病学的影响相媲美。

但我们今天所了解的道氏理论，大部分来自于道的继承者威廉·彼得·汉密尔顿，他于1902—1929年之间，在《华尔街日报》发表了一系列社评，并在系统地归纳整理查尔斯·道的思想基础上，于1922年撰写出版了《股市晴雨表》一书，书中集中论述了道氏理论的精华，并使"道氏理论"具备较详细的内容与正式的结构，同时，汉密尔顿在许多问题中加入了自己的思想，其中包括市场操纵行为、投机行为和政府管制等。

1932年，罗伯特·雷亚又把"道氏理论"进一步加以提炼，出版了《道氏理论》一书。雷亚对于"道氏理论"的贡献极多，他纳入成交量的观念，使价格预测又增加一项根据，而且，雷亚在所有相关著述中都强调，"道氏理论"在设计上是一种提升投机者或投资者知识的配备或工具，并不是可以脱离经济基本条件与市场现况的一种全方位的严格技术理论。

所以，道氏理论一开始并不能称为理论，创始人查尔斯·道既不是股票投资家，也不是投资理论研究者，他的真实身份是办报人以及记者、编辑，因此，压根儿就没有想过要为投资理论著书立说，所写的文章主要也不是为了用于预测股市和指导投资的，而是报纸发展的需要以及通过股市来观察分析经济，即利用股市的晴雨表作用。此外，完整的道氏理论，应该说凝结着查尔斯·道、汉密尔顿、罗伯特·雷亚三人的共同成果，后两人所著的《股市晴雨表》、《道氏理论》，一直是人们研究道氏理论的经典著作。至此，道氏理论才基本完成，并成为一种通过研究价格趋势来推测未来价格变化的流行方法，更是所有其他趋势技术分析方法的鼻祖。

道氏理论在20世纪30年代达到巅峰，道氏传人汉密尔顿于1929年10月21日在一篇题为"浪潮转向"的社论中，预测20年代的大牛市已濒近死亡，果不其然，在紧接着的10月25日，华尔街股市盛极而衰，自386点开始了绵延3年至41点、暴跌89%

的大熊市。其实，汉密尔顿从1927年1月（指数约为200点左右）起就大肆唱空了，据此操作会错失近1倍的大行情，但最终算来还是得大于失。此外，还有人做过统计分析，从1920年到1975年，道氏理论成功地揭示了道·琼斯指数所有大幅波动中的68%，以及标准普尔500种股指大幅波动的67%，所以，为表彰道氏的贡献，1984年，美国市场技术分析师协会向道琼斯公司赠送了一只高汉默银碗。

1．股票价格平均指数反映了市场的一切变化

这是道氏理论最著名的一个市场分析假设，后来演变为所有技术分析三大基本假设或前提之一，即市场包融一切。道氏理论认为，股票价格平均指数反映了所有影响股票供给和需求的各种因素，包括经济、政治、社会及投资者心理等众多方面，因此，投资者无需再考虑这些因素，只需直接考虑股票价格平均指数就可以了，也就是说，股票价格指数的变动，代表了市场所有投资者对股市的综合判断，这实际上就是市场充分有效论。

2．股票市场是经济发展的晴雨表

在道氏之前，人们一直没有找到能准确衡量经济整体状况的客观尺度。当时，人们对国民经济整体状况的衡量，主要采用以"价格"为中心的指标体系，包括货币的价格即利率及银行信用等。但是，价格具有较大的滞后性，消费品价格指数更是这样，而且国民经济的周期性供求失衡，很大程度上就源于价格的误导作用。为了从理论上解决上述问题，道氏经过多年的观察研究后，发现股市波动往往领先于经济周期的现象，并进而提出这一著名观点，而且这一观点被后来的政府接受，目前，在美国政府建立的国民经济领先指标体系中，股票指数仍是其中11个指标中的核心指标之一。

3．股票市场包括系统和非系统两种风险

在道氏理论没有提出来之前，投资者没有意识到个股的波动与整个股票市场变动的关系。道氏编制的股票指数体系，为

衡量股票市场的整体波动状况提供了一套科学准确的标准。个股不仅受自身企业风险的影响（非系统风险），同时还受整个股票市场波动的影响（系统风险），它们是两种性质完全不同的风险。

4．市场以趋势方式运行

道氏理论认为，市场是以趋势方式运行的，一个趋势结束后会转到另一个不同的趋势。

（1）趋势的定义。道氏是基于市场趋势曲折变化所形成的波峰和波谷特征来进行趋势定义的，因此，依据这些峰、谷的递进方向，市场趋势可以分为三种，如果峰、谷依次上升则形成上升趋势，如果峰、谷依次下降则形成下降趋势，如果峰、谷依次横向伸展则形成横盘趋势。

（2）趋势有三种基本方向。基本趋势或主要趋势有两个相反方向，即上升趋势和下降趋势，或牛市和熊市，此外，还有既不属于牛市也不属与熊市的横向趋势。

（3）趋势有三个运行层次。道氏理论把股票市场的趋势分为三种类型，实际是趋势发展过程中三个不同等级的层次：

①基本趋势或主要趋势：是一段时间内股票价格走势所呈现出来的总的方向。一般来说，主要趋势通常持续一年以上，有时甚至好几年，所以，它是一种长期趋势。主要趋势又可以分为主要上升趋势（牛市）和主要下降趋势（熊市）。

②次级趋势或次要趋势：在股票市场主要趋势的演进过程中，会出现一些短期的、与主要趋势相反的逆向趋势，也就是次级趋势，所谓次级是相对于主要趋势而言的下一个级别，是对主要趋势的短期修正。因此，次等趋势既可以是在一个牛市中发生的中等规模的下跌或"回调"，也可以是在一个熊市中发生的中等规模的上涨或"反弹"，回调、反弹通称为基本趋势回撤，一般来说，次级趋势的回撤幅度会在基本趋势的1/3—2/3之间结束，时间通常会持续三周到三个月左右的时间。例如：在主要上升趋势中，会出现中短期的股票价格下跌，但这

种中短期的下跌，其后一个谷底应该比前一个谷底高，否则就不构成主要上升趋势了。

道氏理论还指出，"直线"即横盘可以代替次等趋势。一条直线就是两种指数或其中的一种做横向运动，在这期间，价格波动幅度大约在5％左右（笔者以为10%更可取）。一条直线的形成表明了买卖双方的力量大体平衡，或者在某个价格范围内没有人愿意出售，那些需要购入的买方只得提高出价以吸引卖方，或者那些急于脱手的卖方在某个价格范围内找不到买方，只得降低售价以吸引卖方。因而，价格涨过现存"直线"的上限就是涨势的标志，相反，跌破下限就是跌势标志。总的说来，在这一期间，直线越长，价格波动范围越小，则最后突破时的重要性也越大。

③短暂趋势。特指股票价格的日常波动，本身没有什么规则，完全属于主要趋势和次要趋势的一部分。短暂趋势一般可持续几个小时到几天，但一般不超过三周的时间。

为了更好地说明、理解趋势，道氏理论进一步将其与大海波浪现象加以类比。上升趋势就像大海的涨潮，它将水面一步一步地向海岸推动，直到最后形成一个水位最高点，然后开始反转，接下来的则是退潮，也就是下降趋势。但是，无论是涨潮还是退潮的时候，波浪都一直在涌动，不断冲击海岸并撤退。在涨潮过程中，每一个连续的波浪都要超过前一个波浪所达到的海岸水平高度，而其回撤时，又都没有前次的波浪低；在落潮过程中，每一个连续的波浪上涨时，均比前一个波浪达到的水位低一点，而在其回撤时，均比前一个波浪离开海岸的位置更远一点。这些连续的波浪，要么属于基本趋势，要么属于次级趋势，关键取决于其运动与海潮的方向相同还是相反。与此同时，海面一直不断地被小波浪、涟漪及和风冲击着，它们有的与波浪趋势相同，有的相反，有的则横向穿行，就像每日都在进行着的无关紧要的市场短暂小趋势。

（4）基本趋势有三个发展阶段。道氏理论认为，股票市场主要趋势一般会经历三个阶段，并以主要上升趋势（牛市）为例进行了说明。

第一阶段：股价仍处于低位，可是，一些有远见的投资者和分析人员认为，股市的坏消息都已经发生，并预测经济情况在近期内会有所改善，于是，这些人就会开始购买股票，促使价格缓慢上涨。

第二阶段：由于经济状况的改善和公司盈利的增加，大批投资者进场购买股票，从而使股票价格迅速上涨，交易量也急剧放大。

第三阶段：由于前一阶段股市传出的都是利好消息，股票价格已经上升到一个很高的位置，似乎有点支撑不住，这时一些有远见的投资者就会开始出售股票，随着越来越多的投资者也开始大量抛售股票，股票价格就会下跌，熊市来临。

5．顺势交易法则

道氏理论指出，根据或顺着趋势交易是最安全可靠的，也是最客观的。这其中有好几个相互联系的观点：

（1）趋势无法人为操纵。尽管指数或个股每天、每星期的波动可能受到人为操作，次级折返走势也可能受到这方面有限的影响，比如常见的调整走势，但基本趋势或主要趋势，是不可能人为操作的，所以，顺势交易是安全稳妥的，但顺势的对象只能是基本趋势，而不能是次级趋势和短期趋势。

（2）只有当技术上的反转信号明确显示出来后，才意味着一轮趋势的结束。意思是说，如果原有趋势没有得到技术上明确反转的证实，还是应该顺着原有的趋势方向交易，这主要是针对属于调整的次级趋势容易麻痹投资者而言的。虽然无论牛市还是熊市，都不会一路不停地涨到顶或跌到底，中间会有波折，但基本趋势不会被其轻易改变，当调整结束后，基本趋势持续发展的可能性是最大的。

（3）一旦股市的长期基本趋势（牛市或熊市）被确认后，该趋势就会继续下去，直到趋势的反转被确证，于是，又开始新的反方向基本趋势，从而形成牛、熊趋势循环。

（4）趋势的发展和变化，必须得到各种平均价格指数的相互验证。除非两个平均指数都发出同样的看涨或看跌信号，否则，在基本趋势前进的道路上，就不可能发生大规模的反转性变化。在美国，是以道琼斯工业平均指数和道琼斯运输业平均指数作为相互印证的，只有二者都呈现出牛市或熊市的特征后，道氏理论才正式发出牛市或熊市的信号。

（5）交易量必须验证趋势。交易量是股票市场中的一个重要指标，在辨认主要趋势中的各阶段走势时，通常需要与交易量进行相互印证。在正常的情况下，股票价格会随着交易量的上升而上升：在主要上升趋势中，当价格继续上升时，交易量增加，说明购买股票的需求在增长，主要趋势还会继续上升而不会逆转；如果随后股票价格的上升并没有得到交易量的支持（即交易量比前次股价上升的交易量低），那么，这就是一个危险的信号，表明股价有逆转（即下降）的可能。当然，在道氏理论中，交易量是第二位的参照指标。

（6）趋势判断只能使用收市价。道氏理论在分析判断和买卖信号的使用上，完全是以收市价格为依据的，尽管任何一个交易日的最高价和最低价也不容忽视，但道氏理论只考虑收市价。假设在一轮基本上升趋势中的次级调整趋势中，某日上午11点工业指数达到152.45的最高点，然后又回跌到150.70报收，如果下一个交易日的收市价高于150.70，那么，行情就继续看涨，至于前个交易日的高点152.45，可以忽略不计；相反，如果在下一个上涨阶段中，价格在某一天达到一个高点比如152.60，但这一天的收市价却低于150.70，那么，牛市趋势是否持续就很难判定了。

（7）其他。趋势线、支撑、阻挡、形态等，也是道氏理论中的技术分析主要内容，其提出的基本方法一直沿用至今。

总之，趋势及顺势交易，是道氏理论和投资方法中最核心也是最有价值的内容。

◎ **简要评析**

　　道氏理论是趋势投资体系的建立者，是所有趋势技术分析的源头，其中的内容在今天看起来也许很平常，但在当时却是很了不起的。

　　1．道氏理论的主要贡献和价值

　　道氏理论是历史上第一个关于证券尤其是股票投资的理论和方法，对投资及投资方法的影响是重大而深远的，其理论本身也有很多重要的贡献和价值。

　　（1）趋势概念的提出和顺势交易法则的确定。趋势投资和顺势交易是证券投资的基石，无论用什么方法预测市场、选择个股、把握买卖时机，最终都要落实到趋势和顺势交易上来。道氏理论最先也最明确地提出这个观点，之后，从来就没有谁怀疑过、否定过，从而成为被广泛遵循的证券投资基本信念之一，所以，笔者认为，这是道氏理论对投资方法的最大贡献，也是其理论最有价值的地方。

　　（2）平均价格指数的建立。道琼斯指数的创立，既是股市发展的里程碑，也是证券投资的里程碑，在此之前，尽管股市已经存在两百多年的历史，但并没有一个像道琼斯指数这样用以衡量市场状况的尺度或标准，所以，平均价格指数的建立，为评价市场、指导投资提供了一个把握市场整体状况的客观标准，这也是道氏理论一个非常伟大的创举。

　　（3）系统风险和非系统风险的划分。这和上一点是相关联的，实际上就是整体与局部的关系以及选时与选股的关系，系统风险就是整个市场及指数的风险，非系统风险则是不同个股自身的风险，投资只有处理好这两种不同性质的风险，才能既规避指数风险又规避个股风险，从而获得成功。所以，道氏理论对市场风险的这种划分，对投资的意义是十分重大的。

　　（4）技术分析方法的创建。道氏理论是所有技术分析方法的鼻祖，而且道氏理论本身，就已经较为完备，后来技术分析的发展，基本上没有超出道氏技术分析的框架，也没有获得比道氏技术更高的水平。不过，与许多人看法不同的是，笔者并不认为道氏技术分析是其理论中最有价值的部分，相对于前面三点，它是道氏理论中比较次要的部分，因为技术分析是属于较低层面的东西，离投资核心部分较远。

2．道氏理论的缺陷

尽管道氏理论有着巨大贡献和价值，但并不是没有缺陷的，而且有些缺陷是相当致命的。

（1）市场趋势分析方法抽空了基本面和技术面的逻辑关系。道氏理论片面地强调和单一地重视指数或市场的技术面趋势、结果，但有意无意地忽视市场、指数的基本面状况、原因，这是道氏理论的最大缺陷，也是对趋势分析和投资危害最大的缺陷，进而导致其整个技术分析体系的根基很不牢固，停留在现象层面，无法深入本质，很容易犯知其然，而不知所以然以及其他主观性错误。由于道氏理论是所有技术分析的源头，道氏理论的这一缺陷，也被所有的趋势技术分析投资派继承了下来，从来无法获得持续的投资成功，出不了技术分析投资大师。

（2）忽略了趋势投资中的个股价值因素。道氏理论只是关注市场整体状况或趋势，根本没有涉及趋势投资中的个股因素。个股企业价值与个股趋势的关系，在道氏理论中是空白的，从而使得其投资和分析体系很不完善，缺了一条腿，而这条缺了的腿，正好被后来的价值投资牢牢抓住，并且获得了巨大成功，反而使道氏理论大为失色，似乎显得道氏理论没有什么价值，这既是对道氏理论的不平，也是道氏理论自己留下的遗恨。或许历史发展规律就是这样，后来者总是可以站在前人的肩膀上获得更高更大的成就，而打基础或探路的前人，往往只能为人作嫁衣了。

（3）对趋势的定义和划分过于粗糙。道氏理论对趋势的定义及划分是很粗糙的，因此，也就不能很好地用于指导投资，有关内容在前面的第二章已经作了论述，这里就不重复了。

（4）缺少投资实践和成绩的支持。道氏理论的局限也许是不可避免的，因为道氏本人既不是投资家也不是经济学家，他是一个报人和记者，而且所受教育程度不高，理论基础比较单薄，他主要是凭着自己的勤奋、经验才成就了自己的事业，此外，道氏的后继者在投资上也好不到哪里去。所以，整个道氏理论完全是靠经验创立的，而且这种经验主要是一种宏观性的市场观察经验，不是亲身的投资经验，因此，其理论具有强烈的直观经验主义色彩，看起来很正确，却显得空泛和隔靴搔痒。何况，道氏理论一开始就不是为投资而创立的，道氏本人甚至就没有把它当做投资理论或方法看待，它的原始面目应该是为确立报纸的声誉而进行的专题性报道，只是因为投资者觉得有指导价值，后来人才把它总结完善成投资理论，所以，道氏理论体系多少给人以牵强和表象的感觉，其中更难免出现角度不当、基础不牢固的缺陷。

与此相关联，道氏理论中的一些主要结论也是不准确和不全面的，多半属于泛泛而论的表象之谈，经不起严谨的逻辑推敲，比如，"股票的价格平均指数反映了市场的一切变化"、"股票市场是经济发展的晴雨表"这两个著名的命题。前者基本上就是市场有效论和理性人假设的股市表述，现在早就证明是不科学的，它显然是道氏照搬照套的结果，或者是一般性的观察结论，没有经过严谨的科学研究、论证；后者虽然大体没错，但却是不全面的，不仅中国，就是在美国，股市与实体经济脱节或背离的现象都是普遍存在的，而索罗斯恰恰是利用这种背离来赚钱的，而且财富增长很快，这从反面推翻了道氏的结论，如果道氏这一结论完全成立的话，就不可能有索罗斯，中国股市也不会成为一个投机主流的市场。

第二节 格雷厄姆价值理论

Section2

◎ 基本身世

本杰明·格雷厄姆1894年5月9日出生于伦敦，是犹太人的后裔，在他还是婴儿的时候，伴随着美国的淘金热潮，随父母移居纽约。可在格雷厄姆9岁那年，父亲就去世了，他也因此失去了获得安全保障和正常发展的基本条件。但生活对这一家人的打击还远远没有结束，1907年初，格雷厄姆的母亲多娜，在找不到投资方向的情况下，把大部分的积蓄拿到股市上去碰运气，到1907年底的时候，股市狂跌了49%，格雷厄姆一家那点可怜的财产，就这样在股灾中被无情地吞噬了，正是从母亲那沉痛而憔悴的脸上，少年时代的格雷厄姆读到了股市这本复杂之书的第一页。

当格雷厄姆进入布鲁克林中学读书后，对数学表现出非同寻常的喜爱，数学中所展现的严密逻辑和必然结果，深深地吸引着他，这为他后来的股票财务分析打下了良好的基础。格雷厄姆高中毕业后考入哥伦比亚大学，尽管迫于生存的压力，他不得不以打工来维持生活和交纳不菲的学费，但1914年毕业时，格雷厄姆获得了荣誉毕业生和全班第二名的成绩。为帮助家庭改善经济状况，本来可以留校任教的格雷厄姆，为了找一份报酬更为优厚的工作，放弃了留校任教的机会，在卡贝尔校长的力荐下进入华尔街谋职，从此开始了他在华尔街的42个春秋。

1914年夏天，格雷厄姆来到华尔街，进入纽伯格—亨德森—劳伯公司接受应聘面试，当面试结束格雷厄姆起身准备离开时，面试官也是老板阿尔弗雷德·纽伯格，用他那长长的手指指着他，像个部长似的说道："年轻人，给你一个最后的忠告：如果你投机的话，你会赔钱的。永远记住这一点。"格雷厄姆的这次就职面试虽然成功了，但他在公司一开始做的是华尔街最低层的工作，主要负责把债券和股票价格贴在黑板上，周薪为12美元，不过，这也给了格雷厄姆很好的学习和锻炼机会，他也很快就向公司证明了自己的能力，因此，在工作不到三个月时间后，就被升职为研究报告撰写人。正是纽伯格—亨德森—劳伯公司给格雷厄姆提供了一个很好的实践与训练场所，使得这位未来的股票投资大师开始全面熟悉证券业的一整套相关知识，了解了包括证券买卖程序、行情分析、进货与出货时机、股市环境与投资者心理等在内的实际运作方法。尽管格雷厄姆在大学里学的不是商业，但这种源自亲身实践的经验，远远比书本上的知识来得更为深刻有力，这为他日后在投资理论上的探索，打下了极为坚实的基础。由于他有充足的文学修养和严谨的科学思维，以及渊博的知识，很快就形成了自己简洁而富有逻辑性的文风，逐渐在华尔街证券分析舞台独步一时。公司老板纽伯格经过仔细观察，发规格雷厄姆身上蕴藏着巨大的潜力与才干，所以，不久，格雷厄姆又被提升为证券分析师，这是格雷厄姆一生事业的真正开始。

此后，格雷厄姆开始自己也投资股票，当时，在华尔街暗中盛行买入即将公开上市股票的做法，待其上市后再从中套利，这和中国的一级市场的收购非常类似。有一天，格雷厄姆的一位朋友向他介绍说，萨幅轮胎公司的股票即将公开上市，他未加仔细分析，便联合一批同事、朋友分批购入萨幅轮胎公司的股票。但这些股票认购纯粹是一种市场操纵行为，幕后操纵者趁股价狂炒之际，突然抛售，致使包括格雷厄姆在内的大批投资者被无情套牢，而该股票最终也无法上市。"萨幅轮胎事件"给格雷厄姆上了生动的一课，使格雷厄姆对华尔街的本质有了更深刻的认识，同时，也使格雷厄姆从中得出了两点经验：一是不能轻信所谓"内部消息"，二是对人为的市场操纵要保持高度的戒心，这些都促使格雷厄姆逐渐走向成熟。

1920年，格雷厄姆又荣升为纽伯格—亨德森—劳伯公司的合伙人，同时，随着实践经验越来越丰富，他开始取得一个又一个辉煌的投资胜利，投资技术和投资理念也日渐成熟。于是，1923年初，格雷厄姆离开了纽伯格—亨德森—劳伯公司，决定自立门户，成立了格兰赫私人基金，资金规模为50万美元。在格兰赫基金一年半的运作中，投资回报率高达100%以上，高于同期平均股价79%的上涨幅度，但由于股东与格雷厄姆在分红方案上存在意见分歧，格兰赫基金最终不得不以解散而告终。不久，格雷厄姆遇到了后来的最佳黄金搭档——杰罗姆·纽曼，并与纽曼于1926年组建了一家合伙投资公司即格雷厄姆—纽曼公司，因格雷厄姆运作格兰赫基金表现出色，赢得了朋友的信赖，于是，两位合伙人与他们的朋友共同出资约50万美元，通过公司的联合账户进行投资，由格雷厄姆负责最核心的分析和投资策略，纽曼负责处理与投资有关的其他各种具体事务。

由于格雷厄姆既有基本理性分析的沉稳性，又有股市猎手超常的洞察力和嗅觉，故而他的操作使公司成绩斐然，其中较著名的是投资洛克菲勒控股下的美孚石油公司之战。而纽曼具有非凡的管理才能，处理各种繁杂的事务游刃有余，这使格雷厄姆可以腾出更多的精力来专注于证券分析，作出投资策略。在格雷厄姆精心的运作下，格雷厄姆—纽曼公司的投资报酬率，每年都维持在30%以上，远远高于同期道·琼斯工业指数的上涨速度，三年以后的1929年初，公司账户资金已上升为250万美元。而且，格雷厄姆的骄人业绩，既非来自恶意的炒作，又非来自幕后的操纵，完全依靠自己的知识和智慧获得，这时候的他，已将证券投资从原始交易的混沌中，提升到了一个依靠理性和技术分析稳定获利的新层面。

格雷厄姆在处理投资项目的同时，还不断地在投资刊物上发表关于证券分析的文章，试图通过观察、研究、分析并结合自己的经验，得出证券市场的规律性结论。由于其文章文字精炼，见解独到，深受读者好评。于是，他又有了一个新的想法：考虑开一个投资原理讲授班，既可以在课堂上更好地组织自己的材料，验证自己的假设，又可以教授人们正确的投资方法。按照惯例，华尔街从业者若参加培训学习，一般都选择附近的纽约大学金融研究生院，而格雷厄姆却另有打算，他向母校哥伦比亚大学递交了一份申请并获得了通过，这样，格雷厄姆在1928年开始了他一边投资一边执教的双重事业。格雷厄姆在母校哥伦比亚大学所开设的"高级证券分析"讲座的内容，主要有如何区分债券与股票的不同方面；如何运用赢利指标、财务指标、债务指标、背景指标等财务方法，来对一个公司的资产、价值进行评估，衡量其股票的投资潜力和投资风险，这实际上构成了他证券分析理论的基本框架。

当1929年大危机来临前，美国股市的年平均股价已比1921年上涨了5倍，屡创新高的股市吸引了大量投资者的目光，人们不顾一切地涌入股票市场，股票市场逐渐变得过分狂热。格雷厄姆对此虽有担忧，但在潜意识里却不相信危机会真的到来，因此，他仅仅是按照惯常的投资策略来规避风险，并未从股市中撤出，这使格雷厄姆在接下来的股市大崩盘中遭到致命的打击。尽管如此，大危机初期的剧烈下跌和损失，依然未能改变格雷厄姆的信念，反而认为大跌后的股票更值得投资，因此，他在1930年通过贷款继续买进股票，可这是一次判断和操作上的巨大错误，市场不会特意关照投资大师，所以，到了1932年时，合伙公司账户以最高时的250万元计，跌去了70%之多，格雷厄姆也濒临破产，幸亏纽曼的岳父艾理斯·雷斯及时向格雷厄姆—纽曼公司投入75000美元，才使格雷厄姆暂时避免了破产。同时，股市到了1932年底之后也开始起死回生，再加上格雷厄姆对操作方法的不断修正，使格雷厄姆—纽曼公司的亏损渐渐得到了弥补，而《证券分析》也正是在这样的背景下产生的，其实就是对1929年资本主义大萧条深刻反思的产物。

1936年，实施了数年的罗斯福新政渐显疲惫之态，美国股市也随之再度陷于低迷，这对大多数投资者而言，又将面临一轮严峻的考验，但此时的格雷厄姆，由于投资策略和投资技巧已相当成熟，足以应对这样的风险。一般的投资者认为，面对下跌风险，最好是从股市上撤离，但格雷厄姆并不认为这是唯一可行的最好方法，他的策略是：一方面进行分散投资以降低整体风险，另一方面以投资优先股为主，这样，既可以利用优先股再获得低利率的融资，又可以获得约半成的股利，而普通股并不保证有股利，从而达到规避风险的目的。所以，在1936—1941年之间，虽然股市总体来讲呈下跌趋势，但格雷厄姆—纽曼公司在此期间的年平均投资回报率仍高达8%，大大超过了市场平均水平。

　　1936年，格雷厄姆又出版了他的第二本著作《财务报表解读》，希望通过该书引导投资者如何准确有效地阅读公司的财务报表，为使普通投资者更容易理解自己的价值投资，他在1942年推出了更加简明通俗的《聪明的投资人》一书，再一次巩固了自己作为一代宗师的地位。

　　当道·琼斯工业指数在1942年越过历史性的高位之后，就一路攀升到1946年，至此，格雷厄姆认为股市已出现了较大的风险，于是将大部分的股票获利了结，因为找不到合适的低价股，也就没有再补进股票，几乎等于已退出了市场，从而躲过了1946年的股市灾难。

　　当时光流到1956年时，股市虽然仍处于上升趋势之中，但格雷厄姆却感到厌倦了。对他而言，金钱并不重要，重要的是他在华尔街找到了一条正确的道路，并将这条道路毫无保留地指给了广大的投资者。因此，在华尔街奋斗了42年的格雷厄姆决定从股市隐退，由于找不到合适的人接管格雷厄姆—纽曼公司，他不得不将自己创办的公司解散，专心于他的执教生涯。

　　1976年10月10日的下午3：30，格雷厄姆的追悼会在哥伦比亚大学晨曦大道西117街400号的教员大厅里举行，120余位老朋友从各地赶来。

格雷厄姆被证券投资界称为"股市猎手"，他最成功的投资案例是杜邦公司、通用汽车公司、北方管道公司和政府员工保险公司，并担任过政府员工保险公司的董事。

格雷厄姆虽然热爱投资，却对财富决不贪恋，他把自己许多的金钱都花在慈善事业上，他认为任何在自己名下有多于100万美元财产的人都是十足的傻瓜。他曾在80岁生日时对自己的人生作过反省，展示了他自身人格的复杂性和深刻性："我想说，我一生中至少有一半的快乐来源于思考，来源于文学和艺术的美和修养。每个人都拥有这些快乐，基本上是免费的，只不过要求你拿出兴趣和一点努力来欣赏眼前的美景……如果可能，就要抓住最初的兴趣，不断努力。一旦发现它——生命的意义——就绝不能放弃。"他还将自己最喜欢的诗——《尤利西斯》的最后一句作为自己的墓志铭，"奋斗，追求，寻找，永不退缩。"

◎ **主要内容**

1. 投资与投机的区分

在格雷厄姆之前，投资是一个多义词，并没有共识的定义，而且投资与投机往往混淆在一起，是格雷厄姆第一次对投资作了定义并与投机作了区分。在《证券分析》一书中，他是这样定义的："投资是一种通过认真分析研究，有指望保本并能获得满意收益的行为。不满足这些条件的行为就是投机。"

格雷厄姆进一步指出，所谓"满意"是一个主观性的词，只要投资者在投资定义的界限内保持清醒明智，即使投资的回报率很低，也可以称为是"满意的"，其中的回报不仅包括股息或利息收入，而且包括价格增值。因此，要判断一个人是投资者还是投机者，关键在于他的动机，不能光看结果，比如，借款去买证券并希望在短期内获利，不管它买的是债券还是股票都是投机，而且，投机尽管可能成功于一时，但最终总是没有好结果的，不仅投机者自己会亏损，整个市场都会受到巨大破坏，20世纪30年代的股市崩溃，过度投机就是一个重要原因。

此外，格雷厄姆还认为安全性也是投资的一个基本要求。当然，所谓安全并不是指绝对安全，而是指在合理的条件下保障投资不至于亏本，可是，一旦发生极不寻常或者意想不到的突发事件，也会使安全性较高的债券顷刻间变成废纸。债券当时被认为是很安全的，可在1929年到1932年的短短4年间，许多人因购买债券而破了产；债券在人们的心目中不再被简单地视为纯粹的投资了，人们开始重新审视把债券当投资、把股票当投机的粗浅性认识，格雷厄姆提出的投资与投机定义，就是为了帮助人们澄清这类模糊不清的认识。

在《聪明的投资人》一书中，格雷厄姆再一次清楚地指出投资与投机的本质区别：投资是建立在敏锐的数量分析基础上的，而投机则是建立在突发的念头或臆测之上的，二者的关键就在于对股价的看法不同，投资者寻求合理的价格购买股票，而投机者试图在股价的涨跌中获利。因此，投资者最大的敌人不是股票市场而是他自己，如果投资者在投资时无法掌握自己的情绪，受市场情绪所左右，即使他具有高超的分析能力，也很难获得较好的投资收益。

2．基于价值的安全投资

（1）从商业的角度考虑投资。也就是不要站在市场的角度考虑投资，而要站在企业家和企业所有者的立场考虑投资问题。投资者在观察股市时，会很容易忘记一只股票代表的是公司的部分所有权，而不仅仅是日常价格变动的证明，因此，格雷厄姆建议投资者从商业的角度看问题，这意味着把买股票看做是买公司。

这主要是格雷厄姆在《聪明的投资人》一书中提出来的，但却是其投资理论的根基所在，也是其投资方法最有价值的地方，这一点最为巴菲特所欣赏，也是对巴菲特影响最大的。由于绝大多数投资者总是从股票价格变化的角度看待投资，结果往往脱离股票投资的本质，而过于关注市场的表面现象，从而变成投机。当我们真正从商业经营角度做股票投资时，必定要考虑企业做的是什么生意，产品受不受欢迎，赚钱多不多，未来数年能不能赚得更多等这些商业逻辑的事情，这样，投资分析主要针对的就不应该是证券市场，而是企业状况及发展环境。

（2）安全投资原则。格雷厄姆认为，作为一个成功的投资者应遵循两个投资原则：一是严禁损失，二是不要忘记第一个原则。

（3）股票的三种投资方法。格雷厄姆根据自己的多年实践和研究分析，提出了股票投资的三种方法：横断法、预期法和安全边际法。

横断法相当于现代的指数基金投资法。格雷厄姆认为，应以多元化的投资组合替代个股投资，即投资者平均买下道·琼斯工业指数所包括的30家公司的等额股份，则获利将和这30家公司保持一致。并且，格雷厄姆为此提出了很具体的建议：每次用相对固定数额的资金，间隔性买入特定股票，当价格较低时，就适当多买一些，当价格较高时，就少买一些，还可以用定期的分红再投资，这样，暂时的价格下跌正是买入的好时机，最终卖掉股票时，所得会高于平均成本。

预期法又分为短期投资法和长期投资法两种。所谓短期投资法，是指投资者在6个月到1年之内选择最有获利前景的公司进行投资，从中赚取利润。但格雷厄姆认为，这种方法的缺点在于公司的销售和收入是经常变化的，而且短期经营业绩的预期很容易马上反映到股票价格上，造成股票价格的波动。很显然，基于短期资料的决策经常是肤浅和短暂的，可由于华尔街强调业绩变动情况与交易量，所以短期投资法成为华尔街比较盛行的投资策略。

所谓长期投资法，是指投资者以长期的眼光选择销售额与利润增长率均高于一般企业平均水平的公司股票作为投资对象，以期获得长期收益。格雷厄姆认为这是很不错的方法，但运用长期投资法会面临两个难题：一是如何判别一家公司处在其生命周期的某个阶段。由于这些时间段并没有一个极为明显的长短界限，这就使投资者很难准确无误地进行判别。如果投资者选择一家处于快速扩张阶段的公司，他可能会发现该公司的成功只是短暂的，因为该公司经受考验的时间不长，利润无法长久维持；如果投资者选择一家处于稳定增长阶段的公司，也许他会发现该公司已处于稳定增长阶段的后期，很快就会进入衰退下降阶段，等等。

二是如何确定目前的股价是否反映出了公司成长的潜能。投资者选定一家成长型公司的股票准备进行投资，那么他该以什么样的价格购进最为合理？如果在他投资之前，该公司的股票已在大家的推崇下上升到很高的价位，那么该公司股票是否还具有投资的价值呢？在格雷厄姆看来，答案是很难精确确定的。针对这种情况，格雷厄姆进一步指出，如果分析家对于某公司未来的成长持乐观态度，并考虑将该公司的股票加入投资组合中去，那么，他有两种选择：一种是在整个市场低迷时买入该公司股票；另一种是当该股票的市场价格低于其内在价值时买入，但无论选择哪种购买股票的方式，都要考虑股票的安全边际，而格雷厄姆倾向的是第二种方式。因为，采用第一种方式进行投资，会面临如下困境：首先，在市场低迷时购买股票，容易诱导投资者仅以模型或公式（即技术分析方法）去预测股票价格的高低，而忽视了影响股票价格的其他重要因素，最终难以准确地预测股票价格的走势；其次，当股市处于平稳时期时，投资者只能等待市场低迷时期的来临，这样，很可能错过许多投资良机。因此，格雷厄姆建议最好采用第二种方式购买股票，投资者应抛开整个市场的价格水平，注重对个别股票内在价值的分析，寻找那些价格被市场低估的股票进行投资，而要使这个投资策略有效，投资者就需要掌握一定的方法或技术来判断股票的价值是否被低估了。

　　（4）安全边际和内在价值的关系。通过上面的一系列推导，格雷厄姆很自然地就引入了"安全边际"及内在价值的概念，用以作为评估股票是否值得购买的依据或判断方法。

　　所谓安全边际，是指投资者通过公司内在价值的估算，比较其内在价值与股票价格之间的差价，当两者之间的差价达到某一程度时(即安全边际线)，就可买入该公司股票进行投资。用比较通俗的话来说，安全边际就是价值与价格相比被低估的程度或幅度，对此，巴菲特有一句话表达得最为简练明确，那就是"以40美分的价格买入价值1美元的东西"，因此，只有当价值被低估的时候才存在安全边际或安全边际为正，当价值与价格相当的时候安全边际为零，而当价值被高估的时候，就不再存在安全边际或安全边际为负了。但对于安全边际的具体比例，格雷厄姆并没有给出明确的标准，以笔者的理解，当然是越高越好，至少也要求股价打折10%方符合安全投资要求。

　　很明显，为了应用安全边际进行投资，投资者必须对公司内在价值进行评估，这就涉及内在价值的评估或计算方法问题，因此，从这个意义上说，格雷厄姆的证券分析理论实质上也是企业价值分析理论。格雷厄姆认为公司内在价值是由公司的资产、收入、利润以及任何未来预期收益等因素决定的，而且这些因素必须是可以量化的。因此，一个公司的内在价值可用一个模型加以计量，即用公司的未来预期收益乘以一个适当的资本化因子，但他又指出，内在价值不能被简单地看做是公司资产总额减去负债总额，即公司的净资产，因为公司的内在价值除了包括它的净资产，还包括这些资产所能产生的未来收益。这样看来，格雷厄姆总体上倾向于认为企业内在价值是可以计算或量化出来的，另一方面，他也认识到内在价值很容易受一些潜在的未来因素影响，是很难精确计算的，即使通过销售额、定价和费用等指标来计算，也是非常复杂的。这样，他的最后结论是，投资者无需计算公司内在价值的精确值，只需估算一个大概值就够了，然后对比公司股票的市场价格，判断该公司股票是否具有足够的安全边际，能否作为投资对象。

在评估内在价值时，格雷厄姆主要强调的是数量分析，但他并不否定质量即定性分析的重要性。他认为，财务分析并非一门精确的学科，虽然对资产、负债、利润、股利等进行的量化分析以评估公司内在价值是可能和必需的，但还存在一些不易量化的质量因素，如公司的经营能力、公司的经营特性，这些也是估算公司内在价值必不可少的，假如缺少了对这些质量因素的分析，往往会造成估算结果的巨大偏差，以致影响投资者作出正确的投资决策。但总体来说，格雷厄姆对质量或定性分析不太信任，并对过分强调质量分析表示担忧，他认为，当投资者过分强调那些难以捉摸的质量因素时，潜在的失望便会增加，对质量因素的过度乐观，也使投资者在估算公司内在价值时采用一个更高的资本化因子，这会促使投资者去购买潜在风险很高的证券。在格雷厄姆看来，公司的内在价值大部分来源于可量化的因素而非质量因素，质量因素在公司内在价值中只占一小部分。如果公司的内在价值大部分来源于经营能力、企业特性和乐观的成长率，那么，就几乎没有安全边际可言，只有公司的内在价值大部分来源于可量化的因素，投资人的风险才能被限定。

从逻辑上看，基于内在价值的安全边际投资是非常可取的，但如果从实践上看，价值评估和趋势预测一样，并没有一个稳定明确的标准，依然存在着很大的随意性和主观性因素。

3. 市场错误和修正假设

格雷厄姆的安全边际学说是建立在一些特定的假设基础上的，主要是两个相关联的方面：一是市场会犯错误，这样，才有可能出现价格低于价值的情况，假如像市场有效论那样看待市场，价格任何时候都已经充分地反映了真实价值的话，也就不存在价格低于价值的可能性了；二是市场会修正错误，这样，才可能利用市场错误低价买进之后，在未来的修正即价值回归中实现盈利，假如市场犯错之后不再修正，一路错误下去，盈利就无从谈起了。

格雷厄姆认为，股票之所以出现不合理的价格，很大程度上是由于人类的惧怕和贪婪情绪。极度乐观时，贪婪使股票价格高于其内在价值，从而形成一个高估的市场；极度悲观时，惧怕又使股票价格低于其内在价值，进而形成一个低估的市场。而后，市场又会修正这种价格与价值背离的错误，投资者正是通过这种市场修正而获利的，所以，格雷厄姆提请投资者不要将注意力放在股票价格上，而要放在股票背后的企业身上，因为市场价格太容易受到非理性的影响，有着很大的主观随意性，而内在价值则要稳定得多，更是客观的。

◎ **简要评析**

本杰明·格雷厄姆身前身后的影响巨大，评价很高，被称为"现代证券之父"、"财务分析之父"、"价值投资"之父，所著的《证券分析》被称为价值投资的《圣经》，很多投资大师都受益于他，而以巴菲特为甚，因而，巴菲特给予他的评价也是最高的，他说："除了我的父亲之外，格雷厄姆给我的影响最大"，"格雷厄姆的思想，从现在起直到百年后，将会永远成为理性投资的基石"。而纽约证券分析协会则说："格雷厄姆对于投资的意义就像欧几里得对于几何学、达尔文对于生物进化论一样的重要。"

1. 格雷厄姆的贡献

（1）安全投资及价值评估体系的创建。格雷厄姆鼓励投资者像企业所有者一样思考，鄙视投机者的非理性冲动，对只关注股票价格波动的投机者与注重股票资产价值、收益凭证、治理权利的投资者进行了区分，还原了股票属于股东权利的本来面目，即"他们（投资者）不是从同伴手中赚钱，而是通过企业的经营赚钱"。这一思想折射出的是实业经营与股权资本之间的套利和转换关系，引导投资者通过思考股票投资与实业经营的必然联系，来消除投资者对股票的恐惧，首次把实体经济的商业逻辑放到了股票投资舞台的正中央，通过对公司资产价值与股票价格转换关系的深入剖析，奠定了投资中的"安全边际"法则，转变了投资者对股票风险的态度，彻底推翻了"购买股票就是投机"的陈腐观念，在美国股票市场刚刚经历严酷的下跌，投资者对股票市场几乎绝望的市场环境下，格雷厄姆带领投资者重回古典，他不仅把乐观和进取精神带进华尔街，也带来了相对严谨的投资理论体系，这是股票投资方法的一次历史性飞跃，宣告了由内幕交易和投机主导的100余年华尔街旧投资模式的终结。

当然，价值投资并不是格雷厄姆最先提出的，之前的磐石理论就是价值投资的原型，而且，也不是只有格雷厄姆才倡导价值投资，与他同时代的约翰·威廉姆斯，也是投资价值理论的奠基人之一，他在1938年发表的《投资价值理论》一书中，第一次提出了股票价值等于持有者未来年份分红和利息现值之和的计算公式，后面将介绍的凯恩斯对价值投资也作出过贡献。

此外，在谈到格雷厄姆的价值投资时，许多人将安全边际或不亏损原则视为其理论的核心，这虽然基本符合他本人的思想，但这既不是其价值投资理论的全部，也不是其投资理论最有价值的地方。笔者认为，用商业或实业逻辑看待投资或将投资看成公司商业的一部分，才是格雷厄姆价值投资的精髓所在，它是比单纯的安全边际更为伟大的投资思想，而他所看重的安全边际仍然不是价值投资的本质所在，只是价值投资进入或买入的最好时机，可这一点即使是他自己也未必很清楚，唯有巴菲特对这一点理解最为深刻到位。从这里，也反映了一个较为普遍的认识现象，那就一个理论或方法的提出者，未必完全理解自己所创建理论的全部。

（2）个股价值的企业定量分析。格雷厄姆的第二个重大贡献就是提出了普通股安全投资的价值定量衡量分析方法，从而使投资者可以正确判断一只股票的安全性状况即价格与价值的差额，以便决定对一只股票的投资与否，而在《证券分析》出版之前，尚无任何计量选股模式，因此，格雷厄姆可以称得上是运用数量分析法来选股的第一人。尽管数量分析并不是十全十美的，同样存在着不准确的问题，但毕竟用数据和事实说话，总体上要强于其他判断方法。

需要特别指出的是，格雷厄姆的财务数量分析方法，对于甄别上市公司财务信息的真假，是一把利器，这样，一方面可以使投资避免落入造假陷阱，另一方面又可以发现公司的隐蔽资产，并抓住其中的投资机会，这两种状况无论在中外股市，都是普遍存在的。格雷厄姆本人就曾经用这一方法获得过投资的成功。

1915年9月，格雷厄姆注意到拥有多家铜矿股权的矿业开发公司——格宝海姆公司，该公司当时的股价为每股68.88美元。格雷厄姆在获悉该公司即将解散的消息后，通过各种渠道搜集这家公司的有关资料，对这家公司的矿产和股价进行了详尽的财务分析，发现了该公司尚有大量不为人知的隐蔽性资产，通过计算，格雷厄姆准确地判断出该公司股票的市场价格与其实际资产价值之间有一个巨大的价差空间。他认为投资该公司的股票将会带来丰厚的回报，建议纽伯格先生大量买进该股票，纽伯格先生接受了格雷厄姆的建议，当1917年1月格宝海姆公司宣布解散时，纽伯格—享德森—劳伯公司从这笔买卖中赚取了数十万美元的利润，其投资回报率高达18.53%，格雷厄姆作为证券分析师的名声也开始传播开来。

可以说，格雷厄姆数量分析的精髓，就在于指导投资者如何透过种种假象去分析和获取上市公司的真实数据，而只有通过真实的信息投资者才能决定取舍。在他看来，任何一家公司公布的资料都是经过修饰、掩盖的，只有通过恰当的方法和分析，才能使之露出本来面目，这种通过数据材料的分析，揭露公司报表和其他公开资料中的隐瞒、歪曲甚至欺骗等伎俩，也正是广大投资者所迫切需要的。

（3）倡导安全和理性投资。格雷厄姆一直被视为价值投资之父，笔者以为这多少有些误解，至少是很不准确的，他写作《证券分析》一书的真正目的并非意在提倡价值投资，主要是提倡安全和理性投资，安全边际和内在价值的评估只不过是保障投资安全和理性的手段，这一点从其写作的背景和全书论述的逻辑就很容易看出来。

从1921—1929年期间，华尔街股市投机成风，道琼斯工业股票月平均值（月最高收盘价和月最低收盘价的平均值）由1921年的63.90点一路飙升到1929年的381.17点，整个华尔街富翁云集，格雷厄姆自己也通过采用一种符合几何学原则的对称型投资策略——寻找和选择那些便宜得几乎没有风险的公司股票进行投资，使得自己从华尔街的最底层上升成为一家拥有250万资本的合伙企业老板。尽管如此，在1929年股市崩盘后，连他这样最精明、最谨慎的投资人也还是被卷入了这场劫难，落到濒临破产的边缘。因此，他在书中深刻地反省了华尔街股市由兴旺到崩溃的全过程后，号召广大投资者反对投机所带来的罪恶，极力主张投资者的注意力不要放在市场价格行情上，而要把股票看做企业权益的一部分，必须用商业的眼光看待投资，从而使股票的价格与企业的价值保持一致。为了让投资者更好地理解投资与投机的内涵与区别，格雷厄姆曾讲述了两则关于股市的著名寓言。

在第一则寓言中，格雷厄姆将股市拟人化为"市场先生"，借此来说明时时预测股市波动的愚蠢。假设你和"市场先生"是一家私营企业的合伙人，相互间不断进行这家企业的股权交易。每天，"市场先生"都会报出一个价格，提出他愿以此价格从你手中买入一些股票或将他手中的股票卖给你一些。尽管你们所持有股票的合伙企业具有稳定的经济特性，但"市场先生"的情绪和报价却并不稳定。有时候，"市场先生"情绪高涨，把眼前看得一片光明，这时，他会给合伙企业的股票报出很高的价格；另外一些时候，"市场先生"情绪低落，觉得眼前困难重重，这时，他会给合伙企业的股票报出很低的价格。此外，"市场先生"还有一个可爱的特点，就是他从不介意被冷落，如果"市场先生"今天所提的报价无人理睬，那么他明天还会来，带来他的新报价。格雷厄姆告诫投资者，处于这种多变的市场环境中，必须要保持良好的判断力和控制力，与"市场先生"保持一定的距离。当"市场先生"的报价有道理时，投资者可以利用他；如果他的表现不正常，投资者可以忽视他，也可以利用他，但绝不能被他控制，否则后果不堪设想。

另一则寓言叫"旅鼠投资"。当一位石油勘探者准备进入天堂的时候，看守人圣·彼得拦住了他，并告诉他一个非常糟糕的消息："你虽然的确有资格进入天堂，但分配给石油业者居住的地方已经爆满了，我无法把你安插进去。"这位石油勘探者听完后，想了一会儿，就对圣·彼得提出一个请求："我能否进去跟那些住在天堂里的人们讲一句话？"圣·彼得同意了他的请求。于是，这位石油勘探者就对着天堂里的人们大喊："在地狱里发现石油了！"话音刚落，天堂里所有的人都蜂拥着跑向地狱。圣·彼得看到这种情况非常吃惊，于是他请这位石油勘探者进入天堂居住，但这位石油勘探者迟疑了一会说："不，我想我还是跟那些人一起到地狱中去吧。"

格雷厄姆通过这两则寓言告诫投资者切忌盲目跟风，证券市场上经常发生的剧烈变动，很多情况下是由于投资者的盲目跟风行为造成，而非公司本身收益变动的影响。一旦股市上有传言出现，还未经证实，许多投资者就已快速而盲目地依据这些传言买入或卖出股票了，跟风盖过了理性思考，这一方面造成股价的剧烈波动，另一方面常常造成这些投资者的亏损。更令格雷厄姆感到费解的是，尽管华尔街的投资专业人士大多都受过良好的教育并拥有丰富的投资经验，但他们却无法在市场上凝聚成一股更加理性的力量，而是像"旅鼠"一样，更多地受到市场情绪的左右，不停地追逐市场的价格变化，这对于一个合格的投资者而言是极不足取的。格雷厄姆写作和出版《证券分析》，就是想让投资者改变这种状况，他一生都有着很强的普度众生的教父情结，但他对价值投资的认识还是初级阶段的，他也没有将自己的理论称之为价值投资，所以，更准确的说法，格雷厄姆的理论和方法推动了价值投资的形成，但本身还不能完全说就是价值投资。

3．格雷厄姆的不足

从安全和理性投资的角度看，格雷厄姆的理论和方法是比较科学的，也就是说他基本解决了投资的第一个问题，即安全性问题，但对于投资的第二个问题，即如何在安全的基础上有更大限度的盈利，他没有解决，甚至没有单独提出这个问题。因此，对价值投资体系的建设，格雷厄姆只完成了一半的工作，此外，他的理论还存在以下两点不足。

（1）内在价值的评估过于财务化、定量化。股票或企业价值的内涵是非常复杂的，影响价值的因素也是非常多的，而格雷厄姆主要把价值与企业财务状况联系在一起，并侧重于进行定量分析，这是很片面的。他一方面批判了只关注股票价格而不注重价值的投资行为，另一方面自己又把企业价值与企业财务几乎等同看待，这与用钱多钱少来衡量一个人的价值差不多，因此，颇有点儿五十步笑百步的味道。因为，企业的盈利或财务状况与企业价值的关系，就像股票价格与股票价值的关系一样，都是直接的现象或结果，而不是企业价值本身，企业价值的核心和本质在企业管理，而企业管理又是一个庞大的系统，关键因素是企业文化、制度、创新、技术等，对于这一点，同是美国人的管理学家科林斯撰写的《基业长青》、《从优秀到卓越》作了最好的回答，他同样以美国股市为样本，研究那些公司股价长期和大幅度超越大盘背后的深层原因，得出的结论是管理，而其中企业文化部分的核心价值观、信念、品质作用尤其巨大而长久。笔者是非常赞同科林斯的观点的，其实也是管理界的共识，显然，格雷厄姆对企业价值的认识是很肤浅的，但这也是情有可原的，因为他那个时代对企业或股票价值的认识整体水平就是那样，可我们今天的投资者，却不能停留在格雷厄姆对价值的认识水平上了，这是投资者在学习他的投资理论和方法时必须特别注意的地方。

（2）忽略了指数大趋势对股票投资的影响。就像趋势技术分析的开创者道氏忽略基本面和个股价值一样，价值投资的开创者格雷厄姆反过来忽略了指数或市场大环境对股票投资的影响，而且这一点同样延续到后来的价值投资者中。格雷厄姆晚年也意识到这一缺陷，所以，在他去世前不久曾说，"我不再坚持用复杂的分析技术寻找一流的价值机会。这种作法在40年前或许是可行的……在一定程度上，我支持现在的教授们普遍认同的'有效市场理论。'"当然，这有点从一段走向另一端的味道，也是不可取的。

第三节 凯恩斯的投资观

Section3

◎ 基本身世

凯恩斯1883年出生于英国一个剑桥教师家庭，父亲是剑桥教授和行政官员，是当时最大的经济学权威马歇尔的好友，母亲曾做过剑桥市长。他长大后进入贵族学校伊顿公学，中学毕业后进入剑桥大学国王学院，专攻数学，以优异成绩毕业后到剑桥皇家学院任经济学教师，并成为聚集了罗素等精英人才的布鲁斯贝利俱乐部的一员。

第一次世界大战爆发后，凯恩斯被征召进财政部工作，曾以英国财政部首席代表身份参加巴黎和会，并因对德国赔款问题的意见未被接受而愤然辞职回到剑桥。以后担任权威刊物

《经济学杂志》主编，从事证券投资，兼任不少公司的顾问或董事，开办过艺术剧院，担任过皇家学院总务长。20世纪30年代，他已是国际知名人物，"二战"期间担任了英国财政部顾问，战后又积极参与筹建国际货币基金组织和国际开发银行的工作，因操劳过度，在1946年60岁时，因心脏病突发而逝世。

凯恩斯的著作很多，主要著作有：《凡尔赛和约的经济后果》(1919)、《货币改革论》(1923)、《货币论》(1930)、《劝说集》(1932)、《就业、利息和货币通论》(1936)、《投资的艺术》(凯恩斯关于投资的通信文集)等。

凯恩斯一生的主要生份是经济学家和政府官员，但他在证券投资上的实践也很丰富，而且特别喜欢尝试各种投资方法，其投资成绩用今天的标准来看，也许不能说突出，但与同时代的其他许多人相比，还是要超出很多，何况他所处的是一个经济剧烈动荡的年代。

据《投资的艺术》（凯恩斯关于投资的通信文集）介绍，凯恩斯的投资经历可以从1919年6月他从财政部辞职为界分成两个阶段。第一阶段（1905—1919年），凯恩斯进行少量个人投资并向朋友们提供咨询，他的交易量有限，投资收益主要来自储蓄。第二阶段（1919—1946年），凯恩斯在金融市场上的投资大幅度增加，同时代客理财，还担任过剑桥大学皇家学院的财务总监和国民互助人寿保险协会的主席及几家投资公司的董事。这段时间，他的收入主要来自金融投资收益，只有小部分来自学术活动。

凯恩斯早期主要从事外汇投机，也涉及一些股票和商品期货，但收益很有限，有一段时间甚至亏损累累。1919年秋季，凯恩斯认为，由于英国物价增长速度快于美国，所以英镑与美元之间的汇率必然下降，与此同时，由于法国、德国和意大利的通货膨胀率高于英国，英镑对这三种货币的汇率将会上扬。所以，凯恩斯做多美元，做空法郎、马克和里拉。这种判断在一段时间内是对的，到1919年年底为止，凯恩斯共赚了6,000英镑。在此激励下，凯恩斯和一位朋友于1920年1月组建了一家合伙人公司，投入更多的资金炒作外汇，在短短几个月内，公司仍延续1919年的投资决策，成绩斐然。

1920年4月，凯恩斯预见德国即将出现信用膨胀，以此为理由，卖空马克。可是在1920年5月左右，法郎、里拉和马克出现逆转，反而对英镑升值，时间虽然不长，但仅在四五月间，凯恩斯自己就损失了13,125英镑，他任顾问的辛迪加也损失了8,498英镑。经纪公司要求他支付7,000英镑的保证金，于是，他只好从一个敬慕者那里借来了5,000英镑，又用他的预支稿酬支付了1,500英镑，才得以付清。他承认，自己已经破产了。1921年，通过写作，凯恩斯的经济状况有所好转，朋友们也不怀疑凯恩斯的金融天才，继续借钱给他炒作外汇，而凯恩斯仍确信做空马克、法郎和里拉是不会错的，这次他的判断是正确的，到1922年，凯恩斯已还清了亲友们的"道德债务"，自己还赚了近3万英镑的纯利润。

之后，凯恩斯又转向商品和股票投资，而且都采用保证金交易方式，可由于1929年世界性经济大危机的爆发，凯恩斯又一次遭受重大损失，失去净资产的四分之三，其中主要是商品期货的投资损失，以至于在1931年时，他甚至想过要把两幅最好的收藏画（马蒂斯的《脱衣》和瑟拉的《静物》）出手卖掉，只是在最低心理价位上仍然没有找到买主。然后，凯恩斯于1932年带着2万余英镑的本钱又进入了华尔街，4年后，他的净资产超过了50万英镑，相当于今天的1,600万英镑，他的资本升值了23倍，而同期华尔街股价仅仅翻了约3倍，伦敦的股价则几乎没有动，这是一个很了不起的成绩。

在从1937年春季开始的大衰退中，凯恩斯又损失了所有财产的三分之二。由于凯恩斯从经纪商那里大量融资投资股票，这次的投资失败，使其损失巨大，从1936年末到1938年末，他的净资产价值从506,222英镑下降到181,244英镑，而他主导的国王学院、国民保险公司等机构也遭受惨重损失。雪上加霜的是，凯恩斯在财富缩水的同时，还伴随着健康状况的恶化，考虑到如果再次破产会影响他作为世界知名经济学家的声誉，于是，他接受周围的朋友建议，他决定彻底退出市场。

尽管凯恩斯有过几次大的失败，但若是分段来统计其投资成绩，总体来看，还是很不简单的。从1922年至1929年的7年中，有5年凯恩斯的投资收益低于《银行家杂志》指数，说明他投资的整体成绩仍不是很成功；如果从1924年算起，凯恩斯投资的57，797英镑，到1937年高峰时增值到506，450英镑，每年的平均投资复利收益率为17%，是一个很不错的成绩；如果从1920年算起，凯恩斯当时的投资组合仅价值16,315英镑，到1946年去世时，他的净资产达到了411,000英镑，也就是说，在长达26年中，凯恩斯获得了13%复利计的年收益率，在通缩严重，又遇到1929—1932年和1937—1938年经济大衰退的情况下，能取得如此优异的成绩殊为不易。巴菲特在回应人们对他的老师格雷厄姆投资业绩的质疑时曾提醒大家，格雷厄姆是在什么状况下投资的，而凯恩斯与格雷厄姆完全是同时代的人。

◎ **主要观点**

1．大傻瓜游戏理论或选美理论

凯恩斯说，"按成规行事所得到的市价，是对事态一无所知的群众心理的产物，自然会受到群众观点突如其来的变化的剧烈影响。而使群众的观点发生变化的因素，并不一定要求与投资的预期收益有关，因为群众向来就不相信市场会稳定，尤其是在非常时期，没人会相信目前的状态会无限期地继续下去，这样，即使没有具体理由可以预期未来会发生什么变化，但市场仍很容易一会儿受到乐观情绪的支配，一会儿受到悲观情绪的冲击。"凯恩斯这段话与格雷厄姆的"市场先生"概念如出一辙。正是在这个时期，凯恩斯形成了后来流传于世的"大傻瓜游戏"理论或"选美"理论，这些论述出现在其1936

年出版的《就业、利息与货币通论》中的第12章第5节：

"智力的争斗，在于预测几个月之后按成规所能确定的股票市价，而不是预测在未来好几年中的投资收益。甚至这种争斗也不需要为职业投资者提供什么好处，他们相互之间就可以玩起来。参加者也不需要真正相信，墨守成规从长远来看有什么合理的依据。从事职业投资好像是在玩一种'叫停'的游戏，一种'传物'的游戏，一种'占位'的游戏，总而言之，犹如一种供消遣的游戏。在这种游戏中，胜利属于不过早或过晚'叫停'的人，属于在一次游戏结束前能把东西传给相邻者的人，或者在音乐停止前能占有座位的人。这些游戏可以玩得津津有味、高高兴兴，虽然每个参加游戏的人都知道，东西总是传来传去，而在音乐停止时，总会有人没来得及把东西传出去，也总会有人没有得到座位。"

"或者我们换一种比喻，职业投资者的投资，好比报纸上的选美竞赛，在竞赛中，参与者要从100张照片中选出最漂亮的6张，所选的6张照片最接近于全部参与者共同选出的6张照片的人就是获奖者。由此可见，每一个参与者所要挑选的并不是他自己认为最漂亮的人，而是他设想的其他参与者所要挑选的人。所有的参与者都会以同样的态度看待这个问题，以致使挑选并不是根据个人的判断力来选出最漂亮的人，甚至也不是根据真正的平均的判断力来选出最漂亮的人，而是运用我们的智力推测一般人认为最漂亮的人。"

凯恩斯有时也把这一理论称之为空中楼阁理论，他认为没有人能够确切知晓影响未来收益前景和红利支付的因素，所以，"大多数人所关心的，并不是对投资对象企业在整个生命周期内的可能收益做超长期的预测，而是稍稍先于公众预测到传统估值基础发生的变化"。在他看来，职业投资者并不喜欢把全部精力投入到估算"内在价值"上，而是更乐于分析大众投资者未来可能的行为模式，分析在乐观时期大众投资者怎样把希望建成空中楼阁，"如果你认为一项投资以其预期收益定价为30美元，但同时你又认为三个月后该项投资的市价为20美元，那么你现在为这项投资投入25美元就是不明智的做法。"因此，成功的投资者，总是事先判断出最易被大众建造成空中楼阁的投资形势，随后抢先购买股票。

无论在金融界还是学术界，空中楼阁理论都有大量的倡导者。罗伯特·希勒在其最畅销的《非理性繁荣》一书中，认为20世纪90年代后期对于网络股和高科技股的狂热，只能从大众心理的角度加以解释。21世纪初，强调群众心理的股市行为理论已经走进大学，并在整个发达国家的一流经济学系和商学院中受到青睐。在2002年，诺贝尔经济学奖也授予了一名心理学家——丹尼尔·卡尼曼，以表彰他在"行为金融学"领域作出的杰出贡献。再早一点，奥斯卡·摩根斯坦则是这一理论的领衔倡导者，他在与人合著的《博弈论与经济行为》一书中所表达的观点，不仅对经济学理论产生了巨大冲击，而且对国家安全决策和公司战略规划也产生了深远影响；1970年，他与同事克利福·格兰芝在两人合著的《股市价格预测》一书中指出，探寻股票的内在价值无异于水中捞月，在交换经济中，任何资产的价值都取决于真实或预期的具体交易；摩根斯坦曾经在自己的桌子上刻下这样一条拉丁语格言，他觉得这也是每位投资者应该遵循的原则：价值完全取决于别人愿意支付的价格。摩根斯坦这一理论曾完全被当代投资大师索罗斯所继承，并发展成为其独特的反身性理论，取得了伟大的成功，可见这一理论的意义。

2．少数人理论——相反理论

凯恩斯多次提到类似的投资哲学。

他在1937年9月给一位法国金融记者的信中写道："正是在生活和行动的这个领域里，胜利、安全与成功从来总是只属于少数人，而不是多数人。如果你发现有人同意你的看法，你就应该改变你的主意。当我能够说服我的保险公司的董事会去买某只股票时，按照我的经验，这就是应该卖掉这只股票的时候了。"

凯恩斯曾经在解释自己的投资失败时，又一次提到这一观点，"我投资的中心原则是采取与多数人意见相反的操作。理由是，如果每个人都认同某个项目的优势，那么其价格一定很高因而没有吸引力。"

凯恩斯相反理论的信奉者也很多，而以当代的彼得·林奇运用得最为成功。

3．关于投资三原则

"通过这些经历，我清楚地认识到，由于各种原因进行大量投资转移是不切实际的，而且确实不可取。那些售出过晚、购入太晚的人，反复操作会增加大量费用，并产生极易波动的投机心态。如果这种心态传播开来，将会加剧对社会严重不利的市场波动。现在我认为，成功的投资取决于三个原则：

（1）价值和安全投资。"仔细选择几项投资（或几种类型的投资）。应考虑到该项投资目前的价格与几年后可能出现的实际价格以及投资项目的内在价值，同时还要与其他可供选择的项目进行比较。"

"从长远的观点看，安全简便的投资方法是用15先令的价格购进价值1英镑的品种，再以1英镑的价格售出，并希望用12先令6便士的价值重新买回。"

"又及：如果能在市场处于底谷时重仓出击，当然比在市场处于高位时再投资更好，前提是你能做到（我一直没有做到，虽然很努力。而且以前我的主要精力就是追求这个目标）。"

"你可以这样理解我的观点：关于信用周期，我指的是根据股票与货币价值的关系相应买进或卖出股票。我的选择性策略是根据股票之间的价值比较决定买卖，尤其是注重股票的内在价值，发掘有大幅升值潜力的品种。当这些股票由于种种原因不是热门，即使是短期可能不看好也应坚决买进。人们很可能或者说毫无疑问，不愿意抛出那些已涨了不少的心爱之物，等出手时已为时过晚。但回忆起来，在这个问题上我并不太责备自己，出手过早容易损失更多。"

"我的目标是购买具有令人满意的资产和获利能力以及市场价格相对低的证券。如果我做到了这一点，那么我就同时做到了安全第一和资本获利。因为，如果一种股票具有安全、优质、价格低廉这几种特点，那它的价格一定会上涨。"

（2）长期投资。"长期大量持有这些股票。也许要坚持几年并直到价值完全显现出来，或者明显有证据表明购买这些股票是一种错误。"

"市场已走向低谷而手中仍持有股票，对此我并不感到汗颜。我并不认为，一个机构或一个严肃的投资者应在市场下挫时随时准备割肉斩仓，或者一旦手中的股票下跌就陷于自责。我甚至说，一位严肃投资者的责任，就是时常平静而不自责地接受手中股票贬值的现实，此时任何其他作法都是反社会的，是毁灭信心的，是与经济体制的运行不相容的。一个投资者的目标或者说应有的目标，应当是长期收益，这也同时是评价投资者的唯一依据。在市场全面下跌而手中仍持有股票证明不了什么问题，也不应因此而成为遭受批评的把柄。至于在市场进入低谷前，我们就应已经全部抛出股票，换成现金，这种想法不仅异想天开，并且有损于整个体制。我相信在这一点上你我也有共识。但由于这是我的基本观点，因而在这里再一次阐明。"

（3）集中和组合投资。"合理的投资组合。过于集中地持有某些品种存在各种各样的风险，如果可能的话，应战胜风险（例如在选择其他有价证券时，应持有黄金股票，因为黄金股票往往与市场涨跌反向波动）。"

"理想的投资组合应分为两部分：一部分是购买完全有把握未来能获利的品种（它们未来的升值和贬值取决于利率）；另一部分是相当看好的有价证券，它的大幅升值可以补偿那些即使用世界上最高超的技巧操作也难逃厄运的相当数量的投资项目。"

"我知道你不会相信我。但正是集中购买少数你最满意的证券，获利才最大。……无论如何，我可以选出我最喜欢的六个宠物，仅来自它们的收益就大大超过我们总的赢利。一般说来，杂乱无章的投资组合不会有什么赢利，如果不赔不赚的话，可能就是最好的结果了。这是我从自己全部投资经历中得出的经验。"

"我说过买一种好的证券胜于买10种差的证券。当然，正如你所说，我在用未经证实的假设为自己辩护。正确的说法是，我宁可进行一项自己有足够信息来判断的投资，而不是投资10种自己知之甚少甚至一无所知的证券。"

"与对一家有足够了解的公司进行大笔投资相比较，假如安全第一的方针允许在很多不同方向大量进行小规模投机的话，那么我认定这是对投资策略的一种曲解。"

"我确信皇家学院之所以投资收益较好，主要因为它把资产的大部分投资于不到50个这样的最佳品种中去了。把自己的鸡蛋分散在很多篮子里，但没有时间或机会去看看有多少个篮子的底部有洞，这样做肯定会增加风险和亏损。"

◎ 简要评析

严格地说，凯恩斯在证券投资史上的地位与格雷厄姆是并驾齐驱的，而且其思想更为全面，就是在投资实践上，也要比格雷厄姆略高一筹，其外汇、商品期货和股票多管齐下的投资风格，与今天的对冲基金模式很是契合。凯恩斯对后来的投资影响也不在格雷厄姆之下，索罗斯无论在理论上还是实践上，明显受到其很大影响，说巴菲特、林奇受到凯恩斯的启发，是毫不奇怪的，毕竟凯恩斯的经济理论在西方的影响太大了，几乎没有人不知道的，所以，凯恩斯不仅是著名的经济学家，同样是杰出的投资大师。

1. 凯恩斯的独特贡献

（1）重视市场心理和预期对价格的影响。这与凯恩斯的经济学理论是一脉相承的，在他的名著《就业、利息和货币通论》一书中，用了整整一章的篇幅，来介绍股票市场和投资者预期的重要性。凯恩斯对投资心理、市场预期的研究，开创了现代行为金融学的先河。

（2）触及了顺势和逆势的辩证关系。美国当代著名的投资基金经理彼尔·米勒在2005年的演讲中声称，自己的投资理念来自于凯恩斯，并指出"这位伟大的投资家"早在一份备忘录中就已经说明，"逆向性思维"才是他的投资哲学真谛。而笔者认为，凯恩斯尽管提出过也实践过相反理论，但不能说"逆向性思维"是他投资理论的核心，相反，凯恩斯是趋势投资的信奉者，只不过他比一般趋势投资者更深刻地感受到了顺势与逆势、跟随多数与坚持少数之间的辩证关系，并试图通过二者的平衡来指导自己的操作，这一思想其实与索罗斯的反身性理论是一致的，遗憾的是他没有对此深入挖掘。

（3）独立地提出价值投资理论。从凯恩斯的投资实践来看，总体上应该是一个趋势投资者，不过，到了20世纪30年代，凯恩斯形成了新的投资哲学——要牢牢地守住几只经过精心挑选的股票（他把它们称为自己的"宠物"），在股市下跌时，一个投资者应该是买进，而不是卖出，找到便宜货的方法要比屈服于大众的恐慌心理更加理性些。他在这方面的论述，可以说与格雷厄姆是殊途同归、英雄所见略同，甚至比后者更深刻全面些，只是没有那么系统。这一方面说明凯恩斯见识非凡、视野宽阔，另一方面也说明价值投资具有共性，是值得信赖的。

（4）发现长期向上大趋势。也就是凯恩斯著名的长期友好理论：他认为，世界经济只会越来越繁荣，一路向前而不会倒退，人们生活水平总体趋势向上，物价指数亦会越来越高，股价指数总体趋势也是不断走高，因此，如果坚持"长期投资，长期持股，随便买，随时买，不要卖"的原则，靠时间积累财富，从长线而言肯定能稳定获利。这一理论是真实可靠的，对证券尤其是股票投资意义是很大的，而且也只有凯恩斯明确提出过，仅此一点，也能看出他的大家本色。

2．凯恩斯投资理论及实践的不足

任何人都是有局限的，即使是凯恩斯这样的世界性人物也不例外。

（1）缺乏系统、深入的论述。尽管凯恩斯有丰富的投资经历与经验，提出了很多有价值的投资观点，可遗憾的是，他并没有作深入、详细的论述，也就没有形成系统的理论体系。但这一点是可以理解和原谅的，因为他主要是一个经济学家，又是一个政府大官员，关系国家、国民的经济学，当然要比局限于少部分人的投资重要得多。

（2）过重的投机色彩。这一点无论在理论上还是实践上都有很明显的体现。在《就业、利息和货币通论》的第12章中，当凯恩斯叙述完"大傻瓜"和"选美"两段之后，紧接着写道："读者也许会提出问题：假如一个人运用自己的才能，不受这种盛行的游戏的干扰，根据自己所作的长期预期继续进行投资，那么，在长时期中，他肯定能从其他游戏者手中获得大量的利润。对这一问题的答案是：的确有如此态度慎重的人，不管他们对市场的影响是否超过其他游戏者，都会使投资市场发生巨大的变化。但我们必须补充一点，在现代投资市场上，存在着许多压制这种人的影响的因素。基于真正的长期预期进行投资在今天实在是太困难，以致极少有实现的可能性。试图这样做的人，肯定要比那些试图以超过群众的精确程度来猜测群众行为的人花费更多的精力，而且还要冒更大的风险。在智力相同的情况下，前者可能要犯较多的灾难性的错误。经验中还没有充分的资料可以证明：对社会有利的投资也是利润最大的投资。战胜时间和消除我们对未来的无知所需要的智慧要超过'起跑在枪响之前'所需要的智慧。而且人的寿命有限，人性总是速效的，所以，人们对迅速致富有着特殊的兴趣，而一般人对将来所能得到的，总要打许多折扣才能使它变为现在的价值。对于那些完全没有赌博本领的人来说，玩这种职业投资者所玩的把戏，会使他们感到讨厌，甚至会使他们紧张到无法忍耐的程度。然而，那些乐于此道的人，却愿意为它付出应有的代价。还有，不甚重视市场近期波动的投资者，为了安全起见，必须拥有大量的资金，并且不能用借来的全部资金进行大规模的投资。这是为什么智力相等、资金相等的两个人，从事消遣游戏的人反而可以得到更多报酬的又一个理由。在投资基金由人数众多的委员会、董事会或银行管理的情况下，在现实中，招人品评最多的人恰是那些最能提供社会利益的长期投资者，因为他们的行为在一般人眼里，一定是怪癖、不守成规、又过分冒险的。如果他们有幸获得成功，得到肯定的也只能是人们对他们的评语。在短时期中，如果他们遭受了失败（这是很可能的），那么，他们不会得到多少同情与怜悯。处世哲学告诉人们：就人们的声誉而言，循规蹈矩的失败者，要好于独出心裁的成功者。""不幸的是，事实上，资本市场的现代结构要求上市证券的持有者，比拥有其他形式财富的人更有胆量、耐心和意志。然而，从某种意义上讲，投机者有时比投资者更为安全，这一点我曾在委员会上讲过。投机者是一个知道他自己所冒风险的人，而投资者是一个对此一无所知的人。"

正因为凯恩斯看到了投资与投机、理想与现实的矛盾，所以，在投资实践中，凯恩斯更偏爱投机冒险，尽管他知道这在理论上不可取。《凯恩斯传》的作者罗伯特·斯基尔斯基指出："凯恩斯的证券大多是用借款买入的。这种长期持有非常集中的少数证券，大笔借款和过频地短期投机活动的投资策略带来了一系列问题。事实上，凯恩斯所经历的几乎每次资产净值的大笔损失都与这些因素密切相关。"在20世纪20年代，凯恩斯把自己看成是一个科学的赌客，他在货币和期货上进行投机，想顺着经济周期来玩一把，他相信自己能"预测"到经济周期的高峰期以及市场短期变化的规律，从而成为市场上博弈上的赢家。即便到了1936年，凯恩斯在投资思想上趋于谨慎之后，偶尔也会玩玩这种赌博的直觉，他有一次投机小麦期货失败，不得不从阿根廷向伦敦调运够全英国吃一个月的小麦，并计划把小麦囤积在国王学院的小教堂里，可惜经过丈量后那里装不下全部的小麦，只好把小麦全部铺洒在地上，幸运的是，一个月后，小麦的价格又上去了，凯恩斯因此化险为夷。

凯恩斯的投机色彩应该说更多地来自其性格上的好胜，与其投资思想也不矛盾，但更关键的是，当时的整个世界经济环境很不稳定，投机是一种普遍性现象。

第四章

Chapter4

趋势分析投资法的演进

第一节 艾略特波浪理论

Section 1

◎ 基本身世

波浪理论的创始人拉尔夫·纳尔逊·艾略特，1871年7月28日出生在美国密苏里州堪萨斯市的玛丽斯维利镇。1891年，也就是艾略特20岁的时候，他离家到墨西哥的铁路公司工作。大约在1896年，艾略特开始了他的会计职业生涯，在随后的25年里，艾略特在许多公司（主要是铁路公司）任职会计，这些公司遍布墨西哥、中美洲和南美洲。后来，他在危地马拉大病一场，并在1927年退休，退休后，他回到加利福尼亚的老家养病，正是在这段漫长的休养期间，他揣摸出了股市行为理论。

1934年，艾略特与在投资顾问公司任股市通讯编辑的查尔斯·J.柯林斯建立了联系，告诉了他自己的发现。到了1938年，柯林斯终于被他深深地折服了，于是帮助艾略特开始了他的华尔街生涯，举荐艾略特担任了《金融世界》杂志的编辑，并且同意为他出版《波浪理论》。1939年之后，艾略特在这份杂志上一共发表12篇文章精心宣传自己的理论。1946年，也就是艾略特去世前两年，他完成了关于波浪理论的集大成之作《自然法则——宇宙的奥秘》。与道氏理论一样，波浪理论主要用于分析指数，他认为波浪理论是对道氏理论的必要补充。

◎ 主要内容

1. 无限向上的超级循环波浪结构举报以下图片不应显示。确认取消感谢您提供反馈意见。

艾略特不仅完全认同凯恩斯的长期友好理论，而且认为市场的这种长期向上的趋势，以一环套一环、大环套小环的方式无限延伸，非常类似于俄罗斯的套娃，由大到小依次套合在最大的一个体内组成，可分可合。但为了描述这种镶嵌式超级循环结构，又必须进行适当的层次划分，于是，艾略特命名了8级波浪循环：特大超级循环级[I]、[II]、[III]、[IV]、[V]、[A]、[B]、[C]；超级循环级(I)、(II)、(III)、(IV)、(V)、(A)、(B)、(C)；循环级I、II、III、IV、V、A、B、C；基本级I、II、III、IV、V、A、B、C；中型级[1]、[2]、[3]、[4]、[5]、[a]、[b]、[c]；小型级(1)、(2)、(3)、(4)、(5)、(a)、(b)、(c)；细级1、2、3、4、5、a、b、c；微级1、2、3、4、5、a、b、c。由于这个结构用文字表述不容易明白，因此，艾略特一般用如下一个图示来表达。

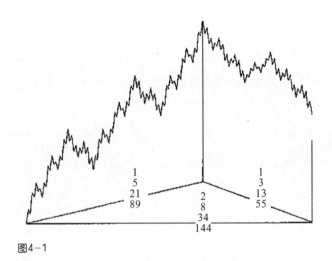

图4-1

艾略特在1946年发表的第二本著作，索性将自己的理论命名为"自然法则"，并将13世纪意大利数学家菲波纳奇数列纳入其中，以解决波浪与波浪之间的比率问题。菲波纳奇数列大致是这样引出来的：假定一对家兔每月可繁殖两只小兔，并且每只家兔到两个月后就可以繁殖后代，那么，若开始时有一对家兔，随着时间的推移将繁殖无数家兔，但菲波纳奇感兴趣的并不是家兔的多少，而是家兔繁殖数量的规律性延伸，即形成1、2、3、5、8、13、21、34、55、89、144、233……数列，该数列中每个数字均是前两个数字之和，数列中每相邻两数的前者除以后者，结果都是0.618即黄金分割率，这就是著名的菲波纳奇数列。艾略特深信，市场趋势的波浪运动也同样遵循菲波纳奇数列规律，据此，完全可以预测市场的未来变化，或者说市场运行路线是早就决定好了的。

2．完整波浪单元的八浪结构

艾略特认为，一个完整的波浪单元或层次，总是具有前5后3的固定排列结构，从而形成包含8浪的完整周期（如下图所示）。其中，前面的5浪属于趋势运行的主要方向，而后面的3浪属于对主要方向的调整，并且，前5浪中的第1、第3和第5浪必定是与趋势主要方向一致的推动浪，而第2和第4浪则称属于针对第1和第3浪的修正浪，后面3浪即a、b、c又是对前面5浪的修正。更进一步看，一个低一级的8浪结构又是一个高一级8浪结构下的第1浪和第2浪……如此不断地重复演进，其结果就是前面的无限超级循环波浪结构。

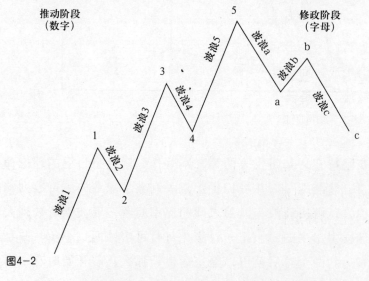

图4-2

但是，无限超级循环波浪结构，只是艾略特波浪理论的宏观结构，其关注和着力的重点则是8浪单元结构，于是，围绕8浪基本的单元结构，艾略特逐一展开波浪理论的有关规定或规则，并将形态尤其是中继调整形态技术纳入其中，从而构成其整个股市波浪分析预测体系。由于这部分内容较多且读者都很熟悉，这里就不介绍了。

◎ **简要评析**

1．波浪理论的贡献和价值

（1）看到了市场周期性循环的普遍性。如果抛开波浪理论的所有形式，那么，其内核可以简单地归结为涨跌循环的二元组合或二进制，也就是指数或价格总在一波一浪、一涨一跌之间运行，这与中国古代阴阳理论基本是一致的，上涨或浪起为阳，下跌或波落为阴。这种涨跌或阴阳循环，是市场最基本或基础的结构，其他更为复杂的结构都是由其扩展而形成的，因此，它是认识市场非常重要的概念和方法，关于这一点，笔者《市场乾坤》一书有过较为全面、深入的论述，这里就不展开了。

（2）突出了趋势单元及结构的分析。在艾略特的波浪理论中，贯穿着一个始终如一、稳定不变的波浪单元的基本结构模式，那就是大家熟悉的五八波浪结构，即推动浪或主浪必定是由5浪组成，而调整浪只能由3浪组成，合起来就是一个完整的8浪循环，也是一个更大级别的涨跌循环。这个模式与中国古代《易经》中的阴阳八卦很是类似，所谓的上涨5浪，实际是由3个上涨浪和2个下跌浪组成，而所谓调整3浪，实际是由2个下跌浪和1个上涨浪组成，这样，整个循环就是阴阳交替的8浪，恰如八卦，只不过波浪理论在8卦的中间进行了一次切分，并根据整个波浪循环运行的初始大方向来确定牛市和熊市，当起始浪是向上的时候，只要后面的波浪能维持这个基本方向，那就是牛市，反之，则是熊市，而且，无论总体方向向上的牛市还是总体方向向下的熊市，总是前5浪属于推动浪，后3浪属于调整浪。

波浪单元模式是波浪理论的核心，虽然不能说所有的波浪运行都符合艾略特发现的波浪单元五八结构，但确实存在一定的普遍性和很大的合理性。更为重要的是，从市场或价格运动的结构入手来探讨市场规律并作为预测工具，这不能不说是艾略特独特的贡献，尽管道氏理论已经作了这方面的尝试，但毕竟那是很初级原始的，因此，艾略特是第一个对市场或价格运行进行结构分析的人，笔者认为这是一种非常有价值的方法，起码对笔者的启发是很大的。

（3）深化和细化了形态分析理论和技术。艾略特在自己的波浪理论中，有机地将道氏理论中的形态方法融入其中，并加以更加深入和理论化的阐述，这大大扩充、深化、细化了传统的形态技术，尤其是中继调整形态，同时，对趋势轨道技术也进行了充实完善。

（4）艾略特发现了一些具有独特性的现象及技术方法。最突出的表现在三个方面，即前面说到的五八趋势单元波浪结构以及特殊的强势或顺势调整形态、交替调整规则。这三个方面，笔者认为是波浪理论最有实际运用价值的地方，也是艾略特个人的天才性发现，仅此就足以使其在证券投资方法领域有着不可替代的重要位置。

（5）将不同位置的波浪与市场心理联系起来是很有价值的。

（6）市场长期向上的思想是正确的。

2．波浪理论的巨大缺陷

对于波浪理论，既不能说是错误的，也不能说是正确的，只能说既有正确内容，又有错误的内容，总体上存在巨大缺陷。正因为这样，其宏观框架是不能成立的，作为主要投资方法或依据的话，也是行不通的，是必然会带来失败的。事实也完全证明了这一点，信奉和运用波浪理论的投资者非常多，但除了偶尔取得过好成绩外，还没有人靠波浪理论发财致富，更不要说成为投资大师了。其中的原因不能说是学习和运用波浪理论的人，都没有学懂和理解波浪理论，相反，这些人基本是一些非常聪明的人，一般的投资者是不会去研究和运用艰涩抽象的波浪理论的，因此，他们的不成功，主要原因在于波浪理论本身缺陷。

（1）波浪理论无限循环上升的宏观波浪模式或假设是不成立的。这是对周期性和事物进化发展规律的机械化理解，主观性太强，带有明显的唯心论色彩。依据艾略特的这一思想，再结合其对波浪理论具体内容的阐述，在波浪理论中，其实是没有真正的熊市的，艾略特眼里的熊市依然属于牛市调整浪的范畴，他之所以也用熊市的概念，是对其模式不能涵盖真正的熊市的妥协和修补，所以，一旦出现将前一轮牛市成果吞噬掉的巨大熊市，波浪理论要么无法解释，要么牵强附会。

（2）趋势单元五八结构模式不足以涵盖所有市场、品种趋势单元的结构，严格的数浪规则也不能普遍化。艾略特发现的五八趋势单元循环结构，只是市场或价格运行中各种不同结构类型的一部分或特例，不是也不可能成为普遍现象。详细的分析请参见笔者《市场乾坤》、《图表智慧》两书。

（3）波浪理论用的是纯粹形式逻辑演绎法，很容易陷入先入为主和脱离基本面的错误中。看得出来，艾略特偏爱逻辑推理，具备一定的哲学和数学修养，爱好理论研究，但也存在着许多理论家都有的通病，那就是盲目地追求理论的完美性而不顾客观实际，甚至用理论来裁剪现实、让事实服从理论，这一点导致波浪理论的运用者也不能幸免。只要有一定哲学和科学素养的人，就很容易发现，艾略特的波浪理论，是一个形式逻辑的演绎体系，整个体系的框架和许多结论，都是纯理论和逻辑推导的产物，并不是通过经验归纳总结出来的，而市场和价格的运行，恰恰最不具有必然的逻辑性，相反，具有很大的随机性。

（4）艾略特主要是一个没有实践经验的股市研究爱好者。艾略特几乎没有经历过证券投资的实践，这一点与道氏类似，也导致二者的理论都存在空洞和隔靴搔痒的毛病。所以，艾略特是一个纸上谈兵的人，更是一个纯业余性的投资理论研究者。有趣的是，艾略特研究股市主要不是为了投资或盈利，他的主要用意，是要通过股市来论证自己发现的波浪模式属于自然和人类社会的普遍规律，用他自己的话来说就是大自然法则，这说明他醉翁之意不在酒，他研究波浪理论可能有着更大的鸿鹄之志。

（5）波浪结构对时间的作用或影响考虑不足。波浪理论的整个框架是一种空间结构，而任何运动都要体现为时间和空间两个方面，很显然，艾略特将重心放在了市场或价格运动的空间形式上，对时间却没有给予足够的重视，从而使其理论显得更加脱离实际与空洞。

（6）无法数浪。艾略特的整个超级无限向上的波浪循环模式，其实是没有真正的波浪起点和终点的，很像一个混沌的大宇宙，因此，就算理论上是正确的，要想完整地数浪也是不可能的，也无法完整有效地运用，只好切割开加以局部运用。至于数浪的其他困惑就更多了，结果，一千个人完全可能出现一千种数浪法。

造成艾略特波浪理论根本缺陷和诸多不足的原因，实际上只有一个，那就是他深受近代机械决定论科学观和哲学观的影响。所谓决定论又称拉普拉斯信条，它以牛顿力学为代表，在18、19世纪统治了西方科学界，其基本内容是这样的：认为自然界和人类社会普遍存在客观规律，而且这种规律必然有着严密的因果逻辑关系，知道了原因或条件以后，就一定能知道结果，因此，现在是由过去所决定的，将来则是由现在决定的，世界就像一部时钟，人类可以据此预知未来的一切。决定论对近代人类思维和方法论产生极为深刻的影响，但却是不好的影响，连爱因斯坦这样的科学家都深信不疑，黑格尔哲学几乎就是决定论的改头换面，即使是马克思的思想和方法，也具有浓厚的决定论色彩。至于艾略特这个业余理论爱好者，受到决定论的影响就更加自然了，以下几段话清楚明白地表明了这一点。

"没有什么真理比宇宙被规律支配这一真理更为大众所

接受的了。混乱则无规律，这是显而易见的，所以，混乱之处乃不可知论之所。航海、化学、航空、建筑、无线电传播、外科、音乐——的确，艺术和科学的一切领域——无论是有生命的还是无生命的，都在规律的支配下运行，因为自然本身即以这种方式运行。规律的真正特点是次序和恒常不变，如果我们认识了它并遵循它，一切发生的事都会重演且能被预见。"

"正像宇宙中所有其他事物的真理一样，市场也有它的规律。如果没有规律，就不可能有价格运转的中心，因此也就没有市场，随之而来的，就是随处可见的没有理由和次序的、混乱无度的日常价格波动。然而，正如随后所要披露的那样，对市场的仔细研究证明情况并非如此，反而可以观察到市场规律性的节奏、规则、韵律、协调，只是必须以独到的眼光仔细观察市场，再沿着这一路径进行分析的时候，隐藏在市场背后的规律才能被发现。"

"既然法则的真正特征是次序，或者说恒定不变，那就可以得出结论，所有发生的事情都将会重演，而且，如果我们知道这种法则，还能够预测它们。"

"股票市场是人创造的，必然反映了人类的特征。"而"人类与太阳或月亮一样，都是一种自然物体，其行为有节奏地重演，因此，也是可以分析预测的。"

对于波浪理论，笔者的建议是，假如你没有足够的理解和辨别能力，就不要使用，否则，它的有用部分你不清楚，而它的缺陷将会害死你。

第二节 江恩理论与方法

Section2

◎ 基本身世

　　江恩1878年6月6日出生于美国得克萨斯州的路芙根市，卒于1955年6月18日，享年77岁，父母是爱尔兰裔移民。江恩的出生地及家庭环境终生影响着他。首先，他的家乡盛产棉花，还在很小的时候，江恩便目睹棉花生产商和批发商利用期货市场去为实物作对冲(即在期货市场上卖出棉花，在现货市场上收购棉花，或者反向操作)，在对冲过程中，这些生产商和批发商从实际投资变为短线投机。长期的耳濡目染，令江恩对期货产生了浓厚的好奇心。1902年，他第一次参加棉花期货交易，自此便与期货结下了不解之缘，直到生命的最后时刻，期货市场也是他整套理论最初的实验之地。其次，江恩的父母是爱尔兰裔移民，在浓厚的基督教循道会背景下长大，他母亲更是一个极为虔诚的基督教徒，希望他长大后能成为一名牧师，因此，江恩亦是一名极为虔诚的基督教徒，他熟读圣经，在圣经之中，发现了市场的循环周期，还有许多艰深难明的东西，也是受到圣经的启发而悟出来的。

　　1902年，当江恩24岁时，第一次入市买卖棉花期货。1906年，江恩到俄克拉荷马当经纪人，既为自己炒，亦管理客户。在1908年，在江恩30岁时，他移居纽约，成立了自己的经纪业务。同年，江恩首次提出自己的市场趋势预测方法，名为"控制时间因素"，之后，由于江恩多次的准确预测，使其声名大噪。

　　在江恩事业的高峰期，他成立了两家分析预测公司，即江恩科学服务公司及江恩研究公司，出版多种投资通讯，共聘用二十五人，为他制作各种分析图表及进行各类市场走势研究，在他每年出版的全年走势预测中，他会在走势预测图上清楚地绘制出在什么时间到达什么价位，且准确性很高。

此外，江恩亦主持走势分析方法讲座，且收费惊人，在一个名为《掌握预测方法》讲座中，江恩向每位参加者收取二千五百美元，而另一个名为《新机械式买卖方法及趋势指标》讲座，收费更高达五千美元。

江恩一生以预测准确闻名于世。据江恩一位朋友基利的回述："1909年夏季，江恩预测9月小麦期权将会见1.20美元。可是，到9月30日芝加哥时间十二时，该期权仍然在1.08美元之下徘徊，江恩的预测眼看落空。江恩说：'如果今日收市时不见1.20美元，将表示我整套分析方法都有错误。不管现在是什么价，小麦一定要见1.20美元。'结果，在收市前一小时，小麦冲上1.20美元，震动整个市场，该合约不偏不倚，正好在1.20美元收市。"江恩不单预测市场，也预测经济和政治，即使是美国的总统选举结果和世界大战结束的时间，他都可以根据数字及字母的排列并配合周期进行预测。1912年，江恩准确预测到伍德罗·威尔逊将当选美国总统，几乎每一次总统选举他都要预测，这些预测都发表在遍布全美的报纸上；1918年春，江恩预测到了世界大战的结束。

事实上，江恩的预测并不总是正确的，在《华尔街45年》一书末段关于未来几年（1950—1953年）的预测显然是错误的，当美国经济在1949年陷入困境时，江恩看淡1950—1953年的经济表现，可实际上1950—1953年美国经济很快就恢复高速增长，1954年才开始陷入衰退，这正好与江恩认为1953年见底相反。

此外，江恩也是交易大师，自1902年他第一次棉花期货买卖开始，在此后的53年中，他从金融市场共获取5000万美元的利润，相当于现在的10亿美元。江恩的投资生涯，恰好经历过第一次世界大战、1929年美国股市大崩溃、30年代萧条以及第二次世界大战。在这个动荡的时代从事投资事业，既充满危机，亦充满谋取暴利的机会，而江恩能够在那个年代获得近5000万美元的收益，是一个很不简单的业绩。江恩交易以短线为主，而且成功率很高，1909年10月，他在《股票行情和投资文摘》杂志社代表的现场观察下，在25个交易日里，共进行了286次交易，既有做多也有做空，结果，264次获利，22次亏损，交易本金增殖了1000%，如果这件事是真的，恐怕也是难以超越的历史纪录了。

江恩平一生著作也很多，其中，《股价行情中的真理》(1923年)、《时空隧道》(1927年)、《股票趋势预测新方法》(1936年)、《面对美国的现实——1950年展望》(1940年)、《华尔街45年》(1949年)、《神奇的数字》(1950年)是最主要的，还有一些讲义性质的资料或小册子，如《江恩期市课程》、《江恩股市课程》、《如何在期货市场中获利》、《如何利用认购及认沽期权获利》等。

◎ 主要内容

江恩理论包括两个相关却不完全相同的部分，一是市场预测的理论与方法，二是投资操作的规则与方法，也可以分别叫做测市系统和操作系统。

测市系统是江恩倾注心血最多的，是他对市场思考和理解的集中体现。虽然这部分内容很多，而且较为抽象难懂，笔者不敢说已经明白，反而是似懂非懂，但不管怎么样，如果站在更高的角度来看江恩理论，其中的核心思想其实也并不难理解，那就是市场循环。在江恩看来，市场循环是时间和空间的有机结合，他所有的理论和方法，都是为了诠释出市场循环的奥秘，然后利用这种循环来进行投资操作。江恩深信市场中藏着某种神秘的力量，正是这种神秘力量在制约着市场的循环，为找到这种神秘力量的轨迹，江恩通过数学、几何学、宗教、天文学的综合运用，建立起自己独特的分析方法和测市理论。

"宇宙万物都处在周期性循环运动之中，不论是具体的还是抽象的，物质的还是精神的。包括你的想象也可以构成循环，并发生在你身上……我预测股票市场或任何未来事物的方法是重视其历史，并努力发现其正处在什么样的循环之中，据此指出其未来的轨迹，未来不过是市场循环运动的再现。"江恩说。

但在测市系统之外，江恩还建立了一整套操作系统，当测市系统发生失误时，操作系统将及时地对其进行补救，这样江恩就将测市系统和操作系统统一起来，尽管这种统一未必有内在的逻辑必然性，反而更像两种不同思维和观点捆绑在一起的产物。

1．循环理论与方法

江恩设计了圆形、螺旋正方形、六边形、"轮中轮"、数字表等多种形式来表达他的市场循环理论或思想，这些图形都是价格（空间）与时间的融合，他认为借助这些图形，就能把握市场循环的规律，进而有效地预测市场。由于这些具体方法比较繁琐，笔者也没有完全了解，况且认为并没有太大的使用价值，故这里就不做介绍了，有兴趣的读者请另行学习、研究。

尽管江恩的市场循环理论和方法是时空的统一体，但他对于时间似乎更加重视，在这一点上，他与同时代又同样相信市场循环的艾略特是相反的，艾略特更加重视市场循环的空间结构。

江恩对时间周期循环的划分方法有很多种，一种是按短、中、长来划分，其中短期循环为1小时、2小时、4小时……18小时、24小时、3周、7周、13周、15周、3个月、7个月，中期循环为1年、2年、3年、5年、7年、10年、13年、15年，长期循环为20年、30年、45年、49年、60年、82或84年、90年、100年。在这些时间数据中，30年循环周期是江恩最为重视的，因为30年共有360个月，这恰好是360度圆周循环，对其进行1/8、2/8、3/8……7/8等，正好可以得到长期、中期和短期循环。此外，10年循环周期也很重要，江恩认为，10年周期可以再现市场的循环，例如，一个新的历史低点将出现在一个历史高点的10年之后，反之，一个新的历史高点也将出现在一个历史低点的10年之后。同时，江恩指出，任何一个长期的升势或跌势，都不可能不做调整地持续3年以上，其间必然有3至6个月的调整。因此，假设一个10年循环的上升趋势，那么在前六年中，每3年会出现一个顶部，而后4年则完成整个趋势的大顶部。

还有，江恩认为7是一个十分神秘而重要的数字，这是从他的基督徒信仰中产生的想法，他认为，既然上帝创造世界是在7天内完成的，那么，7是代表完全的意思，这样，无论7年、7月、7周、7天，都可能是市场重要的转折点，而且7的倍数同样是十分重要的，市场转向的时间经常在7的倍数处发生。江恩的这一观点受到后来人的认同，所以，在常用的技术分析指标中，都使用了7的倍数作为参数，如14日RSI(相对强弱指数)、14日KDJ(随机指数)等。

2. 市场波动（回调）法则

江恩从市场周期循环中进一步引申出市场波动法则，并用于分析和操作。他说，"股票也像电子、原子、分子一样，它们顽强地保持着独自的个性，遵循着波动的基本法则。""依照波动法则，市场的每只股票都在各自的范畴内运动，……各自进展演化的基本特性，可由各自的波动率来描述。"

江恩的波动法则主要是以一段趋势空间的8等分分割为基础展开的，其中最重要的是50%（1/2），其次是25%（1/4）和75%（3/4），再其次是1/8、3/8、5/8及7/8。江恩认为，在指数或价格的运行中，前一个趋势空间的1/2、1/4、1/8及一倍、两倍、四倍、八倍的位置，将可能成为后来趋势重要的支撑和阻力，因此，这些位置也是很好的交易进出位置。对此，有一个音乐家兼投资炒家彼得曾写过一篇文章，从乐理角度去解释江恩的波动法则，他认为,江恩理论与音乐原理是一脉相承的，两者都是波动法则在不同领域的表现。乐曲的基本结构由七个音阶组成，在这七个音阶中，发生共振的是C与G及高八度的C，亦即10%及一倍水平，也就是说，音阶是以1/2，1/3，1/4及1/8的形式产生共振的，因此，频率的一倍、两倍、四倍、八倍会产生共振，所以，江恩的8等分分割比例是科学合理的。

3．角度线

角度线也就是现在许多分析软件中都有的甘氏线，它是江恩市场预测和操作的重要工具，基本原理来自数学上的坐标，借此，江恩在横轴或X轴上建立时间，在纵轴或Y轴上建立价格。角度线的基本比率为1：1，即一个时间单位对应一个价格单位，此时的角度线为45度。为适应市场分析和操作的需要，江恩还分别以3和8为单位进行角度划分即1/3、1/8线，这些角度线构成了市场回调或上升的支持位和阻力位。总之，角度线是江恩将百分比原理与几何角度原理结合起来的产物，具有时空上的合理性。

在具体运用江恩角度线时，必须先确定一个显著的高点和低点：如果被选到的是高点，则应画下降甘氏线，这些线将在未来价格的下跌中起支撑作用；如果被选到的是低点，则应画上升甘氏线，这些线将在未来价格的上升中起阻力作用。但是，如果刚被选中的点马上被创出新高或新低，则画线的点也要随之改变。

4．交易法则

这是江恩操作系统的主要内容，他归纳为两组规则。

二十一条买卖守则

（1）每次入市买卖，损失不应超过资金的1/10。

（2）永远都要设立止损位，减少买卖出错时可能造成的损失。

（3）永不过量买卖。

（4）永不让所持仓位转盈为亏。

（5）永不逆市而为。市场趋势不明显时，宁可在场外观望。

（6）入市时要坚决，犹豫不决时不要入市。有怀疑，即平仓离场。

（7）只在活跃的市场买卖。买卖清淡时不宜操作。

（8）永不设定目标价位出入市，避免限价出入市，而只服从市场走势。

（9）如无适当理由，不将所持仓位平盘，可用止盈位保障所得利润。

（10）在市场连战皆捷后，可将部分利润提取，以备急时之需。

（11）买股票切忌不要只望分红收息（赚市场差价第一）。

（12）买卖遭损失时，切忌加码以求摊低成本。

（13）不要因为不耐烦而入市，也不要因为不耐烦而平仓。

（14）不要肯输不肯赢，切记。赔多赚少的买卖不要做。

（15）入市时定下的止损位，不宜胡乱取消。

（16）做多错多，入市要等候时机，不宜买卖太密。

（17）做多做空自如，不应只做单边。

（18）不要因为价位太低而吸纳，也不要因为价位太高而沽空。

（19）永不对冲（即同一品种双向开仓）。

（20）尽量避免在不适当时搞金字塔加码。

（21）如无适当理由，避免胡乱更改所持仓位的买卖策略。

十二条买卖规则

（1）决定趋势。

（2）在单底、双底或三底水平入市买入。

（3）根据市场波动的百分比买卖。

（4）根据三周上升或下跌买卖。

（5）市场分段波动。

（6）根据五或七点回折买卖。

（7）成交量因素。

（8）时间因素。

（9）价格创出新高或新低。

（10）趋势逆转。

（11）最安全的买卖点。

（12）快速市场的价格波动。

需要说明的，后面的十二条规则与前面的二十一条不一样的是，它只是总原则，具体的内容还很多，因此，不是光凭规则就能直接运用的。

◎ **简要评析**

1．悲剧式的江恩

与同时代和同样著名的投机操作大师杰西·利维摩尔（《股票作手回忆录》的主人公原型）以自杀的方式结束自己的生命相比，江恩的结局是非常值得欣慰的，但如果从江恩的努力、自我期许、身前身后的名望等角度看，笔者以为，江恩总体上是个悲剧人物。

江恩对市场探索、研究的刻苦努力以及对投资事业的虔诚追求，恐怕历史上没有第二个人可以相比，可以说，他一生所有的时间、精力都用在了探求市场的秘密上，并为此进行过漫长的全球旅行，足迹遍及英国、埃及、印度等国，而且在英国期间，他利用大英博物馆内丰富的藏书和资料，研究证券市场自诞生之后的时间、周期问题。然而，从最终的结果来看，无论他的理论、方法还是投资业绩，除了留下一些神奇记载和同样具有神秘感却不实用的一大堆方法外，并没有创造很有价值的东西。尽管江恩完全有可能赚到过5000万美元的利润，可据江恩的后代说，父亲根本没有给他们留下多少遗产，在一次记者对江恩儿子的采访中，他儿子说父亲的遗产只有10万美元，这应该是可信的，这说明江恩赚到的那些钱，最终又还给了市场。又据说，江恩所有著作的版权都不属于他的儿子，这也是完全有可能的：一是江恩对自己所有的著作都不满意，因此，不想传给子孙，怕误导他们；二是晚年的江恩可能已经穷困潦倒，他不得不出卖自己所有著作的版权谋生。以笔者之见，这两种可能性都同时存在，但第一种可能性应该更符合江恩的本意。

以江恩的聪明，其实在他生前早就知道，自己花费巨大心血搞出来的那一大套东西，对投资并没有多少真正的价值，只是因为自己名声在外，他也只好有意无意地维护自己预测大师的形象，所以，江恩的不少书总是带有某种神秘感，除了其理论和方法本身有牵强附会因素外，不排除江恩有故弄玄虚、刻意制造神秘感的意味，尤其《时空隧道》一书，与其他作者都尽可能将自己的意思清楚明白地表达给读者不同，江恩似乎给人一种欲言又止的味道，以勾起读者探索未知的欲望，而他本来的身份是投资及其理论研究者，却偏要运用小说的方式来探讨市场和投资问题，也多少能反映出这一点。另外，江恩的许多方法，不具有逻辑证伪性，即你很难说是正确还是不正确、合理还是不合理，这虽然有一定的客观性，但也不排除是江恩维护自己声望的一种特殊手法。

至于有人说江恩只不过是一个骗子，靠包装自己来获得高额的培训费，笔者倒认为江恩还不至于如此，他利用自己的名声赚钱是完全可能的，也是无可指责的，但不存在故意欺骗的可能，笔者宁愿认为江恩当初对自己的理论和方法是深信不疑的，只是在自己反复的实践和验证中，晚年他才慢慢认识到自己理论和方法的缺陷，但此时的他已经骑虎难下了，也就只好一如既往。

（1）强烈的先验论倾向。这一点江恩与同时代的艾略特完全是一样的，即深受决定论影响，认为股票、期货市场里也存在着宇宙那样的自然规则，市场的价格运行趋势不是杂乱的，而是可通过数学方法预测的。"回顾市场的历史和大量的相关统计，很清楚地表明，有确定的法则在控制着市场价格的变化，并存在着一种周期性的普遍法则，它支撑着所有这些变化。""金融市场有其本身的波动结构……经过相关科学的周密分析和调查，我发现波动法则使我能够精确地确定某些位置，在这些位置，金融市场的价格将在给定的时间内上升、下降，所以，波动法则确定了原因，并能预测结果。"江恩的这些言论充分地表达了他的信念，以至于里奥·高夫在《一次读完25本投资经典》一书中评论道："江恩对于自然界布满重复模式的玄奥论调相当着迷。"

至于市场规则形成的原因，江恩的看法也和艾略特是一样的，他指出："人的本性不会变，这就是历史一再重复，以及股市在某些条件下年复一年和在不同时间循环下运行极为相似的原因。"所以，在关于市场规律问题上，无论是艾略特还是江恩，都在决定论的影响下犯了同样的致命错误，即把人看成被动接受外界作用的机械，这是使得两个人的理论整体上不可取的原因所在。市场有规律，这没有错，但把这种规律看成机械运动那样事先固定的线路，知道原因或过去就能预测结果或未来，就大错特错了。

（2）预测进而战胜市场的强烈欲望。看看他的如下言论，就足以证明这一点。

"历史重复发生，利用图表及法则，我们可以决定历史如何重复发生。"

"经过数年耐心的研究，我已经完全满意地向自己证明，也向其他人显示这一点，波动性解释了各个可能出现的阶段和条件，并助我准确地预测股票在特定时间的特定价位。"

"我发现股票本身与它背后的驱动力之间存在着和谐或不和谐的关系……用我的方法，能确定每只股票的波动，而且通过考虑某种时间值，我能在大多数情况下确切地说出在给定条件下的股票表现。"

"所有的市场顶部及底部，都与市场其他的顶部及底部存在着一个数学上的关系。"

"我们拥有一切天文学及数学上的证明，以决定市场的几何角度为什么及如何影响市场的走势。如果你学习时有所进步，而又证明你是值得教导的话，我会给你这一主宰的数学及主宰的字句。"

"当你一旦完全掌握角度线，你将能够解决任何问题，并判断出任何股票的趋势。"

这些是多么自信的豪言壮语啊！但却是根本不可能做到的，市场可以预测，投资也需要预测，可不管多么好的方法和多么准确的预测，都只能是对市场的宏观性和概率性预测，既不应该也不可能进行具体运行轨迹或时空点位的预测。江恩对预测的理解显然是错误的，他的预测努力也是徒劳的。

（3）过于关注市场的短期变化与投资。江恩预测证券走势，经常把两三个月之内哪一天将在什么价位见到高点，哪一天将在什么价位出现低点以及届时的基本因素如何配合，市场的投资气氛如何，一一列明。即使社会上的重大事项，例如某国总统竞选的结果、某个国家的经济衰退、某个国家与外界的军事冲突，甚至某一件事物的成功率，都可以根据以往的资料，采用数学、几何学和周期理论去进行预测。为此，在江恩事业的高峰期，他每年都要做全年走势的分析预测并加以出版，清楚绘制出在什么时间见什么价位的未来走势图。此外，江恩的投资操作都是中短期性质的，是短线投资操作的代表。正因为这样，江恩最值得自豪的预测和操作奇迹才得以流传下来。

但是，预测中短期的市场或价格变化以及进行短线操作，是投资中最不应该做的两件事，而江恩恰恰将自己一生的心血都放在了这两个方面，因此，他是绝不可能成功的。他之所以没有彻底失败，是因为他的操作并不是完全依据自己的预测，他的买卖规则尤其是止损，帮助他不断地从自己的预测迷宫中走出来，这是不幸中的万幸，否则，江恩将成为绝对的反面教材。

2．江恩理论中的价值

虽然江恩的理论、方法整体上是错误至少是不可取的，但并不等于毫无价值，其中的如下几个方面，无论对于市场的认知还是实际的投资，都是有很大启发作用的。

（1）时间对市场运行的影响。与波浪理论相比，江恩理论更注重市场运动的时间要素，强调时间周期的重要性，笔者认为这是很了不起的。与空间相比，无论是对市场本身的作用还是对投资者分析预测市场的作用，时间都要比空间更为重要，而一般投资者往往注重的是空间而不是时间，在这一点上，江恩比许多人都要正确和深刻。

在证券投资所有著名人物中，只有两个人对时间给予了特别突出的关注，江恩是其中之一，另一个则是大名鼎鼎的巴菲特，只不过江恩处理和运用时间的具体方法是不可取的，只有巴菲特既能深刻地理解时间又能最智慧地运用时间，所以，就某种程度上而言，说巴菲特是价值投资大师，还不如说他是一个时间运用大师，"时间是好投资者的朋友，坏投资者的敌人"，这样的话，只有巴菲特才能够说出。

（2）时空共振思想。江恩所有的方法都是围绕市场运行的时空关系来展开的，尽管其具体的处理方法并不可取，但其中蕴含的思想则是很正确的，那就是我们现在已经熟知的共振理论。江恩深刻地认识到：市场的波动或内在的周期性变化，来自市场时间与价格（即空间）的相互作用，当这种相互作用方向一致时，市场必然会形成强劲趋势或发生转折，只可惜，对如何发现这种共振，江恩过于天真，认为运用一些比例、倍数、角度就能找到。实际上，共振是一回事，共振能不能有效认识、把握是另一回事，而江恩想当然地以为，只要是客观存在的东西，运用一定的方法都能发现，殊不知，客观存在及其规律，有不少是人类无力准确认识的，自然科学中的测不准原理就深刻地揭示了这一点，这并非是贬低科学或人类的认识能力，而是根源于科学和人类的认识局限性，那就是无论人类还是科学，都不是万能的，都是做不到无所不知的，否则，上帝就无处容身了。

（3）将分析预测与实际操作加以严格区分。当我们从整体上研读江恩时，便可以发现，江恩具有很大的两面性，而且这种两面性是十分必要和可取的，那就是他常常将自己的预测理论与实践操作分开。他在预测时固然认真、虔诚乃至变得有些迂腐、僵化、迷信，但在实际操作中，他仍能做到不让预测牵着自己走，相反，他注重建立预测之外的买卖规则，并使预测服从买卖规则：当预测正确、不违背其买卖规则时，他照预测方向操作；当预测不对时，他用买卖规则修正预测，或干脆认错退出。江恩在晚年的著作《华尔街45年》中，提到最多的就是"止损"这两个字，而不是他的预测方法，这说明江恩具有很强的现实和律己精神，买卖规则重于预测！这一点非常值得我们许多的投资者尤其初学者学习，不顾市场实际，一相情愿地坚持自己的分析预测，错了也不承认或不改，是许多投资者的通病，问题就出在将分析预测和投资操作混为一体、不加区分。

（4）预测方法和交易法则中有不少可取的要素。其中的交易法则，无论二十一条还是十二条，基本上都是可取的，而预测分析中的角度线、回调带、价格的高低点等技术，也是有很好的参考和运用价值的。

第三节 索罗斯反身性理论

Section3

◎ **基本身世**

1930年，乔治·索罗斯出生在匈牙利布达佩斯一个富裕的犹太人家庭。父亲是一名律师，性格坚毅，处事精明，他对索罗斯的性格和思维方式影响深远，不仅教会了索罗斯要自尊自重、坚强自信，而且从小教育索罗斯用一种平和的态度对待财富，而索罗斯在以后的生活中，也实践了父亲的教诲，将亿万家财都投入到慈善事业中。

第一次世界大战爆发时，索父还是个血气方刚的小伙子，志愿到奥匈联军中服役，后来被俄国人俘虏并押解到西伯利亚坐牢。索父不愿坐以待毙，冒险组织一群人成功越狱，之后，狱友们造一个木筏，计划顺河道漂流到大海。可惜，由于地理知识不佳，不知道西伯利亚所有的河流都是流入北冰洋的，顺水漂流了几个星期后，才发现方向错了，于是，又花了几个月时间穿越西伯利亚的寒带针叶林，经过不少艰难险阻，索父终于回到了匈牙利。可在这期间，俄国爆发了革命，如果当初没有越狱还留在集中营的话，早就被释放回家了！

1944年3月19日，德军占领匈牙利，索父意识到非常时期到来了，他通过关系为全家人也帮别的一些家庭伪造了身份证明，以掩盖犹太血统，避免遭德国对犹太人的清洗。揣着假身份证的索罗斯，度过了一段非常愉快的时光，看到在灭顶之灾的威胁和无边的苦难中，身边的人一个个死去，但自己全家人却幸存了下来，他感到颇有成就感。后来，索罗斯说，1944年是他生活中最快乐的一段时光，"那是场十足的冒险，就像经历过《夺宝奇兵》的幻境一样。对一个14岁的少年来说，还有什么比这更令人兴奋的呢？"

这场战争给索罗斯上了终生难忘的一课：他从生死危难中学会了生存的技巧，尤其是父亲在危险来临前采取的预见性措施，对索罗斯影响至深，跟他后来的投资风格如出一辙。这其中的两条经验对他此后的投资生涯很有帮助，第一是不要害怕冒险，第二是不要冒毁灭性的危险，所以，从那时起，索罗斯就意识到，要想最大限度地保护自己，必须先人一步开始计划和行动，这样做的目的不仅仅是生存，还有自我的满足、他人的尊敬和荣誉。

1947年秋天，17岁的索罗斯只身离开匈牙利，准备前往西方国家寻求发展，他先去了瑞士的伯尔尼，尔后马上又去了伦敦。他原以为在伦敦会有很好的发展，但很快他就发现这种想法是多么的错误，他在伦敦不名一文，只能靠打一些零工维持生计，生活毫无乐趣可言。索罗斯再也无法忍受处于社会底层的生活，一年以后，他决定通过求学来改变自己的境况。

索罗斯于1949年开始进入伦敦经济学院学习。在伦敦经济学院，索罗斯虽然选修了1977年诺贝尔经济学奖获得者詹姆斯·爱德华·米德的课程，但他本人却认为并未从中学到什么东西，反倒是英国哲学家卡尔·波普对他影响最大，波普鼓励他严肃地思考世界运作的方式，并且尽可能地从哲学的角度解释问题，这对于索罗斯建立金融市场运作的新理论打下了坚实的基础。

1953年春，索罗斯从伦敦经济学院学成毕业，立刻就面临着如何谋生的问题。一开始，他选择了手袋推销的职业，但他很快发现买卖十分难做，于是他就又开始寻找新的赚钱机会，当索罗斯发现参与投资业有可能挣到大钱时，他就给城里的各家投资银行发了一封自荐信，最后一家叫Siflger&Friedlandr公司聘用他做了一个见习生，他的金融生涯就从此揭开了序幕。后来，索罗斯成了这家公司的一名交易员，专门从事黄金和股票的套利交易，可他在此期间表现并不出色，没有赚到特别多的钱。于是，索罗斯又作出了将影响他一生的选择，到美国去淘金。

1956年，索罗斯带着他的全部积蓄5000美元来到美国纽约，通过在伦敦工作过的一位同事的帮助，为他在F.M梅叶公司找到了一份工作，当了一名套利交易员。由于索罗斯熟悉欧洲，所以，他始终是华尔街上很少几个在纽约和伦敦之间进行套利交易的交易员之一，并且从事欧洲证券的分析，为美国的金融机构提供欧洲方面的投资咨询，但当时很少有人对他的建议感兴趣。

1959年，索罗斯转投经营海外业务的Wertheim公司，继续从事欧洲证券业务，很幸运，Wertheim公司是少数几家经营海外业务的美国公司之一。1960年，索罗斯小试牛刀，锋芒初现。他经过分析研究发现，由于德国安联保险公司购置的房地产价格上涨，其股票售价与资产价值相比大打折扣，于是他建议人们购买安联公司的股票。根据索罗斯的建议，摩根担保公司和德累福斯基金购买了大量安联公司的股票，事实证明，索罗斯的判断是正确的，安联公司的股票价格翻了3倍，索罗斯因而名声大振。

1961年，索罗斯与德裔姑娘安娜莉结合了，并自然而然地成了美国公民，这时他已经33岁，尽管一直做投资业务，但实际上在做一个哲学家还是做一个投资者之间摇摆不定。所以，从1961年开始，索罗斯把傍晚和周末都用在了《意识的重负》一书的写作上，他希望通过对手稿的精心修改，能找到一个出版商，可惜并不成功。于是，在1963年，他把手稿寄给了自己的导师卡尔·波普，但导师除了鼓励他继续考虑他的观点外，并没有要帮助他出版的意思，也许正是导师对他手稿的冷淡反应，影响了索罗斯最终的选择和发展，其实，后来他所出版的很多书，基本观点都来自这本未能出版的书稿。

1963年，索罗斯又开始为Arilhod＆S.Bleichrocoer公司效力。这家公司比较擅长经营外国证券，这很合索罗斯的胃口，使他的专长能够得以充分发挥。而索罗斯的雇佣者史蒂芬·凯伦也非常赏识索罗斯，认为他有勇有谋，能够开拓新业务，这正是套利交易所需要的。1967年，索罗斯凭借他的才能晋升为公司研究部的主管，此时，索罗斯已经属于一个比较优秀的投资分析师了。

从宏观的角度来把握全球不同金融市场的动态，判断各种金融和政治事件将对全球各金融市场产生何种影响，这是索罗斯的长处。为了更好地施展自己的才华，索罗斯说服Arilhold

&S.Bleichrocoer公司的老板在海外建立两个海外投资公司，并让他来进行管理：这两家新公司分别叫第一期海鸥投资公司和第二期海鸥投资公司，前者成立于1967年，后者创建于1969年，主要进行欧洲套利交易。第二期海鸥投资公司主要是索罗斯用自己的资金建立的，实际相当于他自己经营的首个对冲基金，他投入了自己全部的25万美元，但此后不久，索罗斯就说服所认识的一些欧洲大款们加入公司，从而使公司的资金达到400万美元，这是索罗斯创造奇迹的开端。

此外，索罗斯投资生涯的重大发展，又与他在公司遇到吉姆·罗杰斯分不开的。罗杰斯与巴菲特一样，少年时期就显示出经商天赋，1964年毕业于耶鲁大学，然后又进入英国牛津大学学习两年，主修政治、哲学和经济学。1968年，罗杰斯在华尔街贝奇公司找到了第一份工作，两年之后，他进入Arilhod &S.Bleichrocoer公司为索罗斯做事，没多久，他们就一起辞职，并在1971年合伙成立了"索罗斯基金"，正式开始了他俩黄金搭档和传奇般的投资生涯。

公司即索罗斯基金刚开始运作时只有三个人：索罗斯是交易员，罗杰斯是研究员，还有一个是秘书。索罗斯基金的规模虽然并不大，但由于是他们自己的公司，索罗斯和罗杰斯十分投入，他们订了30种商业刊物，搜集了1500多家美国和外国公司的金融财务记录。罗杰斯每天都要仔细地分析研究20份至30份年度财务报告，以期寻找最佳投资机会。

索罗斯和罗杰斯一起合作了10年，在他们的投资才能和默契的配合下，这十年使基金公司的投资取得了巨大的成功，财富不断增长，没有一年是失败的。基金公司最先投资的是股票，由于索罗斯对银行业发展变化和以色列战争的准确分析判断，使公司通过购买这两类股票上赢得了很大利润，为公司早期的发展打下了良好的基础。这段期间的索罗斯，除了正常的低价购买、高价卖出的投资招数以外，已经开始显示出他特别善于卖空的优势，其中的经典案例就是索罗斯与雅芳化妆品公司的交易。为了达到卖空的目的，索罗斯以市价每股120美元借了雅芳化妆品公司1万股股份，一段时间后，该股票开始大跌，两年以后，索罗斯以每股20美元的价格买回了雅芳化妆品公司的1万股股份。从这笔交易中，索罗斯赚了100万美元，几乎是投入额的5倍。

1979年，索罗斯将1971年与人合伙成立的索罗斯基金更名为"量子基金"，名称来源于海森伯格量子力学的测不准定律。到1980年12月31日为止，索罗斯基金增长3365%，与标准普尔综合指数相比，后者同期仅增长47%。随着基金规模的扩大，索罗斯的事业蒸蒸日上，特别是1980年，更是一个特别值得骄傲的年度，基金当年增长了102.6%，这是索罗斯和罗杰斯合作成绩最好的一年，基金资产已增加到3.81亿美元，索罗斯个人也已跻身到亿万富翁的行列。但令人遗憾的是，罗杰斯此时却决定离开。

这对合作达10年之久的华尔街最佳搭档的分手，多少有点令索罗斯失落。在随后的一年中，索罗斯遭受到了他投资生涯的一次大失败。索罗斯判断美国公债市场会出现一个较大的上升行情，于是用所借的银行短期贷款大量购入长期公债，但形势并未出现索罗斯所预料的那种结果，相反，由于美国经济保持强势发展，银行利率不断地快速攀升，已远远超过公债利率。这一年，索罗斯所持有的公债每股损失了3—5个百分点，总计大约损失了几百万美元，使量子基金的利润首次下降，且幅度达22.9%，大批的投资者弃他而去，并带走了公司近一半的资产约1.93亿美元。索罗斯有一种被抛弃的感觉，他甚至曾想过要退出市场，去过一种平淡的生活，但索罗斯最终还是选择留了下来。

1981年，里根就任美国总统。索罗斯通过对里根经济新政策的分析，确信美国经济将会开始一个新的"盛—衰"序列，于是，开始果断投资。索罗斯的预测是对的，在里根的新政策刺激下，贷款利率下降，美国经济开始走向繁荣，"盛—衰"

序列的繁荣期已经初现，股票不断上涨，这使得量子基金获得了巨额回报，索罗斯也渐渐地从失败的阴影中走了出来。到1982年年底，量子基金上涨了56.9%，净资产从1.933亿美元猛增至3.028亿美元。

随着美国经济的发展，美元表现得越来越坚挺，美国的贸易逆差以惊人的速度上升，预算赤字也在逐年增加；随着石油输出国组织的解体，原油价格开始下跌，这给美元带来巨大的贬值压力。无论石油输出国组织的解体，还是美国通货膨胀和利率的下降，都将促使美元贬值，因此，索罗斯确信美国经济正在走向萧条，并预期美国政府将采取措施支持美元贬值，那么，相应的德国马克和日元即将升值，于是，他决定做一次大手笔的投资。

从1985年9月开始，索罗斯开始做多马克和日元，持有马克和日元的多头头寸最多时达7亿美元，已超过了量子基金的全部价值，尽管先期遭受了一些损失，但他坚信自己的判断是正确的，所以，他又大胆增加了差不多8亿美元的多头头寸。索罗斯这样做，承担着巨大风险，因为一旦趋势逆转，哪怕是暂时的，他将遭受灭顶之灾，好在到了1985年9月22日，事情逐渐朝索罗斯预测的方向发展。美国新任财长詹姆士·贝克和法国、西德、日本、英国的四位财政部部长在纽约的普拉扎宾馆开会，商讨美元贬值问题，会后五国财长签订了《普拉扎协议》，该协议要求通过更紧密的合作来有序地对非美元货币进行估价，这意味着美国中央银行必须低估美元价值，迫使美元贬值。《普拉扎协议》公布后的第一天，美元被宣布从兑239日元降到兑222.5日元，即下降了4.3%，仅仅这一天的美元贬值，就使索罗斯一夜之间赚了4000万美元。接下来的几个星期，美元继续贬值，到10月底，美元已跌落13%，1美元兑205日元，到了1986年9月，美元更是跌至1美元兑153日元。索罗斯在这场大手笔的外汇投资中，前后总计赚了大约1.5亿美元，量子基金也由1984年的4.489亿美元上升到1985年的10.03亿美元，资产增加了223.4%。这使得量子基金在华尔街名声大噪，索罗斯的个人收入在1985年也达到了9350万美元，排在华尔街前一百名最高收入者的第二位。1986年还是索罗斯的丰收年，量子基金的财富增加了42.1%，达到15亿美元，索罗斯个人从公司中获得的收入达2亿美元。总之，到20世纪80年代末，索罗斯在华尔街已是一名大家熟知的高手，但是，他真正为外界所了解，还是进入90年代之后。

1992年9月15日，索罗斯在经过长期跟踪研究后，抓住英国经济衰落而货币政策不当之机，大量放空英镑，英镑对马克的比价一路下跌至2.80，虽然英格兰银行购入30亿英镑企图救市，但仍未能挡住英镑的跌势，英镑已处于退出欧洲汇率体系的边缘。这一年，"量子基金"获利20多亿美元，索罗斯个人收入达6.5亿美元，这样的战果在华尔街金融收益排行榜中名列榜首，创历史纪录，至今无人能破。同年，索罗斯以牛津大学主要资助人的身份，成为该校董事会成员。

1993年，索罗斯以11亿美元的年收入成为美国历史上第一个年收入超10亿美元的人。

1994年6月，索罗斯被《华尔街日报》称为"全球金融界的坏孩子"。

1997年7月，索罗斯在泰国大量抛售泰铢，此举被认为是世人瞩目的东南亚金融风暴的导火索。

1998年8月5日至28日，以索罗斯为首的多家巨型国际金融机构联手同中国香港特区政府在汇市、股市、期货市场斗法，双方投入巨资"激战"约两周时间，以港府胜利暂告一段落。

索罗斯号称"金融天才"，从1971年建立量子基金至今，他创下了令人难以置信的业绩，以平均每年35%的综合成长率令华尔街同行望尘莫及。

索罗斯在自己的投资取得成功之后，一边继续投资事业，一边实施他的开放社会理想。1979年，索罗斯在纽约建立了他的第一个开放社会基金，致力于封闭社会的开放。1984年他在匈牙利建立了第一个东欧基金会，又于1987年建立了苏联索罗斯基金会。此后，他的基金会网络不断扩大，目前已在30多个国家中运作，遍及中欧和东欧，前苏联和中部欧亚大陆，以及南非、海地、危地马拉等，总共有上百个机构。这些基金会致力于建设和维持开放社会的基础结构和公共设施，此外，索罗斯也建立了其他较重要的机构，如中部欧洲大学和国际科学基金会。

索罗斯从事慈善事业有他宏伟的目标，他希望运用他的财富来促进社会开放，促进民族自决，使人们能够自由地表达自己的思想，并追求他们自己的目标。他这方面的思想主要是受卡尔·波普《开放社会及其敌人》一书的影响，在他看来，处于封闭社会中的人们，受专制主义所统治，很难有自由，他要把西方开放社会的观念随着他的金钱输入到他所认为的封闭国家中。

索罗斯曾获得社会研究新学院、牛津大学、布达佩斯经济大学和耶鲁大学的名誉博士学位，1995年，意大利波伦亚大学将最高荣誉——Laurea Honoris Causa授予索罗斯先生，以表彰他为促进世界各地的开放社会所做的努力。

索罗斯是个真正的多面手，不仅投资和推动建设开放社会，而且写了很多著作，主要有《金融炼金术》、《走在股市曲线之前》、《超越指数》、《全球资本主义危机》、《开放社会：改革全球资本主义》、《索罗斯论全球化》、《美国的霸权泡沫：纠正对美国权力的滥用》，以及最新的《索罗斯带你走出金融危机》。写作也是索罗斯事业的一部分，而且是很重要的部分。

◎ **理论简介**

尽管索罗斯的思想极为丰富和广泛，但最突出的、与投资关系最密切的，还是反身性理论。

1. 社会科学没有自然科学那样的确定性

这是索罗斯整个思想体系的根基，也是反身性理论的逻辑起点或者说哲学基础，以下是他关于这个问题的论述。

"我认为社会活动与自然现象在结构上大不相同。在自然现象中，一组现象与另一组现象之间存在着一条因果链。然而在人类活动中，事件发生的过程则要复杂得多，其中不仅涉及事实，也涉及参与者的观点，此外，各参与方的互动结果也成为因果链条中的因素。人类活动的任何时刻都存在着事实与观点之间的双向联系：一方面，参与者希望了解当前情况（包括事实和观点）；另一方面，他们还希望对当前情况施加一些影响（这同样包括事实和观点）。认知功能和操控功能之间的互动侵入了因果链，导致因果链不能从一组事实直接导引到下一组事实，而是反映出参与者的观点，同时，也对这些观点施加了影响。由于这些观点不是对事实的回应，因此，在事件过程中产生了不确定性因素，不确定性因素同时影响到事实和观点，而这在自然现象中是不存在的。但自然现象也不一定是由放之四海而皆准的科学定律决定的，例如，海森堡的不确定性原理（又名测不准原理）并没有说明量子、粒子或波的行为是符合决定论的，而只断言其行为是无法确定的。在社会活动中，也存在类似的不确定性法则。"

"自然科学家的优势在于：同他们打交道的是独立于人的意识的自然现象。自然现象属于一个世界，科学家的陈述属于另一个世界，因此，自然现象可以充当独立的客观标准，科学则赖此判断其陈述的真理性或有效性。与事实一致的陈述就是真的，不一致的就是假的，只有确立了同事实的一致性，科学家们的理解才能成为知识。"

"科学方法适用于事实的研究，但是，正如我们所发现的，包含思维参与者的事件显然不仅仅由事实组成的。参与者的思维介入了因果作用的过程，不可能再简单地将后者视为独立于事实并且可以同事实取得一致的客观的事件序列。参与者所面对的情境受到其本身决策活动的影响，他们的思维构成了这类情境中不可缺少的成分，不论我们将其视为一种特殊的事实还是某种不同于事实的东西，参与者的思维毕竟引入了不确定的因素，这种因素在自然科学中是见不到的。"

"在涉及有思维参与者介入的场景时，人们对自然科学的方法往往具有免疫力，却极易受到炼金术的感染。参与者的思想，正因为并不受现实支配，反而很容易为形形色色的理论所左右。在自然现象中，科学方法只有当其理论证据确凿时才是有效的；而在社会、政治、经济事务中，理论即使没有确凿的证据也可以是有效的。炼金术作为自然科学失败了，社会科学作为炼金术倒有可能取得成功。"

索罗斯将社会领域这种因主观意愿性、参与性、干扰性所导致的认识偏离现象称之为"偏见"或"彻底可错性"。

2．传统市场经济理论是不可取的

这是索罗斯从社会科学领域认识的不完整性、不准确性甚至故意歪曲等基本事实推导出来的必然结论。"我阐述理论的出发点在于：从一开始我们就对赖以生存的世界缺乏正确和完整的认识，原因在于，我们试图去认识世界，但是我们自身又是这个世界的组成部分。诚然，妨碍我们了解世界的因素并不止于此，但当你去理解人间诸般言行事物时，我们是世界的组成部分这一事实，便成为一道不可逾越的障碍。"

"知识体现为真实的表述。当且仅当一种表述符合实际时，才是真实的表述，这就是真理符合论告诉我们的道理。为了建立符合关系，事实和针对事实的表述必须彼此相互独立，但是，当我们自身就是我们所希望认识的世界的一部分时，这一条件是无法满足的，这就是为什么参与者无法基于知识做出决策的原因。面对知识的缺乏，他们不得不诉诸经验、本能、情感、神灵或其他误区，靠臆测予以弥补。正是参与者的偏见和误判，使得事件过程出现了不确定性因素。"

"我相信，参与者的偏见是理解有思维的参与者的全部人类历史过程的一把钥匙，这正如基因变异是理解生物进化的钥匙。"

经济和市场是许多人广泛参与其中的领域，因此，也就必然普遍存在被偏见左右的错误，这样，以理性人假设建立起来的古典经济学是不正确的。"传统上我们认为，认识基本上是被动的角色，参与是积极主动的角色，事实上两个角色彼此干扰，使参与者不可能根据纯粹或完全的知识做出任何决定。古典经济理论假设市场参与者根据完全的知识行动，这个假设是错误的，参与者的认知影响他们所参与的市场，反过来，市场行为也影响参与者的思考。在这种情形下要分析市场行为，和在"完全的知识"假设正确的情况下相比较，分析工作就难多了。经济理论必须从根本上来重新考虑，在经济过程中，有一个不确定因素，大致上从来没有人钻研过，那就是和自然科学相比，没有一种社会科学能够产生确定的结果，经济学也不例外。对于思考在塑造事件上扮演的角色，我们必须改采取截然不同的看法。我们习惯于认为事件由一系列的事实构成，也就是在一组事件之后会出现另一组事件，形成永不中止的锁链。在具有思考能力的参与者参与其间的状况里，锁链并不是直接由一系列的事实连接在一起的。"

"传统的经济学家以均衡理论为基础，认为供给和需求是平衡的。但是，如果你意识到不完全理解性发挥的重大作用，你就会意识到你处理问题所运用的是不均衡理论。"

在此基础上，索罗斯进一步认为，自由市场及开放社会，只是允许人们追求自己的目标，但并不一定会走向均衡，所以，市场机制的价值，不在于市场能够实现均衡状态，而在于市场能提供参与者选择的自由。因此，他极力反对主张市场必然走向均衡的市场原教旨主义，其《开放社会：改革全球资本主义》一书，最主要的工作就是批判市场原教旨主义。他的最后结论是："金融市场能自我纠偏并趋于均衡的理念，仍旧是当前金融市场的主导范式，已然主宰金融市场的各种成型工具，估值模型也是以此为基础形成的。然而我认为，当前流行的范式是错误的，亟待新的范式取而代之。"

3. 偏见与事实的相互作用才是市场的本质

这是索罗斯反身性理论的核心，其实就是我们熟知的存在与意识之间的作用与反作用基本哲学原理在市场中体现，也是笔者前面论述过的意识乖离规律，但索罗斯有自己的独特理解和分析。

"当事件中有能够思维的参与者时，认识就不再局限于事实，而且包括了参与者的感觉，所以，因果链不是直接从事实到事实，而是从事实到感觉和从感觉到事实。"

"存在认知缺陷的人类与真实的世界之间是相互作用、相互影响的。一方面，人类希望了解所生存的世界，我称之为认知功能。另一方面，人类企图影响世界并谋求生存状态的改善，我曾经称其为参与功能，但出于某种目的，我觉得在这里称其为操控功能更合适。两种功能如果可以彻底分开，就可以分别达到各自的理想效果：参与者的认识变为知识，其行动亦可达到预想目的。"

"当认知功能和操控功能同时运行时，二者之间就会相互影响。在经由认知功能产生知识的过程中，必须把各种社会现象看做彼此之间相互独立的，只有这样，现象才会被当做事实，观察者才会对事实做出相应的判断。类似地，决策也需要基于知识才能产生理想的结果。然而，当两种功能同时作用时，现象就不仅仅包括事实了，其中还含有对未来的目标和预期。过去发生的事实是唯一确定的，但未来如何，则要看参与者做出什么样的决定。因此，参与者无法把其决策建立在知识的基础上，原因在于他们不仅要考虑当前和过去，还要面对未来的不确定性因素。在社会环境中，对未来抱有的目标和预期会在参与者的思维和他所处的环境之间，建立一个双向的连接通道，而这对思维和环境都造成了不好的影响：既把不确定性糅入了事实过程，又使参与者的观点无法形成知识。"

"我把这种交互影响命名为'反身性'。参与者的观点和实际事态之间如果缺乏共性，那么自反情形就会出现。以股票市场为例，人们基于对未来股价的预期而买卖股票，但股价的涨跌却要看投资者有什么样的预期，且这种预期不能形成知识。在没有知识的情况下，参与者必须在其决策过程中引入主观判断或倾向性意见，其结果很可能与预期相左。"

"我们必须了解的第一件事，是参与者不能够把思考局限于事实，他们必须考虑包括自己在内的所有参与者的思想，这样就带来一种不确定的因素，因为参与者的思想不等于事实，却在塑造事实方面担任一种角色。参与者的认知和事情的实际状态之间几乎总是有差距，参与者的意愿和实际结果之间也总是有差别，这种差别是了解历史过程的关键，更是了解金融市场动力的关键。在我看来，误解和错误在人类事物上扮演的角色，和生物学中突变所扮演的角色等量齐观。这就是我的核心理念，这点当然有很多的影响，对别人来说可能不重要，对我却至关紧要，我的一切事情都是以此为根本，而且我注意到我对事件的看法，在很多方面和流行的看法大不相同。流行的看法说金融市场处在均衡状态，有时候当然会出现异常，因为市场并不是完美的，而是具有随机漫步的性质，通常会随其他的随机事件改变。这种看法是根据牛顿物理学而错误地类推出来的，我的看法截然不同，我认为歧异状态天生就潜藏在我们的不完全理解中，金融市场有个特性，就是参与者的认知和事情的实际状态之间有差别，有时这种差别可以忽略，有的时候，如果不考虑这点，就不能了解事件的过程。"

而且，索罗斯不仅认为偏见影响市场价格，而且可以影响实体经济。"我这本书（指《金融炼金术》）的观点总结起来说就是，参与者的价值判断通常是带有偏见的，并且这种盛行的偏见会影响市场价格。"但这不是他观点的全部，否则，就不值得他写整整一本书了，所以，需要进一步地追索下去，"在有些情况下，这些偏见不仅仅影响市场价格，而且影响所谓的股票基础……它不仅反映所谓的基础，它自身也成为基础，形成新价格。"

这段话的基本意思是，投资者或市场的偏见，不仅仅影响市场价格的变化，而且会导致基本面的变化。这是符合事实的，当投资者看好股票市场时，企业完全可能据此加大生产，反之，当投资者对股票市场失去信心时，企业也可能压缩生产。

4．市场失衡正是投资的机会所在

在投资者或参与者偏见的作用下，索罗斯认为"市场总是处于非均衡状态"，即认识与事实之间出现裂缝或不一致。在他看来，证券的价值不仅仅取决于人们对客观事实的反映，同时也受到认识偏见的很大影响，于是，这种客观事实与对其认识之间的差距，就创造出了有利可图的机会。有时候这种偏差很小，并且会相互接近，他称之为"近均衡"现象，索罗斯对此没有兴趣；有时候这种偏差很大，并且不会相互接近，他称之为"远均衡"现象，这正是索罗斯感兴趣的机会。但是，"远均衡"现象又有两种：一种是尽管认识和事实相差很远，但是状态是稳定的，即"静态不均衡"，这种状况仍然不是他关注的重点；另一种是状态不稳定，市场变化迅速，认识和事实的偏差越来越大，直至两者之间的差距大到非发生一场灾难不可，即"动态不均衡"，这正是索罗斯最为关注的。"动态不均衡"是市场偏见"自我强化"的结果，"自我强化"的发展，必然使投资者进入一种盲目狂乱或者"类兽性"的失控状态，从而导致市场价格的暴涨暴跌。市场越不稳定，就有越多的人被这种趋势影响；这种追随趋势投机的偏见越大，市场形势就越不稳定。最后，当达到一个临界点之后，局势失控、市场崩溃，相反方向的"自我强化"过程又会重新开始，这就是索罗斯所称的典型"盛—衰"现象或序列。

进而，索罗斯认为，市场参与者即投资者的任务不是要去设法纠正市场，而是要"走在市场曲线的前面"，超前掌握趋势，"在混乱中取胜"。所以，投资之道其实就是在不稳定状态上压注，在超越预期的事态上下注，在"盛—衰"是否已经开始上下注，甚至如果有可能的话，还应当设法主动去推动这种趋势的发展，这就是索罗斯的"大起大落"投资理论。

"反射性互动只偶尔出现，而反射性结构是永久性的。在你可能认为是正常的状况中，思考和实际状况的差异并不很大，而且通常有一些力量会把它们拉近一些。原因之一，是大家可以从经验中学习；原因之二，是大家实际上可以根据自己的愿望，改变和塑造社会状况。这就是我所谓的近均衡状态。但是，在某些状况下，大家的思想和事情的实际状态差距很大，又没有拉近的可能，我把这种情形称为远均衡状态。远均衡状态又分为两类：一种是动态不均衡，在这种情形下，流行的偏见和流行趋势彼此会互相加强，直到差距太大，造成灾难性的崩溃为止；另一种是静态不均衡，不过这种情形在金融市场中很少发现，特征是十分僵化的独断思考模式，以及十分僵化的社会状态，这两种情形都不会改变，教条和现实状况差距很大。事实上，在实际状况改变时，不管改变的速度多么缓慢，如果教条不做调整来适应这些改变的话，思想和实际状况的差异就越来越大。静态不均衡的情形可以持续非常久，举一个我们熟悉的例子，就像苏联的状况一样。相形之下，苏维埃制度的崩溃，就可以视为动态不均衡的例子。我们可以把动态和静态不均衡视为两个极端，两者之间的近乎均衡状态视为中道。我喜欢把事物的这三种状态比做自然界中水的三态：液态、固态或气态，事物的三种状态、性质很不相同，水在三态中的行为也很不一样。同样的道理适用在有思考能力的参与者身上，在我们认为"可能是正常"的状态下，我所谓的双向反射回馈机能很不重要，可以忽略；但在接近或到达远离均衡的状态时，反射变成很重要，我们会看到盛衰程序。"

"自我强化的过程随着时间的推移，最后一定会变得无法继续下去，因为思想和实际状况之间的鸿沟会变得太大，不然就是参与者的偏见变得太深。因此发展成具有历史重要意义的反射过程，通常会遵循一种开始自我强化但是最后会自我摧毁的形态，这就是我所说的盛衰程序。反射性互动如果在到达繁荣阶段前自我修正，就不会发展成具有历史意义的事件，但是这种情形和导致衰败的全面性繁荣相比，出现的情形少多了。"

而且，市场不平衡的盛衰变化，是有着明显的阶段性特征的，认识到这一点，可以帮助投资者更好地把握住难得的机会。"市场运行过程通常以尚未被人认识的趋势作为开始，当趋势广为人知后，这种认识通常会强化趋势，在这个最初的阶段，流行趋势和流行偏见会彼此强化，在这个阶段，我们还不能说是远离均衡的状态，只有过程逐渐开展时，才会发生这种状况。当趋势进入下一个阶段后，会变得逐渐依赖偏见，偏见也逐渐加大。在这段期间，偏见和趋势可能会反复受到外在震撼力量的考验，如果它们熬过考验，就会变得更为强大，一直到变成似乎无法动摇为止，我们可以把这一阶段叫做"加速期"。等到信念和实际状况之间的差距变得太大，使参与者的偏见受到极度重视时，就会出现一个高点，我们可以把这个高点叫做"考验期"，趋势可能靠着惯性继续维持，但是已不能再由信念强化，因而导致走向平缓的状态，我们把这个阶段叫做"曙光期"或"停滞期"。最后，由于趋势变得只能依赖日渐加深的偏见才能存在，一旦丧失信仰或信心，注定会促成趋势反转，趋势的反转就是临界点，同样，相反的趋势会在相反的方向催生一种新偏见，进而导致可以称为崩溃的灾难性加速反转状态。"

此外，由于市场上升和下降两种不同方向趋势的自我加强和自我崩溃的速度不同，导致了金融市场的繁荣和危机爆发总是不对称的。市场总是逐渐进入繁荣阶段并加速发展，而危机的爆发总是在非常短的时间内发生，并迅速造成大幅度的经济下滑，所以，索罗斯对下降趋势的兴趣更大，他的成功也主要靠这种做空操作模式。

其实，在利用市场错误赚钱这一点上，价值投资者与索罗斯是一样的，只是价值投资者仅仅把市场的错误当成买入的好时机，并不认为是市场错误本身帮他们赚钱，反而认为是市场正确的一面在帮他们赚钱，因此，他们除了承认投资者非理性的一面导致市场错误外，不再深究更深层的原因和复杂的运行机制。

5. 投资就必须接受错误

既然人的认识是不完整、不准确的，投资中犯错就是很正常的事，就必须敢于承认或接受这种错误，并尽快改正。

"人们认为我不会出错，这完全是一种误解。坦率地说，对任何事情，我和其他人犯同样多的错误。不过，我的超人之处在于我能认识自己的错误，这便是成功的秘密。我的洞察力关键是在于，认识到了人类思想内在的错误。"

"对于别人来说，犯错误是耻辱的来源，因而不愿承认错误。而对我来说，承认错误是件值得骄傲的事情。我能承认错误，也就会原谅别人犯错，这是我与他人和谐共事的基础。犯错误并没有什么好羞耻的，只有知错不改才是耻辱。"

正是因为这样，索罗斯认为他最成功、最得意的一役，并非沽空英镑战胜英格兰银行，而是当他沽空日元后，在1994年日元兑美元突破100:1时，及时发现自己判断错误并且果断出场。那次交易中索罗斯旗下的基金总共赔了5亿美元，要不是果断退出的话，量子基金很可能会在随后的数周之内全军覆灭。更进一步的是，索罗斯认为自己的反身性理论也并不总是正确的，他甚至认为在很多情况下，它是"苍白无力的，以致可以完全忽略不计"。他不愧为一个真正的思想型投资家，敢于否定自己的一切，这是其他任何人都做不到的。

◎ **索罗斯简评**

在某种程度上，索罗斯是一个十分全面而深刻的伟大人物，同时又是一个被广泛误解的人，但随着时间的推移，其价值和意义将会被越来越多的人所认识。

1. 思想理论家与伟大投资家的完美结合

与许多人仅仅把索罗斯当成一个成功的金融投资家不同，笔者认为他首先是一个出众的哲学思想家，然后才是一个伟大的投资家，正是因为他深刻独特的哲学思想，才使他在证券、金融投资上获得前所未有的成功，这不仅有助于投资者理解理论对投资的重要性，更是对哲学实用价值的一次有利证明。

由于哲学比较抽象，研究的都是一些深奥的大道理，所以，一般的人总是不理解或误解哲学，好像它与现实不沾边，也不能解决实际问题，没有什么用处，因而，哲学从它诞生那一天起，就受到没用的诘难。古希腊的泰勒斯，是西方思想史上第一个有记载有名字留下来的思想家即西方的科学和哲学之父，虽然他是一个奴隶主商人，却不好好经商，反而醉心于哲学探索，有一点钱就去旅行花掉了，以至于生活过得相当窘迫。而泰勒斯所在的米利都是一个商业城市，许多人过着优越的生活，因此，不少世俗的人时常嘲笑他，说他尽做些没用的事情，并怀疑他的能力，且以他的贫穷为例说明哲学毫无用处。泰勒斯则对这些人说："你们可以认为我没用，但要说知识没有，那就大错特错了。"没过多久，他就找了个反击的机会。有一年，由于天气不好，橄榄歉收，许多做橄榄油生意的商人都心灰意冷，但泰勒斯利用他所具备的气象学知识，经过仔细地观察和分析天象后，认定来年会风调雨顺，橄榄将大获丰收。于是，第二年开春后，泰勒斯不动声色地租下了米利都的全部榨油机，等到橄榄收获季节到来时，他靠高价出租榨油机便狠狠地赚了一笔钱。就这样，泰勒斯用自己的行动告诉人们：哲学家也能赚到钱，假如他们愿意的话，只不过他志不在此，更乐于追求知识、真理。

无论是古代的泰勒斯还是当代的索罗斯，都向世人证明了哲学的实用价值，不过，笔者想说的并不仅仅是哲学家也能赚钱，更重要的是，无论哲学还是其他理论，实用性是检验其好坏、真假的一个重要尺度，假如一个哲学家、理论家不能用自己的理论解决现实问题，那他理论的可靠性就值得怀疑，从这个角度看，实用主义是有道理的。可是，无论历史上还是现实社会，有太多真假难辨的理论和理论家，投资上也是如此，所以，笔者建议投资者不要用那些没有取得过成绩的投资理论和方法。

至于为什么说索罗斯首先是个哲学思想家，主要基于以下几点重要理由：

第一，索罗斯当初的人生志向就是做一个哲学家，而且深入学习和研究过既是著名哲学家又是自己导师的波普的思想；

第二，索罗斯的反身性理论来源于哲学于最基本的哲学问题，即存在与意识的关系，或者说反身性理论就是对证券市场存在与意识关系的研究成果，是最纯正的市场和投资哲学；

第三，索罗斯的《全球资本主义危机》、《开放社会：改革全球资本主义》、《索罗斯论全球化》等著作，主要探讨的是社会、经济、历史等哲学问题而不仅仅是投资，假如仅仅做一个纯粹的投资家，他没有必要写这些书，显然他是在建立自己的思想体系并加以传播；

第四，他致力于推动开放社会，这完全是哲学认识世界和改造世界的使命，与投资毫不相干，不少人把他的这种做法当成慈善行为，如果不是对索罗斯的误解，就是贬低了他，因为改造社会和慈善救济是不可同日而语的；

第五，他大胆揭露和批判社会的不合理之处，甚至说出这样的话，"我感到美国距其立国之本越来越远，是要停下的时候了。"十足的哲学思想家本色，这只有一个真正的思想家才能做到的；

第六，索罗斯自己都公开声明自己是哲学思想家，"当市场出现远离均衡状态时，我的投资收益颇丰，因为此时公认的一般均衡模式失效了。我在金融市场上取得的成功，在很大程度上受惠于我的哲学思想。"1987年，当索罗斯的《金融炼金术》出版后，曾遭到了主流思想（即某一群体所共同遵循的世界观和行为方式）的批判，称他为"失败的哲学家"。这只能说是批判者的狭隘，真正失败也许是他们自己，而不是索罗斯。

2．一个投资史上开创性的人物

索罗斯在形成自己独特的投资理论后，毫不犹豫地摒弃了传统的经济和投资理论，决定在风云变幻的金融市场上，用实践去检验他的投资理论，从而在某些方面开创了投资的新局面。

（1）他是第一个将哲学分析和自然科学研究方法运用到投资领域的人。这主要表现在两个方面：

其一，利用思维的力量站在自我超越的高度看待市场和自己，从而使自己的认识变得尽可能地客观，避免像许多人那样陷入对市场认识的偏见中，进而导致"不识庐山真面目"。索罗斯说，"我是个思考型的参与者，思考的意思是把自己放在所思考的事情之外，这样做对我或许比很多人容易，因为我有很抽象的心灵，而且我确实乐于从外面看事情，包括看我自己。"

其二，将哲学和科学上普遍运用的"假设—证伪"方法应用到投资中。传统投资过程的一般做法，是先调查研究市场、投资对象，在获得可靠数据和结论后再进行投资，但索罗斯不一样，他的通常做法是"先投资，后考察"。先假设一种发展趋势，然后投入一点资金牛刀小试，等待市场来证实假设是否正确，如果假设是正确和有效的，他会继续投入巨资，如果假设是错误的，他就毫不犹豫地撤销投资，尽量减少损失。

（2）套利交易。尽管套利交易不是索罗斯最先使用，但世界上套利交易做得最多最好的是索罗斯，这极大地普及了套利交易。

（3）杠杆交易。也就是采用保证金或借贷方式扩大投资规模。利用财务杠杆将自己的资金成倍放大，这是传统投资极为反对的风险行为，可索罗斯却有能力、有胆识这么做。比如，在1992年狙击英镑时，他调用了4亿英镑进行了25倍杠杆的豪赌。这种做法虽然不宜提倡，一般人也不应该模仿，但索罗斯的成功仍是值得敬佩的。

3．一个市场弊端的揭露者和利用者

依据索罗斯的哲学和投资理论，人类充满着假象，经济也一样，而索罗斯的人生经历和社会理想，又使他十分痛恨这种假象，这样，投资就成为其一方面揭穿假象、一方面获得盈利的双重工具。

"经济历史是由一幕幕的插曲构成，它们都奠基于谬误与谎言，而不是真理，这是赚大钱的途径，我们仅需要辨别前提为错误的趋势，然后顺势操作，并在它被拆穿以前提早脱身。"

"经济史是一部基于假象和谎言的连续剧，经济史的演绎从不基于真实的剧本，但它铺平了累积巨额财富的道路。做法就是认清其假象，投入其中，在假象被公众认识之前退出游戏。"

"为什么反身性这个概念没有被广为接受呢？就金融市场而言，我是知道答案的：反身性概念妨碍了经济学家的理论创造，妨碍了他们像自然科学家解释和预测自然现象那样去解释并预测金融市场的走势。经济学家为了使经济学成为一门科学并维持其地位，竭力把反身性概念清除出其学科体系。我觉得，既然社会活动的结构与自然现象根本不同，那么用牛顿物理学框架来建立经济学模型就是错误的。"

索罗斯领导的量子基金对英镑和亚洲金融进行狙击，就是他以上思想的集中体现。连索罗斯狙击英镑时的受害者英格兰银行，后来都完全承认当时的错误来自系统而非市场（即索罗斯），并邀请索罗斯成为担当该银行荣誉董事多年。可是，在封闭的国度里，政客官僚们会把面子和自身利益看得至关重要，并不真心关系大众利益和国家前途，所以，把伤害自己颜面和家族利益的人当成政敌！在1997年7月26日的东盟地区论坛会议上，马来西亚总理马哈蒂尔指责索罗斯暗中操纵货币投机活动，从而使东南亚国家的货币贬值，破坏这些国家的货币稳定，摧毁东南亚国家努力了三四十年所取得的经济成果，并呼吁将这种通过恶意摧毁一国经济来牟取暴利的行为定为一种国际罪行。面对这样的指责，索罗斯认为，他并不能摧毁一国经济，只有当这个国家的经济出现问题的时候，他才有机会乘虚而入，因此，真正应该为亚洲金融危机负责的并不是像他这样的投机者，而恰恰是亚洲各国的领导人。

就英镑狙击和亚洲金融危机而言，笔者完全同意索罗斯的观点，俗话说，苍蝇不叮无缝的蛋，许多政府是错误的、有害的，但他们总是认为政府一贯正确，当问题发生后，不仅不反思改正，反而将责任推给投机者或民众，这样的现象在中国更加普遍。虽说索罗斯称"经济史是一部基于假象和谎言的连续剧，经济史的演绎从不基于真实的剧本"是绝对化了，但至少有两点是可以肯定的：其一，人类历史确实充满了假象、谎言、欺骗，而且许多是统治者刻意制造的，目的是维护自己不合理的权益，这种状况即使在已经信息化的今天，依然普遍存在，所以，说历史半是真实、半是假象应该不会错；其二，人类就是在不断揭穿和纠正假象、谎言之中，才获得进步的。

4. 将市场商业逻辑和社会道德逻辑分别对待

"作为一个市场参与者，我关心的是市场价值，即追求利润的最大化；作为一个公民，我关心的是社会价值，即人类和平、思想自由和社会正义。"

"这要区分两个方面。在金融运作方面，说不上有道德还是无道德，这只是一种操作。金融市场是不属于道德范畴的，在这里道德根本不存在，因为它有自己的游戏规则。我是金融市场的参与者，我会按照已定的规则来玩这个游戏，我不会违反这些规则，所以我不觉得内疚或需要负责任。对于亚洲金融风暴，即使我不炒作，它照样会发生，我并不觉得炒外币、投机有什么不道德。另一方面，我很遵守运作规则，作为一个有道德和关心它们的人，我希望确保这些规则是有利于建立一个良好社会的，所以我主张改变某些规则，即使改进和改良影响到我自己的利益，我也会支持它，因为需要改良的这个规则也许正是事件发生的原因。"

这是索罗斯理论的必然结论，笔者认为是完全正确的，相反，许多投资者带着强烈的道德或正义感参与证券投资，是不可取的，一方面，以个人之力，无助于纠正市场的错误或不理性，另一方面，个人的财产可能遭到巨大损失，笔者就犯过这样的错误。但是，索罗斯这一观点只限于证券市场才能成立，若推广到所有经济和社会领域的话，那就非常错误的了。由于证券市场主要影响的是财富再分配，因此，有人盈利，就必然有人亏损甚至倾家荡产，而且，盈亏的结果都直接由投资者承担，但只要按规则操作，就不存在道德不道德的问题，投资者也不能用笼统的道德标准来决定自己的投资，只能利用规则来盈利和保护自己。当然，证券市场的运行和投资，肯定会产生社会和道德问题，但根源和责任不在投资者，而在于规则的制定者和市场的管理者，投资者最多是提提合理化建议，并没有承担遵守规则之外的道德责任或义务，这一点类似于战争与人道的关系。

5. 无招胜有招的高超境界

索罗斯在谈到自己的投资风格时，是这样回答的：

"我的特点就是没有特别的投资风格，说得正确一点，就是我设法改变我的风格去配合各种状况。回顾量子基金的历史，你就会发现这个基金变换过很多特征：在头十年里，量子基金几乎从来没有应用过宏观投资工具；然后，宏观投资变成主流；但是，近来我们开始在工业资产上投资。我愿意用下面这个说法来说明：我不是根据一定的规则来操作，我寻找游戏规则里的变化。"

"因为我这么有批判性，别人经常认为我是反市场派，但是，我对于逆势而行非常谨慎，我可能惨遭趋势踩踏。根据我的趋势理论，趋势最初会自我强化，最后会自我毁灭，因此，在大多数情况下，趋势是你的朋友，只有在趋势变化的转折点上，趋势追随者会受到伤害。大部分时间我都是趋势追随者，但是，我随时都警觉自己是群众的一分子，一直在注意转折点。凡俗之见认定市场始终是正确的，我的看法正好相反，我假设市场总是错误的，即使我的假设偶尔出错，我还是用它作为操作的假设。这并不是说大家应该总是逆势而行，正好相反，大部分的时间里，趋势会占优势，只是偶尔会自行修正错误，只有在这种状况下，大家才应该违反趋势。这种思考方式引导我寻找每一种投资理论的缺陷，我知道缺陷是什么时，我的戒心才会得到满足，这样不会让我抛弃这个命题，反而让我能以更强的信心去运作，因为我知道有什么地方不对，而市场并不知道。"

索罗斯不仅这么说，而且完全就是这么做的，正因为他已经达到万法归宗、无招胜有招投资的最高境界，所以，才能取得超过历史上所有人的投资业绩。本书的书名就是来自索罗斯的这种境界，也是指他达到这种境界：他发现和捕捉市场机会的能力，他对投资安全的高度警觉性和敏感性，都是天才般地出众的，而这正是投资方法中两个最要害的问题，只要达到了他这一步，成功就像水到渠成、瓜熟蒂落一样自然或必然。

5．一个灵魂冲突的人

索罗斯在投资上是彻底的现实主义者，但在社会思想上又是一个少见的理想主义者，甚至有着浓重的乌托邦色彩，这源于他特殊的经历所形成的心灵冲突或分裂。这样，导致他具有特别突出而强烈的双重性格和思维，并用一种极端矛盾的方式来解决这种冲突，那就是先挣钱，然后再把钱送给别人，把自己变成一个巨大的消化管道，"从一端吸入金钱，再从另一端将它们吐出来"。

这种双重性使得索罗斯在一个领域完全不同于另一个领

域；在投资上，他只遵守市场规则，并利用规则中的各种漏洞发起攻击，而不考虑市场之外的社会后果，因为他认为市场本身就没有道德可言，尽是假象和偏见；在社会上，他认为要打交道的就不再是市场而是人，是一个"道德的"世界，因此要有道德原则和政治原则，不能让利润动机主导政治领域，所以，他通过设立基金会，促进开放社会，有着高尚的博爱情怀。再者，索罗斯的双重性既有尖锐的反差性戏剧特色，又有着深刻的矛盾哲学思想，他不仅把商业活动和个人社会活动严格区分开来（虽然他也承认，这样其实不可能），而且他努力把两方面都做到极致、极端，从而使自己成为一个经典的矛盾体：他有多博爱，他在生意场上就有多残酷；他对实现人类开放社会、减少非正常状态的希望有多强烈，他在金融市场上对非正常状态的利用和操控就有多毒辣。

索罗斯的这种矛盾性、双重性，使很多人不能理解，而笔者以为，它正是索罗斯用以证明自己是一个哲学思想家的独特方式，也是他用自己独特的人生和形象写就的最好的哲学著作，并告诉世人，什么是哲学，矛盾冲突又浑然天成的索罗斯，就代表着哲学、代表着人类、代表着社会，当然也代表着市场。

第四节 其他相关投资理论

Section4

◎ 组合投资理论

投资组合理论是到了近现代之后，由美国一批数量经济学家利用数学工具得出的一整套系统而复杂的投资方法。1952年3月，美国经济学哈里·马考维茨发表了《证券组合选择》的论文，这是现代证券组合管理理论的开端，马考维茨对风险和收益进行了量化，建立起均值方差矩阵模型，作为确定最佳资产组合的基本方法，并因此获得诺贝尔经济学奖。1963年，威廉·夏普提出了更加简化的方差矩阵单因素模型，之后，夏普、林特和莫森分别于1964、1965和1966年提出了资本资产定价模型CAPM，1976年，针对CAPM模型所存在的不可检验性缺陷，罗斯又提出了一种替代性的资本资产定价模型，即APT模型。

由于现代投资组合理论过于数学化，笔者并不能完全理解，没有足够高等数学基础的投资者也是无法理解的，故无法对其内容作较为准确的概括性介绍。但其理论的核心大致是为了解决基金投资中的如下两个问题：一是寻求投资品种的最优搭配，该理论认为投资风险与投资品种中的资产收益率相关，所以，在一定条件下，存在一组使得整体风险最小的投资组合；二是寻求投资组合的最优规模，基金规模并不是越大越好，虽然随着组合中的资产品种的增加，组合的风险会下降，但是投资组合的管理成本也会随之提高，因此，当组合中的资产品种达到一定数量后，风险就无法继续下降了，规模也就不能再扩大了。

不过，要说明一点的是，组合投资方法并不是现代才有的，在格雷厄姆和凯恩斯的投资实践中，都涉及了投资组合问题，只不过没有做更专门的研究，而是与其整个投资理论合并在一起的。此外，通过经验总结，早就形成了关于组合投资的传统思想，"不要把所有的鸡蛋都放在一个篮子里"这句大家熟悉的投资格言，就是这种传统组合思想形象化的表达，只是没有做深入的理论研究和严格的定义，现代投资组合理论则改变了这一状况。

优化组合是人类普遍遵循的规则之一，因为任何群体性活动或集合性事物都存在着一个合理搭配问题，投资也不例外，对大规模的机构资金来说更是如此。所以，组合投资本身是正确的，问题不在于要不要组合投资，而在于如何更好地确定组合的内容，或者说用什么方法确定最佳组合，如果胡乱组合或组合方法不合理，那么，投资组合就会变成乱点鸳鸯谱。像传统的"不要把所有的鸡蛋都放在一个篮子里"的组合格言，只是说出了问题的一个方面，如每个篮子有什么不同、各自的安全性差异何在等许多问题并没有说清楚，因此，盲目地分散不见得比集中更好，这已经被事实所证明。

虽然笔者不能完全明白现代组合投资理论，但其中存在的缺陷却是很明显的。

其一，该理论中对未来收益和风险的评估，所依据的都是过去的价格和财务数据，而现在与未来并没有必然的逻辑关系，因此，利用数学模型计算未来的数值不见得比其他方法更可靠，这与技术分析面临的困境是一样的，并不因为用了高深的数学就能把问题解决。市场和投资本质上属于预测和决策范畴，和其他任何领域的预测和决策一样，数学往往不是最好或最有效的方法，它对决策有一定帮助，但不能代替决策本身，许多优秀的决策者并不懂高深的数学，同样，优秀的数学家并不一定就能作出优秀的决策，否则，社会主要领域的数一数二人物必定是数学家。

其二，现代投资组合理论完全是一群学者的学术性研究成果，带有很大的学院派气息，这样的研究和理论往往与实践脱节，其所谓科学难免徒有其表，至少到现在还没看出其取得过什么大成就。科学的形式和科学本身不是一回事，许多具有科学外衣或形式的所谓知识、理论、学科、著作实际上是伪科学，就像许多道德家、政治家是伪君子一样。一种东西一旦流行起来或有利可图，就会伴随着一大堆投机分子或盲目模仿者，科学也不例外，由于科学一直是近现代社会的主流信念，所以，科学领域中的假知识、无用的理论、伪科学以及相关的所谓专家、学者、教授，不会比政治领域中装腔作势的官僚少，正如科学哲学家费耶阿本德所说，"在他们的领域里，其至连最愚蠢的方法和最可笑的结果也被蒙上了神圣的光圈"，巴菲特的研究者劳伦斯·坎宁安也指出，"巴菲特在许多方面都和30年来大学课堂上的讲授以及华尔街的实践相矛盾"，与组合投资理论家的观点相左，巴菲特不仅公开否定高等数学在投资上的价值或作用，并认为持有几种有价证券所冒的风险要比持有许多种有价证券的风险小："集中持有价证券会降低风险，因为这会提高投资者在投资前对某家公司的研究深度。"巴菲特是伟大的投资家，而组合投资理论似乎还没有获得成功实践的支持和证明，投资者对此还是存疑为好，不要盲目相信，更不要被科学的外表迷惑。

其三，组合投资理论即使是正确的，也主要适用于大型基金，作为中小散户来说，实用价值不大，有限的资金也完全用不着那么复杂的组合，不如集中投资一两个自己深入了解的股票为好。

◎ 亚当理论

亚当理论是由美国人威尔德所创立的。威尔德于1978年发明了著名的相对强弱指数RSI，还发明了其他分析工具如PAR、抛物线、动量线（MOM）、摇摆指数等指标，这些分析工具曾经大行其道，受到不少投资者的欢迎，即使在今天的证券投资技术分析中，RSI仍然是非常有名的分析工具。但随着自己投资实践和对市场认识的不断深入，威尔德后来完全推翻了这些他自己发明的分析工具，重新创立更著名的"亚当理论"。

亚当理论严格地说不是理论，因为亚当理论的本意就是要反对任何投资理论和市场分析预测，他认为市场是根本不可能预测的，任何预测方法都会失败，如果有方法能够准确预测市场的话，那发财就太容易了。所以，威尔德认为投资不需要预测，不要做分析，顺势而为是唯一正确的方法或投资原则，至于如何判断趋势，用眼睛直接观察即可，这就是亚当理论基本的含义。

为做到顺势而为，获得投资的成功，威尔德认为关键是要建立一套顺应趋势的交易规则，为此，他提出亚当理论的以下十项著名交易规则或守则。

（1）在入市之前，一定要认清该市场的趋势是上升还是下跌，否则绝不交易。

（2）入市交易时，应在落盘时立即订下止损价位。

（3）止损位一到就要坚决执行，不可以随意更改或调低止损位。

（4）入市看错，立即退场，不宜一错再错。留得青山在，不怕没柴烧。

（5）亏损的仓位绝不要加码或摊平，否则可能越亏越多。

（6）任何一次交易，都不能让亏损超过仓位本金的10%，一旦亏损达到10%就坚决斩仓，重新开始。

（7）不可逆势操作，就像不能挡在列车前面一样。

（8）不要预测市场的顶部和底部，让市场自己走出来。

（9）保持弹性、灵活性，不可固执、僵化。每一种分析方法都会出错，做对的次数愈多就愈容易出错。

（10）操作不顺时，不妨缩手休息。

（注：以上十项守则并非完全是作者原话，笔者在遵守原意的基础上有所归纳调整。）

总的来说，亚当理论对投资者有重大的指导意义，其提出的十大守则更是切中了投资的许多要害问题。不过，威尔德认为市场或价格不可预测显然是过于绝对化了，市场是可测与不可测的辩证统一，虽然具体走势确实是不可预测的，但不少宏观特性还是可以预测的，如大的趋势、大的周期、个股价值区间等。不过，即使是这些可以预测的内容，也是抽象的部分，而且需要相当高的能力和水平，假如投资者不具备这样的能力，预测就可能大错特错，进而造成主观臆想和重大投资损失，因此，就这个意义来说，还不如不预测的好。

◎ 随机漫步理论

美国普林斯顿经济学教授同时也是投资家的马尔基尔写了一本名著《漫步华尔街》，并于1973年出版，先后8次修订再版，畅销至今，且被定为美国大学MBA投资学课程的指定参考书，随机漫步理论也就从此而来。

所谓随机漫步或随机游走，是指依据市场过去的表现，无法预测其未来的发展步骤和方向，用马尔基尔的话来说，"'随机漫步'是指利用过去的表现，无法预测将来的发展方向以及具体的变动情况。在股市上，'随机漫步'是指股市价格短期内变化的不可预知性。对此，投资咨询服务、收益回报预测、复杂的图表模型所作的努力都是无济于事的。"应该说，马尔基尔的这个观点是十分正确的，因此，无论是技术分析还是价值分析，他都认为是无效的，对此，笔者只能部分地赞同，因为这两种方法都有合理性的内涵，只是都不全面而已，但不能彻底否定。

马尔基尔之所以认为市场是随机漫步的，其主要的理论依据是市场有效论，即一种类似于道氏理论中价格反映了一切的资本市场运行学说，在此基础上，为了证明随机漫步理论的真实性，马尔基尔又提出了三个著名的论证：①用美国标准普尔指数中的股票作长期研究，发觉在某个时期内，股票暴涨和暴跌100%以上的是极少数，它们处于市场的两个极端位置，而大部分的股票升跌都在10%—30%之间不等，遵循数学上的正态分布规律，所以，股价并无统一趋势，买股票就看个人的运气了，买中的股票是涨还是跌，机会是均等的；②有一个这样的试验，一个美国参议员，用飞镖去掷一份财经报纸，并从飞镖击中的股票中拣出20只作为投资组合，结果这个很随机的投资组合，竟然和股市整体表现相若，更不逊色于专家们建议的投资组合，甚至比某些专家的建议更表现出色；③亦有人研究过单位基金的成绩，发觉今年成绩好的，明年可能表现得最差，一些往年令人失望的基金，今年却可能脱颖而出，成为升幅榜首，总之，也是无迹可寻。

既然市场没有规律，不可预测，无论技术分析还是价值分析都不可取，那又该如何投资呢？于是，马尔基尔给出的结论是采用成本平均法或固定成本法，它的核心内容是：在相当长的时期内，用固定不变的资金以固定的时间之隔（比如每月或每季）购买投资品种，由于固定数额的钱在股价处于低位时能多买，在股价处于高位时只能少买，所以，能有效地降低股票的投资成本和风险，并可以在股市的长期趋势中获利。这种方法实际就是要投资者购买指数基金，因为依据有效市场理论，无论投资者的策略有多么明智，从长期来看，也不可能获得超过一般水准的回报，而只要普通投资者采取"购买并持有"的战略，投资指数基金就可以获得安全、稳定的平均市场回报，并轻而易举地击败大多数投资机构。这一观点，基本上已获得了投资界的公认，连巴菲特都承认，"大多数投资者若要取得一份满意的回报，他们就应该去投资指数基金"，至于本身就是基金经理的林奇，自然更不例外。

随机漫步理论关于市场及预测问题的看法，与亚当理论是一样的，但开出的药方却完全不一样，两相比较，笔者更欣赏随机漫步理论的处方。此外，随机漫步尽管认为市场的短期走势无法预测，但却认同市场存在着长期向上的大趋势即凯恩斯长期友好理论，否则，若是短期、中期、长期都杂乱无章以至于完全无法做任何尺度的预测至少是评估的话，投资也就没有必要了。

不过，随机漫步理论提出指数基金投资法的理由，却漏掉了非常重要的一点，即普遍投资者和优秀投资者的差异。由于普遍投资者存在着能力、时间、精力、经验等诸多局限性，因此，在不确定的市场，如果完全像个体户那样自主投资的话，胜算很小，不如投资指数基金更可取。但对于优秀的投资者来说，投资指数基金未必是最佳的选择，否则巴菲特、索罗斯就不可能出现和存在了，所以，随机漫步理论在考虑市场普遍状况和投资者平均水平的同时，忽略了市场还存在着少部分超出平均水平的优秀投资者，而笔者认为，投资者在选择投资方式时，除要考虑市场的普遍规律或特性外，更关键的是看自己是属于平均的多数还是优秀的少数。

　　关于趋势投资的理论和方法，除了前面介绍的内容外，其他还有不少，但因为不流行或使用者有限，就不介绍评析了。至于均线、k线、指标等完全属于技术分析范围的方法，笔者在《市场乾坤》、《图表智慧》等书籍中，已经有了较充分的论述，这里就省略了。

第五章

Chapter5

价值分析投资法的演进

第一节 费雪成长股理论

Section1

◎ **基本身世**

　　菲利普·费雪1907年生于旧金山，父母均是各自家中众多儿女中排行最小的，父亲是个医生。由于费雪与祖母特别亲近，在上小学时，有一天下课后去看望祖母，恰好自己的伯父正与祖母谈论未来工商业的景气状况，以及股票可能受到的影响，虽然两人只讨论了10分钟，但费雪却听得津津有味，他的股票及投资启蒙就是从此开始的，费雪曾说："一个全新的世界展开在我眼前。"

　　不久，小小年纪的费雪就开始买卖股票。上世纪20年代是美国股市狂热的时期，费雪尽管年龄不大，但也赚到了一点钱，可是，他父亲对其买卖股票的事情很不高兴，认为这只是赌博。

　　1928年，费雪毕业于斯坦福大学商学院，这时，旧金山国安盎格国民银行正好到商学研究所要招聘一名主修投资的研究生，费雪争取到这个机会，受聘于该银行当了一名证券统计员（即后来的证券分析师），开始了他的职业投资生涯。

　　1929年，美国股市仍然涨个不停，但费雪在评估美国基本产业的前景时，发现许多产业出现供需问题，前景很不稳定。于是，在1929年8月，他向银行高级主管提交一份分析报告，并认为"25年来最严重的大空头市场将展开"，这是令人惊叹的准确预测，与当时许多大师、专家都判断错误相比，不能不说费雪独具慧眼，可惜，费雪看空却做多。他说："我免不了被股市的魅力所惑，于是，我到处寻找一些还算便宜的股票，以及值得投资的对象，因为它们还没涨到位。"这样，他仍然投入几千美元到3只股票中。这3只股票的市盈率都较低，一家是火车头公司，一家是广告看板公司，另一家是出租汽车公司。可以想象，随着世界性巨大经济危机的到来，言行不一致的费雪必然招致失败的命运，到1932年，他损失惨重，这恐怕是年轻所要付出的必然代价，他的准确预测也不能帮他避免这一点。

1930年1月，费雪就在单位当上了部门主管，但不久被一家经纪公司高薪挖走。这家经纪公司给予他相当大的自由，他可以自由选取股票进行分析，然后将报告分发给公司的营业员参考，以帮助他们推广业务。费雪又一次遇到了不幸，仅干了8个月，经纪公司就在股市崩溃中倒闭了。之后，费雪又找了个文书作业员干了一段时间，这是经济衰退时期他唯一能找到的工作，但他觉得"很没意思"，要开创自己事业的愿望非常强烈了。费雪所向往的事业是管理客户的投资事务即投资顾问，通过向客户收取费用获得稳定收入。

1931年3月1日，费雪终于开始了投资顾问的生涯，他创立费雪投资管理咨询公司。公司开办之初非常简陋，办公室空间很小，只能容下一张桌子和两张椅子，并且没有窗户。费雪创业后第一只成功投资的股票是"食品机械公司"：他深入了解公司的经营管理状况，包括企业的经营能力、未来发展潜力以及公司经营层的素质，由于该股在股市大崩溃前上市，经过股灾暴跌后，股价极低，所以，费雪最终决定投资，并在1932—1934年间大量买进，之后几年，这家小公司为费雪带来了丰厚的利润。

到1935年，费雪已经拥有一批非常忠诚的客户，收入也比较可观，费雪的事业逐步顺利发展。可珍珠港事件的爆发，迫使美国投入第二次世界大战，费雪也因此在1942—1946年服役了3年半，在服役期间，费雪依然思考着如何壮大自己的事业。战前，费雪的投资管理咨询公司主要服务大众，不管客户的资金量大小；战后，他打算只服务于一小群大户，这样可以集中精力选取高成长的股票向客户推荐。"二战"服役结束后不久，费雪的投资顾问事业又重新开张。慢慢地，费雪的投资经验越来越丰富，并逐渐成长为一代投资大师。

1954—1969年，是费雪最飞黄腾达的15年，不仅他所投资的股票升幅远远超越指数，还先后撰写出版了《非常潜力股》和《怎样选择成长股》两本书，使其与格雷厄姆一样，成为价值投资的先驱，而其首创的成长股投资理论和方法，甚至可以说比格雷厄姆比较初级的安全边际价值投资理论影响更大和更持久。

1961年费雪受聘于斯坦福大学商学研究所，教授高级投资课程，直到1999年接近92岁才退休。2004年3月，一代投资大师与世长辞，享年96岁。

费雪一生有两个最经典的投资案例：一是1955年买进的德州仪器，到1962年升了14倍，后来，虽有过暴跌，但最后在1962年的高点之上又升了一倍以上，也就是说，比1955年的价格高出30倍；二是60年代中后期投资的摩托罗拉，费雪持有21年，股价上升了19倍。

◎ **主要内容**

费雪的投资理论集中起来，可以概括为两部分，一是如何发现成长股，二是如何投资成长股。

1．如何判断或发现成长股

对于什么是成长股，费雪并没有像一般人的文章那样给出明确定义，他主要通过描述成长股的基本特征来让投资者认识成长股，那就是他提出的判断成长股的15个著名要点。由于这15个要点之间有重复或同类项并列的内容，加之当时某些概念或表述与今天不完全相同，所以，他的15个要点给人有些乱的感觉，故笔者将这15个要点，以较为现代的语言再归纳为10点。

（1）公司产品或服务的市场竞争力、生命力或未来盈利潜力如何？能否至少几年内保持营业额大幅增长？这是成长的基本保证。

（2）公司研发状况如何？包括新产品、新技术的研发计划、研发投资的比例、研发的效率效果等，管理层是否决心开发新产品或流程？这是保持发展后劲的关键。

（3）公司的营销网络、手段是否完善、先进？

（4）公司的销售利润率高不高？

（5）公司的人际关系是否和谐？包括劳资关系和高层管理人员之间的关系，这是企业能否稳定和形成发展合力的关键。

（6）企业的日常管理和基本制度是否完善或规范？如成本分析和会计记录状况，有没有管理死角？

（7）公司在行业之中是否有独特的竞争优势？如专利等。

（8）公司有没有短期和中长期规划，以及如何平衡短期利益和长期利益之间的矛盾的？

（9）企业未来有没有新的扩股计划，会不会影响到目前股东的收益？

（10）公司尤其是管理层的诚信状况或公信度如何？

在运用15个分析要点时，费雪十分强调闲聊的价值，一则因为在与相关知情人员闲聊中得到的某些信息，可能比公开的报表、数据更有价值，二者是因为绝大多数投资者，并不像专业人士那样有足够的研究能力。

2．如何投资成长股

就如何投资成长股，费雪做了很多论述，虽然有些属于老生常谈，但不少属于费雪特有的见解，笔者将这些独特的地方集中归纳为如下五点。

（1）投资目标应该是一家成长公司，公司应当有按部就班的计划，以使盈利长期大幅成长，且内在特质很难让新加入者分享其高成长。这是费雪投资方法的重点。

（2）长期耐心持有即抱牢优选出来的成长股，绝对不要因为股价短期波动，就卖出最具魅力的持股。"一旦一只股票被审慎地挑选出来，而且经历了时间的考验，就很难找到理由去卖它。"只有在三种情况下，才可以卖出股票：一是发现买错了股票；二是所买入股票的公司基本情况发生了变化，已经不能再持续成长；三是发现更好的股票或投资机会。

（3）集中投资。费雪在强调集中投资时，不限于他自己提倡的成长股，而且包括那些价格低于价值的失宠公司的股票，这一点与格雷厄姆有相近之处。费雪不太赞成分散投资，可也不像巴菲特那样认为散户持股不要超过6个，它认为10个左右比较可取。

（4）追求资本大幅成长的投资者，应淡化股利的重要性。费雪认为，在利润高但股利低或根本不发股利的公司中，最有可能找到十分理想的投资对象即成长型的公司，因为它们总是将大部分盈利投入到新的业务扩张中去。反之，在分红比例占盈余百分率很高的公司中，要找到理想投资对象的几率小得多，多数分红高的公司，是因为业务扩张有难度，才将盈利的大部分用来分红，不过，这是指现金分红，若以送股形式分红则应该鼓励。

（5）提倡保守型投资。费雪的保守型投资是个十分宽泛的概念，既包括价格低、收益稳定可靠、不怕短期的价格下跌等常规含义，更有必须选择好公司才能投资的含义。

此外，费雪还给投资者提出了投资成长股的十点告诫和自己一生的八点投资心得：

（1）不要买处于创业阶段的公司股票；

（2）不要因为一只好股票在店头市场交易，就弃之不顾；

（3）不要担心在战争阴影笼罩下买进股票；

（4）不要过度强调分散投资；

（5）不要因为你喜欢某公司年报的格调就去买该公司的股票；

（6）不要以为一公司的市盈率高，便表示未来的盈余成长已大致反映在价格上；

（7）买入好股票时不要锱铢必较；

（8）买进真正的成长股时，除了考虑价格外，不要忘了时机因素；

（9）不要受无关紧要事务的影响；

（10）不要随波逐流。

◎ **简要评析**

1．费雪的贡献和价值

（1）注重企业发展趋势即成长性的投资价值；

（2）突出个股或企业定性分析的重要性；

（3）突出长期投资的意义。

费雪是关注企业价值持续增长的先驱，更加重视价值的定性分析，他的成长价值观极大丰富了股票价值的内涵，拓展了价值投资的空间，使其投资方法成为格雷厄姆之后价值投资的主流模式，就这一点而言，费雪在价值投资历史上的地位是要大于格雷厄姆的。此外，费雪的成长价值投资理论，要比格雷厄姆单纯建立在财务分析基础上的安全边际价值投资理论，有着更深刻的哲学基础，那就是少与多的辩证法及时间的复利价值，尽管这两点费雪并没有专门论述，却牢牢扎根在他的思维深处。

2．费雪理论的不足

单就费雪的成长价值投资理论和方法而言，并没有什么大的不足，要说有的话，也是价值投资的通病，那就是忽略了指数大趋势对投资或个股的影响。

第二节 巴菲特、林奇的价值投资

Section 2

◎ **巴菲特简介**

任何伟人的成长，都能从其青少年时代找到根基或基因。索罗斯的童年，给了他一生巨大的影响，巴菲特也是如此，只不过影响的内容和方式不同罢了。

1930年8月30日，沃伦·巴菲特出生于美国内布拉斯加州的奥马哈市，祖上是法国移民，在美国主要经营杂货店，属于小业主，但家庭比较贫寒，是十足的平民阶层。在巴菲特出生时，他的父亲并没有继承祖业，做的是股票经纪业务，同时也经营着一家饲料公司，1942年曾被共和党人选为国会会员。

由于家境贫寒，巴菲特早早就懂得金钱和赚钱对人生的意义，而小商人的家世又使得他小小年纪就有了商业头脑。还在5岁那年，巴菲特就在自家门外的过道上摆了个小摊，向过往的行人兜售口香糖，后来他又改卖柠檬汁，这次却不是在自家门前，而是换到了地段更加繁华的拉塞尔家门口。当巴菲特6岁时，全家人破天荒地去水湖度了一次假，临行前，巴菲特用25美分购进了6听可乐带在身上，度假时他绕着湖边到处找人以5美分一听出售，最后成功地把6听可乐都卖了，挣到了5美分。巴菲特7岁时，因发了一场奇怪的高烧住进了医院，身体十分虚弱，不过，只要他一个人待着的时候，就会拿起一支铅笔在纸上写下很多数字，于是，护士问他这些数字代表什么意思，他就说这些数字代表着自己未来的财富，并带着一脸憧憬的神情说道："虽然现在我没什么钱，但是总有一天我会变得很富有，我也会成为报纸上的焦点人物。"稍大之后，他带领小伙伴到球场捡富豪用过的高尔夫球，然后转手倒卖，生意颇为红火。上中学时，除利用课余时间做报童外，他还与伙伴合伙将弹子球游戏机出租给理发店老板们，挣取外快。从少年时代开始，想方设法地赚钱，就一直伴随着巴菲特的成长，并创造了很多的赚钱方法，正是这种长期不懈、坚韧不屈的努力和强烈欲望，造就了日后伟大的投资家。

巴菲特从小就有数学和股票天赋，而且特别喜欢。在小时候，巴菲特去到朋友鲍勃·拉塞尔家玩，两人就坐在拉塞尔家的门廊前，一边观看门前的车水马龙，一边记下过往车辆的车牌号码。天黑之后，这两个孩子就会跑回家中，或者摊开《奥马哈世界先驱报》，计算其中的数字，或者拿出一本年鉴，拉塞尔先念出一些城市的名字，巴菲特则报出这个城市的人口有多少。

巴菲特8岁的时候，就开始阅读有关股票市场方面的书籍了；10岁时，他开始在他父亲的经纪人业务办公室里，做些张贴证券价格、填写股票和债券文件等工作，还帮父亲绘制股市涨跌表；1942年4月，11岁的巴菲特第一次小规模地购买股票，还说服他的姐姐多丽丝和他一起投资：他用自己所有的积蓄，以每股38美元的价格，购买了3股当时热门的"城市服务公司"股票，当股票上涨之后，他以每股40美元的价格抛出，扣除佣金他赚了5美元。随着年龄的增长，他对股票市场的痴迷有增无减，开始绘制股票价格的走势图表，"我对与数字和金钱相关的任何事情都非常感兴趣"，后来，巴菲特把股票价格走势图和所有偏离公司基本分析的东西，都叫做"小鸡走路的痕迹"。

1947年，巴菲特进入宾夕法尼亚大学攻读财务和商业管理，但他觉得教授们的空头理论不过瘾，于是，两年后转学到内布拉斯加大学林肯分校，一年内获得了经济学士学位。

1950年夏天，19岁的巴菲特从内布拉斯加大学毕业了，他乘火车前往芝加哥，向哈佛商学院申请就读，学校的一个男士接见了他，当两个人的会面结束后，他就知道进入哈佛大学的梦想破灭了。巴菲特后来说，当时哈佛代表对他的印象是"19

岁，由于身材消瘦，看起来像只有16岁的样子，相当于一个12岁少年的体重"。

被哈佛大学拒之门外，给巴菲特带来了很大的痛苦，但后来的事实证明，这对他来讲也未尝不是一件好事，因为他很快就意识到，证券投资的权威教授在哥伦比亚大学。于是，巴菲特就向哥伦比亚商学院提出申请，并且很快就收到了接受他入学的通知，得以师从价值投资之父格雷厄姆。1951年，当21岁的巴菲特学成毕业的时候，他获得最高分A＋，这是格雷厄姆在哥伦比亚执教22年来唯一给过的A＋。

尽管读完了格雷厄姆讲授的课程，但巴菲特还希望跟老师进一步在实践中学习锻炼。因此，毕业前夕，巴菲特提出无偿为格雷厄姆—纽曼公司工作，但格雷厄姆竟然没有同意，他的理由是希望将公司的工作机会更多地留给犹太人，那时的犹太人还被华尔街的公司拒之门外。此事对巴菲特打击很大，但未必不是老师的良苦用心，事实证明确实是这样，因为约三年后即1954年，格雷厄姆还是给巴菲特打去电话，邀请巴菲特进入了格雷厄姆—纽曼公司工作，直到1956年公司解散。

被格雷厄姆拒绝进入格雷厄姆—纽曼公司后，巴菲特还是想在华尔街找一份工作，但无论是父亲还是导师都不赞同，可是又找不到其他适合自己的工作，所以，巴菲特最终回到了自己的家乡，进入了父亲开办的巴菲特·福尔克证券经纪公司，从事投资经纪人即推销工作。在这段时间里，巴菲特取得的最大进展不是在投资上，而是发现自己表达能力不足，于是，参加了戴尔·卡内基的公开课，通过学习和锻炼，他学到了在大庭广众之中谈吐自如的本领，从而极大地提高了自信心，并足以在内布拉斯加州大学一个夜校里讲授《投资原理》，所教学生的平均年龄是自己的两倍多，这种表达能力对他日后的投资至关重要。

在父亲的证券经纪公司做了三年经纪人之后，巴菲特还是得到了在格雷厄姆—纽曼公司工作的机会，前后约两年时间，在导师的言传身教下，巴菲特完全学到了价值投资的真谛，投资业绩大大改善，个人财富也从9800美元激增到14万美元。1956年，格雷厄姆退休后，解散了格雷厄姆—纽曼投资公司，巴菲特则带着他14万美元的个人资本，再次重返家乡奥马哈，年少气盛的巴菲特决心自己一试身手。有一次，他在父亲的一个朋友家里突然语惊四座，宣布自己要在30岁以前成为百万富翁，"如果实现不了这个目标，我就从奥马哈最高的建筑物上跳下去。"不久，他用自己的钱和别人合伙，先后开办了好几家合伙公司，其中一家就叫"巴菲特有限公司"。

尽管几家合伙公司的业务有所不同，但巴菲特专注的只有一件事，那就是寻找低于其内在价值的廉价股票，然后将其买进，等待价格攀升，这正是格雷厄姆教给他的秘诀。这些远远低于公司资产的股票，果然为他带来丰厚的利润，使其更加坚信格雷厄姆的价值投资。1957年，巴菲特掌管的资金已经达到30万美元，年末更升至50万美元。1962年，巴菲特合伙人公司的资本达到了720万美元，其中有100万是属于巴菲特个人的，终于兑现了他的"百万富翁"诺言。1964年，巴菲特的个人财富达到400万美元，而此时他掌管的资金已高达2200万美元。在1962—1966年的5年中，他公司的业绩总是高出了道琼斯工业指数20—50个百分点不等，巴菲特还因此获得过《奥马哈先驱报》评选的"成功的投资业经营人"称号。

1966年春，美国股市继续牛气冲天，这使巴菲特开始不安起来，尽管他的股票都在飞涨，但他却发现很难再找到符合价值标准的廉价股票了，此时的巴菲特提高了安全警觉性。1967年10月，巴菲特掌管的资金达到6500万美元；1968年，巴菲特公司的股票投资取得了历史上最好的成绩，增长了59%，而道琼斯指数才增长了9%，他掌管的资金上升至1亿零400万美元，其中属于巴菲特的有2500万美元。股市的快速上涨，财富的快速增长，并没有使巴菲特失去冷静，反而使他觉得危险正在到来，因为他坚信股票的价格应建立在企业业绩成长而不是投机的基础之上。所以，1968年5月，当股市一片凯歌的时候，巴菲特却通知合伙人，逐渐清算了巴菲特合伙人公司的几乎所有的股票，他需要暂时退出市场以规避风险，以免遭导师早年的覆辙。

巴菲特的判断和决策是正确的，他退出不久，美国股市就开始大跌，到1970年5月，每种股票都要比上年初下降50%，甚至更多，美国经济也进入了"滞胀"时期。此时，很多投资者感到悲观失望，但一度失落的巴菲特却暗自欣喜，因为他看到了财源即将滚滚而来，他发现了太多的便宜股票。从1972年开始，巴菲特就盯上了自己喜欢的报刊业，因为他发现拥有一家名牌报刊，就好似拥有一座收费桥梁，任何过客都必须留下买路钱。1973年，他悄悄地在股市上买进《华盛顿邮报》、《波士顿环球》等媒体股票，他的介入使《华盛顿邮报》利润大增，每年平均增长35%，10年之后，巴菲特投入的1000万美元升值为两个亿。1980年，巴菲特用1.2亿美元、以每股10.96美元的单价，买进可口可乐7%的股份，到1985年，其股票价格涨至51.5美元，翻了5倍。此后的巴菲特开始名扬世界，他也逐渐从一个单纯的投资家变成一个投资型的企业家。1994年底，巴菲特控股的伯克希尔工业王国，早已不再是一家纺纱厂，已发展成拥有230亿美元的庞大投资金融集团。

从1965—1994年，巴菲特的持股平均每年增值26.77%，高出道琼斯指数近17个百分点，如果谁在1965年投资巴菲特的公司10000美元的话，到1994年，他就可得到1130万美元的回报，也就是说，谁若在30年前选择了巴菲特，谁就坐上了发财的火箭。在40年的时间里，巴菲特在股票投资上的业绩非凡，获取了惊人的赢利，未曾遭遇过大的风险，也没有出现过亏损年度，这真是一个奇迹！从艾森豪威尔时代到比尔·克林顿执政，从50年代到90年代，从便鞋、越南战争到债券、信息时代，无论股市行情牛气冲天抑或疲软低迷，无论经济繁荣与否，巴菲特在市场上的表现总是很好。二次大战之后，美国主要股票的年均收益率在10%左右，巴菲特却达到了28.6%的水平。

巴菲特还是一个真正的慈善家。2006年6月25日，他宣布将向慈善事业捐出总价达31.7亿美元的私人财富，这笔巨额善款将分别进入比尔·盖茨创立的慈善基金会以及巴菲特家族的基金会，该基金会致力于帮助发展中国家的医疗事业以及发展美国的教育。此外，巴菲特将向为已故妻子创立的慈善基金捐出100万股股票，同时向他三个孩子的慈善基金分别捐赠35万股股票。

巴菲特投资的成功与其众多经典案例是连在一起的，其中最突出的有8个：

（1）可口可乐——投资13亿美元，盈利70亿美元。长盛不衰的专利垄断企业，最佳投资对象。

（2）政府职员保险公司——投资0.45亿美元，盈利70亿美元。该企业在20年中，盈利23亿美元，增值50倍。

（3）《华盛顿邮报》——投资0.11亿美元，盈利16.87亿美元。从1975年至1991年，巴菲特控股下的《华盛顿邮报》创造了每股收益增长10倍的超级资本盈利能力，在30年中盈利增长160倍。

（4）吉列公司——投资6亿元，盈利37亿美元。作为垄断剃须刀行业100多年来的商业传奇，吉列一个不断创新难以模仿的品牌，具备超级持续竞争优势，14年中盈利37亿美元，创造了6倍的增值。

（5）大都会/美国广播公司——投资3.45亿美元，盈利21亿美元。在10年中盈利21亿美元，投资增值6倍。

（6）美国运通公司——投资14.7亿美元，盈利70.76亿美元。125年历史的金融企业，富人声望和地位的象征，是高端客户细分市场的领导者，高度的专业化经营创造出高盈利。

（7）富国银行——投资4.6亿美元，盈利30亿美元。美国经营最成功的商业银行之一，全球效率最高的银行，15年盈利

30亿美元，增值6.6倍。

（8）中国石油——投资5亿美元，盈利35亿。

◎ **巴菲特简评**

　　由于巴菲特并没有提出过自己的系统理论和方法，他的理论和方法基本上是对格雷厄姆和费雪的综合，然后在此基础上进行发挥和完善，再加上大家对巴菲特也比较熟悉，笔者《散户法宝》一书也对巴菲特的投资做过较多介绍和论述，因此，这里就不再介绍巴菲特的投资方法了，只是对他做一个简要的个人评价。

　　1. 巴菲特对投资的贡献

　　（1）趋势和价值投资兼容并蓄、融会贯通的典范。巴菲特不仅是价值投资者，同时也是趋势投资者，正是能将二者完美地结合在一起，他才会取得那么伟大的成就。价值投资只是巴菲特投资的基础和选股原则，在实际操作中，他对市场、企业、经济、社会大趋势是十分重视的，而且把握得很到位，只不过他没有像突出价值那样来强调大趋势的作用而已。这可能出于两个原因：一是怕投资者误解，因为趋势比价值更难界定和衡量，需要投资者更灵活地把握；二是也不排除巴菲特需要隐藏一点小秘密。

　　对于巴菲特也是趋势投资者，很多人可能觉得不可思议，但事实确实如此，除了笔者在《散户法宝》提供的论证外，这里再举一个例子。美国的股票投资一般以10倍的市盈率作为衡量股票价值及价值投资的基本标准，而巴菲特拥有最多、持有最久的可口可乐，年利润平均增长率基本保持为10%多一点，这样，其相应的的股票市盈率就超过了20多倍，以至于投资大师纽伯格都认为超出了公司的实际价值，因此，巴菲特这项投资，就不仅仅基于价值考虑，还是更多地考虑到了趋势，包括价格上涨趋势和企业发展趋势。

　　（2）价值投资的集大成者。巴菲特是站在前人的肩膀上成长起来的。大学毕业后机缘巧合地进入了哥伦比亚大学师从格雷厄姆，这次求学，在巴菲特的投资人生中是具有决定意义的一次转折，可以说没有这次求学经历，巴菲特可能达不到今天的成就，所以，他将这段经历说成是中了一次彩票。自哥伦比亚大学毕业三年后，又在恩师格雷厄姆的公司工作了两年，从而获得了投资理论和实践系统学习、训练，在自己创业之后，又向费雪和芒格及其他人学习。巴菲特本来就是天赋很高的人，又有跟大师学习的机会，而且善于思考，再加上恰逢美国"二战"后国力、经济、证券市场快速发展的大好机会，所以，才能成为价值投资者的集大成者，才能取得超越前人的伟大成就。

巴菲特善于学习、博众家之长、融会贯通的态度，对投资学习和运用投资者方法是最有启发和借鉴意义的，这一点巴菲特的幕后高参芒格说得最好，他在2007年巴菲特公司年度股东大会上指出："沃伦是这个世界上最佳的持续学习机器。乌龟最终战胜兔子是持续努力的结果，一旦你停止了学习，整个世界将从你身旁呼啸而过。沃伦很幸运，直到今天，即便是早已过了退休的年龄，他仍可以有效地学习，持续地改善其技巧。沃伦的投资技巧在65岁后更是百尺竿头，更上一层。作为一直从旁默默关注的我，可以肯定地说，如果沃伦停留在其早期的认识水平上，这个纪录也就不过如此了。"

正因为巴菲特在不断提高和完整自己，所以，他的投资思想和方法也是逐步完善的，大致可以分为两个阶段。前期基本上属于单纯地学习模仿自己的老师格雷厄姆，他自己则戏称为只买便宜货的"雪茄烟蒂"投资法；中后期在博采众长的基础上，才真正形成巴菲特自己的思想和风格，即投资家和企业双重角色的合二为一，所以，他说，"因为我把自己当成是个企业经营者，所以我成为更优秀的投资人；因为我把自己当成是投资人，所以我成为更优秀的企业经营者。"

（3）投资方法大众化的推动者。这不能不说是巴菲特的独特贡献：一方面，巴菲特投资的巨大成功，本身就极大地推动了证券投资和价值投资的普及；另一方面，巴菲特不断地宣传价值投资，而且他的宣传非常通俗化，完全抛开了专业的语言。每年一次，信徒和投资者们像圣徒一样涌向奥马哈朝圣，聆听巴菲特分析投资、商业、金融的真谛，这简直成了美国每年的一件大事，金融界人士到达奥马哈，犹如念布道的经文一样背诵巴菲特的格言。

（4）强调投资中非智力因素及修炼的重要性。与许多投资理论家、投资分析师不断地强调投资方法对投资成功的重要性不同，巴菲特反复强调习惯、修养对投资的重要性，方法固然重要，但掌握并不难，难的是如何坚持及克服自己的心理弱点和贪婪欲望。巴菲特说："投资并非智力竞赛，智商高的人未必能击败智商低的人。""我从来没发现高等数学在投资中有什么作用，只要懂小学算术就足够了。""要想成功地进行投资，你不需要懂得什么专业投资理论。事实上大家最好对这些东西一无所知。"投资者千万不要绝对化地来理解这些话，他之所以这么说，是要突出容易被人忽略的非智力因素对投资的重要性。

对巴菲特说太多的话是不必要的，也是大不敬的，下面还是摘录一些他的精彩言论吧！

"我想要的生意外面得有个城墙，居中是价值不菲的城堡，我要负责的、能干的人才来管理这个城堡。我要的城墙可以是多样的，举例来说，在汽车保险领域的GEICO（美国一家保险公司），它的城墙就是低成本。人们是必须买汽车保险的，每人每车都会有，我不能卖20份给一个人，但是至少会有一份。消费者从哪里购买呢？这将基于保险公司的服务和成本。多数人都认为（各家公司的）服务基本上是相同的或接近的，所以成本是他们的决定因素。所以，我就要找低成本的公司，这就是我的城墙。当我的成本越比竞争对手的低，我会越加注意加固和保护我的城墙。当你有一个漂亮的城堡，肯定会有人对它发起攻击，妄图从你的手中把它抢走，所以我要在城堡周围建起城墙来。

"我要找的生意就是简单，容易理解，经济上行得通，有诚实、能干的管理层。这样，我就能看清这个企业10年的大方向。如果我做不到这一点，我是不会买的。基本上来讲，我只会买那些即使纽约证交所从明天起关门五年，我也很乐于拥有的股票。人们买股票，根据第二天早上股票价格的涨跌，决定他们的投资是否正确，这简直是扯淡。正如格雷厄姆所说的，你要买的是企业的一部分生意，这是格雷厄姆教给我的最基本最核心的策略。你买的不是股票，你买的是一部分企业生意。企业好，你的投资就好，只要你的买入价格不是太离谱。这就是投资的精髓所在。你要买你看得懂的生意，你买了农场，是因为你懂农场的经营，就是这么简单，这都是格雷厄姆的理念。我六七岁就开始对股票感兴趣，在11岁的时候买了第一只股票。我沉迷于对图线、成交量等各种技术指标的研究。然后在我还是19岁的时候，幸运地拿起了格雷厄姆的书。书里说，你买的不是那整日里上下起伏的股票标记，你买的是公司的一部分生意。自从我开始这么来考虑问题后，所以一切都豁然开朗。就这么简单。"

"市场对我的感情是无暇顾及的。这是在你学习股票时，首要了解的一点。我们希望股票降价，但是我并不晓得股票市场会有如何的走势，恐怕我永远也不会，我甚至想都不去想这些事情。当股市真的走低时，我会很用心地研究我要买些什么，因为我相信到那时我可以更高效地使用手上的资金。"

"投资股票致富的秘诀只有一条，买了股票以后锁在箱子里等待，耐心地等待。"

"投资者应考虑企业的长期发展，而不是股票市场的短期前景。价格最终将取决于未来的收益。在投资过程中如同棒球运动中那样，要想让记分牌不断翻滚，你就必须盯着球场而不是记分牌。"

"正直，勤奋，活力。而且，如果他们不拥有第一品质，其余两个将毁灭你。对此你要深思，这一点千真万确。"

"高等院校喜欢奖赏复杂行为，而不是简单行为，但简单的行为更有效。"

"如果你在错误的路上，奔跑也没有用。"

"要知道你打扑克牌时，总有一个人会倒霉，如果你看看四周，看不出谁要倒霉了，那就是你自己了。"

"抛开其他因素，如果你单纯缘于高兴而做一项工作，那么这就是你应该做的工作，你会学到很多东西。"

2．巴菲特投资的局限性

巴菲特尽管很成功、很伟大，但也不是没有一点局限的。

（1）投资对象和交易模式较为单一。巴菲特所有的投资基本上只限于股票市场，而且主要是美国股票市场，很少到国外投资，即使是做美国股票，也只限于做多，从不做空。因此，深究起来，无论他有多么成功，多少让人感觉是靠在美国这棵大树上的荣光，其模式和方法离开强大的美国，能有多大普遍性，是值得怀疑的。

此外，巴菲特走的是一条证券投资和实业经营相结合的特殊道路，越到后来越是这样，这与索罗斯、林奇等纯粹的证券投资是不同的，也与纯粹的实业投资不一样。这一点无疑是巴菲特的高明之处，即可以获得实业投资相对的安全稳定性，又能获得实业利润在股市上的溢价收益，等于两头通吃。就这个角度看，其实，巴菲特的价值投资与格雷厄姆提倡的价值投资不完全是一回事，学生只不过借助了老师的方法而已。

（2）对科技意义的认识不足。巴菲特从不投资科技股，甚至表现出一种厌恶感，但他不会不知道，美国的强大和他赖以成功的美国证券市场，本来就是科技发展的产物，要是把美国的科技实力去掉，美国的国力至少减去一半，巴菲特肯定也不会有那么大的成就。从这点来看，巴菲特似乎有点做作了，好在最近几年他似乎感觉到了这个问题，开始改变对科技的态度，不仅不再挖苦科技，而且带头投资新能源，仍然不失大师知错就改的本色。

3．巴菲特和索罗斯的简要对比

索罗斯和巴菲特非常巧合地出生于同年同月，两人又都是白手起家，最后都成为世界顶级的投资大师，是证券投资界的双子星座，但投资理念、模式却完全不同，因此，并没有真正的可比性，所以，这里的对比基本上属于一种泛泛而论，以满足读者的好奇心，也是笔者玩个小小的文字游戏。

巴菲特仅仅是美国的巴菲特；而索罗斯是全球的索罗斯。

索罗斯不仅是一个投资家，更是一个真正的思想家；但巴菲特只是一个单纯的投资家，尽管他也有非常深刻的思想。

巴菲特是一个眼光深邃的现实主义者，尽管他对人类抱着乐观主义的理想；而索罗斯本质上是一个理想主义者，尽管他的投资方法比巴菲特更加现实。

巴菲特的心灵平静如水，形象始终如一，就像一个佛教徒，一生都在修道的路上；而索罗斯的心灵水火交融，作为投资家，他能做到出奇的冷静和自制，作为思想家，他激情喷薄，指点江山。

巴菲特的形象如同中国古代的老子，智如流水，潜龙在渊；索罗斯的形象如同中国古代的孔子，四处布道，一心救世，知其不可为而为之。

巴菲特是古典文化的忠实传承者，一生都坚守着古老而朴素的做人做事原则和价值观；索罗斯是现代文化的虔诚开拓者，一生都在批判人性和社会的不合理之处，并为人类更美好的未来而努力。

巴菲特以不变应万变；索罗斯是以变应变。

巴菲特因美国盛世而辉煌；索罗斯因世界乱世而挺拔。

巴菲特总是获得一致好评；索罗斯则毁誉参半。

◎ **林奇简介**

1944年1月19日，彼得·林奇出生于美国波士顿的中产阶级家庭，父亲曾经是波士顿学院的一个数学教授，后来放弃教职，成为约翰·汉考克公司的高级审计师。彼得·林奇的母亲是20世纪40年代典型的美国妇女，接受过良好的教育，因为林奇的父亲能够赚到足够的钱来养家，因此母亲就待在家里，充当一个相夫教子的贤妻良母角色。可不幸的是，在彼得·林奇3岁时，父亲得了癌症，10岁时，父亲就撒手西去，全家的生活开始陷入困境。为了维持生活，母亲不得不外出工作，而在那个时代的美国，妇女外出工作只有很少的酬劳，而且还需要她经常加班加点地工作，即使是那样，她们的工资也只有男性的60%～70%，但是，母亲辛苦工作的收入仍难以维持家庭的开支，可母亲有一个坚定的信念，那就是坚决不让林奇辍学。

父亲的去世和家庭的艰辛，也使小林奇学会了坚强和努力。为了减轻家里的经济压力，年仅11岁的彼得·林奇决定半工半读，以便减轻家里的经济负担。但经过"二战"洗礼后的美国，在20世纪50年代初期，经济上还谈不上飞速发展，即使是一个成人，要找到一份工作也是非常困难的，更何况是一个孩子呢。这个时候，彼得·林奇想到了布雷·伯雷高尔夫球场，想到了那些和他年龄差不多大的球童。

因为小时候经常随父亲去高尔夫球场，林奇认识许多布雷·伯雷高尔夫球场的工作人员，于是，他独立一人来到布雷·伯雷高尔夫球场，找到球场的经理，并向他说明了自己的情况，既出于同情也是实际需要，球场的经理愉快地答应了彼得·林奇的请求。这样，从11岁开始，林奇开始了半工半读的生活，而且，球童是份很不错的工作，一个下午挣的钱比报童一周还多，因此，林奇赚的钱有时比母亲还要多一些。

布雷·伯雷高尔夫球俱乐部的成员大都是公司的董事长和股东，当然也是证券投资者，因此，他们在打球的同时，总会与自己的客户、朋友或家人分享他们的投资经验，而这正好成为彼得·林奇学习股票投资的最好启蒙，每跟随客人打完一轮球，就相当于上了一堂有关股票的免费教育课。

　　在林奇的家族中，很少有人投资股票，林奇听说在亲戚中唯一一个购买过股票的人，便是他的外祖父吉恩·格里芬，因为林奇的亲友们与当时的大多数美国人一样，对股票持有一种不信任态度，他们亲眼目睹了1929年股市暴跌后的股民生活，在20世纪30年代美国经济大萧条期间，凡是购买了股票的人，无一不受其影响，有的甚至为此而自杀。

　　虽然没有从家庭中得到什么股票知识，但球童的经历，使林奇对股票产生了兴趣，并立志长大后从事股票投资，也像球场上那些股票大亨一样赚大钱。这些股票市场的大佬们，做梦也没有想到，这位替他们捡高尔夫球的穷孩子，是一个这么有头脑的奇才，居然从他们的闲聊中，懂得了不少即使接受多年专业投资训练也无法学习到的股票投资经验。彼得·林奇后来曾坦诚地说："我最初的股票知识，是从高尔夫球场上得来的。"

　　在母亲和林奇自己的努力下，读中学二年级时，他从一所私立学校转到了一家条件更好的公立学校，并且可以让自己吃得更好一些。通过半工半读的方式，林奇读完了中学，顺利地考入了宾州大学波士顿商学院（也有译为沃顿学院的）。但即使是在波士顿学院学习期间，林奇也未放弃球童的工作，他还因此获得了波士顿学院专为球童设立的弗朗西斯·维梅特球童奖学金。后来，高尔夫之神再次对林奇绽露了笑脸，在1966年的假期，作为暑假实习生，他在世界最大的投资基金管理公司——富达找到了一份夏季工作，共有75名求职者竞聘，林奇因为曾为该公司总裁乔治·沙利文博士当过球童而受雇。

　　波士顿商学院的经历对于以后林奇的成长是十分关键的，尤其是能在富达这样的公司实习，更是一种非常难得的机会。这份工作不仅使林奇打破了对股票分析行业的神秘感，更坚定了自己要成为像高尔夫球场会员一样的成功人士的信心，同时，也让他对书本上的理论产生了怀疑，教授们的理论往往是脱离实际或空洞的，因为他们缺少投资的实践经验，这种信念使林奇一生都特别注重实际调研的作用。为了实现自己的理想，林奇有目的地专门研究与股票投资有关的学科，他想找出其中的"秘密"，但令人不解的是，林奇并未选修有关自然科学、数学和财会等从商应当学的正规课程，他更喜欢学些社会科学，主要是历史、心理学和政治学，还有玄学、认识论、逻辑、宗教和古希腊哲学。对此，与林奇一直保持着良好私人关系的乔治·沙利文，都感到大惑不解甚至不以为然。可是，林奇已经开始意识到，股票投资是一门艺术，而不是一门科学，因此，他认为历史和哲学在投资决策时显然要比统计学和数学更有用，这实际显示出了林奇对证券市场及其投资认识的早熟和深刻，同时也确定了他惯于打破常规的思维方式，这些正是林奇后来的成功基础。

因为有球童的兼职和奖学金作为坚实的后盾，大学二年级的时候，林奇已经有了一笔不小的收入，于是，他决定用这笔积蓄进行股票投资。他从积蓄中拿出1250美元投资于飞虎航空公司的股票，当时他买入的价格是每股10美元，后来，这只股票因太平洋沿岸国家空中运输的发展而暴涨到33美元，林奇获利不浅。随着这只股票的不断上涨，林奇逐渐抛出手中的股票来收回资金，正是靠着这笔投资的盈利和本金，他不仅读完了大学和研究生，而且激发了他的投资天赋，使其日后一跃成为美国最伟大的基金经理和投资奇才。

林奇从波士顿学院毕业后，按当时的规定必须去军队服役两年，让他感到幸运的是，他没有被派遣到越南而是去了韩国。1969年退伍之后，富达为林奇提供了一份永久性的工作，从此他就一直在富达工作。林奇在富达的最初工作是金属商品分析师，干了几年的分析工作之后，于1974年升任富达公司的研究主管。市场的调研分析工作，使林奇有机会涉足众多行业和上市企业，他不断走访公司，收集情报，从中挑出最有前途的投资目标，此外，他特别留意自己的分析判断与市场实际的吻合状况，这些都为他以后的独立操作打下了良好的基础。

进入富达8年之后的1977年，由于工作出色，林奇被任命为富达旗下的麦哲伦基金的主管。这既是一个升迁，也是一个很大的挑战，一方面，林奇终于可以直接面对市场，但另一方面，富达有几十个、几百个、几千个这样的基金主管，要想做出一番成就，脱颖而出，除了必须付出更多的辛苦外，还必须有自己的独立思考和投资策略。

以葡萄牙著名航海家名字命名的麦哲伦基金，创始于1963年，起初专营国外证券，两年后，为阻止海外投资、扶植美元而通过的利息平衡税政策，严重打击了麦哲伦基金，迫使其把方向重新确定在国内证券上，并在1976年将埃塞克斯基金合并到其中。林奇开始负责时，麦哲伦基金只有2200万美元，其投资局限于几家常规公司的股票，在富达帝国处于无足轻重的地位。1981年，麦哲伦基金的规模约5000万美元，同时，将富达管理公司旗下规模相同的塞勒姆基金合并了进来。

强烈的进取心和远大的志向，使林奇成为一个工作狂，他将自己所有的心血和精力都倾注到了投资上，每天的工作时间长达12个小时。他每天要阅读几英尺厚的文件，每年要旅行16万公里去各地进行实地考察，此外，他还要与500多家公司的经理进行交谈，在不阅读材料和实地访问时，他就几小时、几十小时地打电话，总之，林奇力求从各个方面来了解公司的状况以及投资领域的最新进展。此外，林奇还重视从同行处获得各种信息，由于投资家们都有松散或正式的联盟，相互间经常通过联盟交流思想，从中可以获得很多有用的信息，特别是那些处于投资领域中的顶尖人物，往往能够提供比经纪人更有价值的信息、思想，这也是林奇"金点子"的来源之一。

林奇掌管麦哲伦基金并不是一开始就很成功、很出色的，也是经历过错误的。1977年，他刚掌管麦哲伦基金不久，就以每股26美元的价格买进华纳公司的股票，而当他向一位跟踪分析华纳公司股票行情的技术分析家咨询时，这位专家却告诉林奇华纳公司的股票已经"极度超值"，林奇对此将信将疑。6

个月后，华纳公司的股票上涨到32美元，林奇虽然开始有些担忧，但经过调查后，发现华纳公司运行良好，于是，林奇选择继续持股待涨。不久，华纳公司的股票继续上涨到38美元，这时，林奇开始对股市行情分析专家的建议做出反应，认为38美元肯定是超值的顶峰，于是将手中所持有的华纳公司股票悉数抛出。然而，华纳公司股票价格此后依然一路攀升，最后竟涨到了180美元以上，即使后来在股市暴跌中也维持了不错的水准。对此，林奇懊悔不已，他开始再也不相信这些高谈阔论的股市评论专家了，以后只坚信自己的分析判断，所以，林奇十分欣赏沃伦·巴菲特的观点："对我来说，股市是根本不存在的。要说其存在，那也只是让某些人出丑的地方。"他开始不再相信专家、理论、数学分析。

经过实战考验和成败波折的林奇，变得更加成熟了，他特别善于选股的特长、优势不断赢得胜利，到1990年，即林奇管理麦哲伦基金13年后，基金管理的资产规模由2000万美元成长至140亿美元，基金经理人超过100万人，成为当时全球资产管理金额最大的基金，彼得·林奇也从默默无闻成为一个大投资家。麦哲伦基金不仅规模全球第一，投资绩效也是名列第一，13年的年平均复利报酬率达29%。一方面由于资产规模巨大，另一方面也是林奇视野开阔、不拘一格，所以，他在13年间买过15000多只股票，其中很多股票还买过多次，赢得了"不管什么股票都喜欢"的名声。此外，林奇对市场和自己充满信心，股市调整对他而言只意味着廉价建仓的机会到了，他都不太像一个股市中人，以至于被人称为一个没有"周末焦虑症"的"死多头"！

1991年，就在林奇最巅峰的时刻，他却选择退休，离开共同基金的圈子。当时，他还是市场中最抢手的人物，且他的才能也是最受倚重的，但他拒绝了其他基金巨额的高薪邀请，一心一意回归家庭和生活。在离去的演讲中说："这是我希望能够避免的结局……尽管我乐于从事这份工作，但是我同时也失去了待在家里，看着孩子们成长的机会。孩子们长得真快，一周一个样。几乎每个周末都需要她们向我自我介绍，我才能认出她们来……我为孩子们做了成长记录簿，结果积攒了一大堆有纪念意义的记录，却没时间剪贴。"这就是彼得·林奇离开的理由，没有一点的做作和矫情。虽然他是亿万富翁，也让别人成为亿万富翁，但他却不是金钱的奴隶，而是主人。

取得巨大成就的彼得·林奇，被称为"第一理财家"、"首屈一指的基金管理者""投资界的超级巨星"。投资大师纽伯格（美国共同基金之父，合股基金的开路先锋，通过投资，将资金由15万美元发展到16亿美元，不仅是唯一成功地躲过了1929年和1987年两次美国大股灾的人，而且在大灾中取得了骄人收益，但他却没有读过大学，也没有上过商业学校）认为，巴菲特和林奇是现代社会最伟大的两位投资家，连同索罗斯一起，他想用"天才"这个词形容他们。但是，"如果让我选择谁是最完美无缺的，整体来看，我只会选彼得·林奇。他的人品可称第一，他就像希腊神话中的大力神，在华尔街是个'神'级人物。还有一点让我钦佩的是，他知道什么时候退出，回归家庭。"

彼得·林奇在1990年退休后，开始总结自己的投资经验，陆续撰写出版了《彼得·林奇的成功投资》、《战胜华尔街》、《学以致富》。

◎ 林奇投资思想和选股方法

林奇和巴菲特一样，遵循价值投资的基本原则，如投资公司而不是投资股市、长期持有、充分调研等，但这些主要都是前人已经总结出来的理论和方法，不过，林奇作了更深入、全面和细致的发挥，而且很多地方，显示了自己的独到之处。

1. 投资思想

下面的内容主要是林奇有独到之处的地方，并不是其投资思想的全部。

（1）投资、赌博、艺术

价值投资者都是反对投机而主张理性投资的，这一区分是由价值投资的创始人格雷厄姆做出的，但林奇似乎并不完全赞同这种区分，他反而将投资与赌博、艺术相互联系起来。

首先，林奇承认人们没有办法把投资与赌博完全分离开来，在安全的放钱场所和不安全的放钱场所之间并没有绝对的界线：20世纪20年代前，"人们纷纷斥责买股票跟在酒吧里赌博没有什么区别"，20世纪20年代后，普通股票才获得了"谨慎投资"的称号；多少年来，购买大公司的股票一直被认为是投资，而购买小公司的股票则被认为是赌博；随着经济的发展，人们把购买小公司的股票也看成了投资，而把炒作期货和期权看做赌博。虽然，人们永远都想努力区分投资与赌博或投机之间的界线，却找不到明确的标准，以至于他们希望自己做投资时，又担心是在赌博，而且实际的情况往往又与人们的判断或认识相反，也就是说，当市场的风险非常大时，人们更容易把它当成谨慎的投资，恰恰这个时期购买被高估的股票更像是赌博，所以，当听到人们将其投资描述成"保守的投机"或者"谨慎的投机"时，林奇总是感到很好笑。

其次，林奇认为，把投资看成是一种赌博也未尝不可，且某些赌博也可以说是投资，其中的关键不在于赌还是不赌的问题，而在于参与者对游戏规则、游戏风险、游戏技巧掌握到什么程度。假如一个老练的赌马者，如果他能够严格遵守一定的系统方法下注，那么，赌马也能够为他提供一个相对安全的长期收益，于是，这种赌马行为对他而言，和投资基金或者股票并没有什么区别。相反，假如一个股票投资者，对市场一无所知，不懂得任何手段和技巧，其实就是赌博，还不如离开华尔街，带上所有的钱，去到世界各地的赌城。因此，"对于投资股票的人来说，四处打听消息频繁换股的做法，跟赌马时只根据赛马的鬃毛是不是漂亮或者骑士衣衫是不是华丽就下注一样不可靠。"很明显，股票也罢，赌博也罢，可取与否、参与与否、成功与否，林奇认为最重要的是看自己有没有判断和驾驭的能力，即做什么没关系，能不能做好才是根本，这确实是很有道理的。

最后，为了说明投资与赌博的关系，林奇将投资比喻为玩扑克牌。

"对于我来说，投资只是一种赌博。在此期间，你必须努力使结果向着有利于你的方向倾斜，而不用管它到底是大西洋城公司、标准普尔500指数还是债券市场。事实上，股票市场让我想起最多的就是明扑克游戏。"

"明扑克牌的打法就是：发牌时有4张牌面朝上，这样一来，你不仅可以看到自己的牌，还可以看到对手的大多数牌，当发完第3张或第4张牌时，输赢就已基本见分晓，要么就是没有人赢。这和华尔街的情况一模一样：如果你知道寻找的方法，你就会发现面朝上的牌中蕴藏着丰富的信息；同样，通过询问公司的一些基本情况，你可以知道哪些公司有可能会发展得很好，哪些有可能会失败。虽然你永远无法确定将要发生什么情况，但是每一次出现新情况（例如收益增加了，赔钱的子公司正在打折处理商品，公司正在开拓新市场等等），就跟正在翻开一张新牌一样，只要这些牌有赢的可能性，你就应该继续把它们拿在手中。"

"任何一位定期参加月度明扑克牌游戏的人，很快就会发现，同样的'幸运傻瓜'总是打不了几局牌就被别人看了出来，因为这种人在牌还未发完时就在反复计算自己最多可能赢多少钱。一直赢的人，当自己拿到的牌形势变好时，会增加赌注的份额，一旦出现了不利于他们的形势时，他们就会退出游戏；而一直输钱的人，则会坚持到最后，他们还在继续盼望着奇迹的出现。玩纸牌游戏和炒股一样，经常出现的奇迹，就是使输钱的人一输再输。一直赢钱的人，也会碰到这种情况：他们偶尔也会在拿到三张'A'的时候下最大的赌注，但没想到竟会输给同花大顺，可他们接受了这种结果，并且继续打下一局牌，他们自信自己最终一定会赢。"

"很显然，购买股票已经成为一个值得进行的赌博，只要你懂得游戏的规则。"

最后，林奇认为投资是科学更是艺术。他说："我的选股方法是艺术、科学加调查研究。20年来始终未变。"尽管他没有完全否定科学，但实际上他对数学分析、预测理论、技术方法等持有不信任态度，这一点与巴菲特完全一致。

"股票投资是一门艺术，而不是一门科学。对于那些受到呆板的数量分析训练的人，处处都会遇到不利因素，如果可以通过数学分析来确定选择什么样的股票的话，还不如用电脑算命。选择股票的决策不是通过数学做出的，你在股市上需要的全部数学知识，是你上小学四年级就学会了的。"

"多少世纪以来，人们听到公鸡叫后就看见太阳升起，于是，就认为太阳之所以升起，是由于公鸡打鸣。今天，鸡叫如故，但每天为解释股市上涨的原因及影响的新论点，却总让人困惑不已。每当我听到此类理论，我总是想起那打鸣的公鸡。"

（2）鸡尾酒会理论

如果专家们不能预测经济趋势，预言家不能预测市场，那么业余投资者还能有什么投资的机会呢？你已经知道了问题的答案，而我将提出我自己关于市场预测的"鸡尾酒会"理论，这是几年来我在客厅中间站在鸡尾酒杯旁边，听着离我最近的10个人谈论股票时总结出来的。

在市场上涨时的第一个阶段，即市场已经下跌了一段时间，没有人期盼它再次上涨时，人们都不谈论股票。事实上，如果他们蜂拥地走过来问我将怎么谋生，我的回答是："我会试试买点共同基金。"他们听完后会很礼貌地点点头就走了。即使他们不走，也会很快把话题转到凯尔特游戏、即将进行的大选或者天气情况上面，他们可能就会同旁边的一位牙医谈起有关治疗牙斑的事情。当10个人宁愿与牙医谈论有关治疗牙斑的事情而不愿与一个共同基金的管理人员谈股票时，市场极有可能将会出现新的契机。

在第二个阶段，当我说出如何谋生后，新到的客人在与牙医谈话之前，会在我身边逗留的时间长一些，可能长到足够能告诉我股票市场的风险有多大。在鸡尾酒会上谈得更多的还是如何治疗牙斑而不是股票。从第一个阶段开始，股市已经上涨了15%，但是几乎没有人注意到这一点。

在第三个阶段，随着股市从第一阶段开始上升了30%之后，一大群兴致勃勃的人已经忽视了牙医的存在，整晚都围在我的身边。许多热情的客人把我叫到一旁，问我应该买哪只股票，甚至牙医也是这样问我，酒会上的每一个人都把钱投在某一只股票上，并且他们都在谈论股市的走势。

在第四个阶段，他们再一次簇拥到我的周围，但是这一次是为了告诉我该买哪一只股票，甚至牙医也会给我推荐三五只股票。过了几天，我在报纸上看到了他向我推荐的股票，并且它们都涨了。当邻居告诉我该买哪只股票并且希望我听从他们的意见时，这个征兆已经很明确，即市场已经达到了高点并且是到了该下跌的时候了。

你希望按这个理论说的去做吗？但是不要指望我会拿鸡尾酒会理论打赌。

鸡尾酒理论是林奇关于市场分析预测最有名的比喻，但也不是什么新方法，完全是趋势分析的常用方法，林奇也不认为是自己的发明，只不过他用了一个最生活化的比喻，又用非常调侃的方式来加以表达罢了。

（3）产品—企业—股票价值的分析线路图。对于如何进行价值投资以及如何寻找值得投资的股票，林奇将其集中概括为产品—上市公司—股票这个基本线路。但这也不能说是林奇的发明，说起来，应该是巴菲特最先这么做的，只不过林奇将这个价值投资的线路图说得最为明确，应用得也最好。

2．选股方法

林奇对投资方法最有独创意义的是选股方法。这方面的内容非常丰富而详细，这里无法一一列举，仅就几个重点方面摘要介绍个大概轮廓。

（1）企业分类

林奇主要根据企业发展特点或价值差异，将股票上市公司分为以下六类，并分别提出不同的投资策略：

①稳定缓慢增长型公司。这种公司通常规模巨大且历史悠久，其收益增长速度比国民经济要稍微快一些，如电气设备行业的公司。购买这种股票的主要目的是为了获得股息，因此，在投资组合中尽可能少配置，而且需要重点考虑其派息状况，"这家公司在过去10年中收益每年都在增加，它提供了诱人的收益率，它从来没有降低过或者推迟派发股息。"

②中速增长型公司，也叫大笨象型公司。这种公司的年收益增长率为10%—12%，比稳定缓慢增长型公司要快一些，通常是那种著名的巨型公司，如宝洁、可口可乐等。对这类公司以轻仓配置为佳，重点考虑股价的变化，不能以过高的价格买入，如果上涨较多就要卖出，同时，防止发展策略不当所导致的企业经营状况恶化。

③快速增长型公司。这种公司的特点是规模小，年均收益增长率在20%—25%之间，有活力，公司比较新，在零售业、餐饮业、酒店业以及其他一切可以连锁经营的行业，最容易产生这样的公司，但在那些萧条行业、低速增长行业、沉闷的行业、令人厌烦和业务简单的行业也会出现，而且更适合投资。这类公司是重点配置和长期持有的对象，有些可以保持快速增长10—20年，也就是林奇所说的"10年10倍"的股票。但投资时要考虑企业处于什么发展阶段，并不断检查企业运行状况，避免过度扩张和过高的市盈率。

④周期型公司。指销售收入和利润呈周期性上涨或下跌的行业和公司，如汽车、航空、钢铁、化学、石油、有色金属

等，当萧条期有迹象结束的时候，带领整个市场走出低迷的，往往就是周期型公司，这个时候投资它们，获利2—5倍是完全有可能的。投资中主要应把握好周期性变化的节奏，注意周期型行业和周期型公司的区别，由于大家都希望抢在周期性公司股价变化的前面买入或者卖出，因此，周期型公司的股价变动，相对于其基本面变动有越来越提前的趋势，所以，在经济复苏时，应该寻找最能从中获利的周期型行业中的公司投资，并在股价上涨而基本面情况开始变坏时抽身，再转投那些股价下跌而基本面变好的公司。此外，周期型公司的市盈率与股价往往是背离的，即股价低时市盈率很高，而股价高时市盈率较低，要避免陷入其中的误区。

⑤困境转型型公司。指那种受到沉重打击衰退了的企业，并且几乎要按照《破产法》申请破产保护，但这种公司一旦能够成功转型，就会产生巨大的收益变化，也会带来巨大的股价变化，克莱斯勒就是最好的例子。

⑥资产富余型公司。指业务不济，收益一般，但拥有稀缺或特殊资源的公司，它的资产价值超出它的股票价格。对于前面五类企业，林奇主要运用"收益的变化+市盈率的考量"方法来衡量它的资产价值和股票价格，但对于该类公司却不能用这种通用的方法，所以，投资需要更加谨慎，必须是内行或能看到别人看不到的价值时，才能参与。

除了以上六大类值得投资的公司外，林奇还列出几种不能投资的公司，包括热门行业的热门公司、被冠以"××第二"的公司、盲目多元化的公司、小道消息四处传播的公司、议价能力差的公司、名字太过花哨的公司，这部分内容也是很有价值的。

（2）另类选股

林奇认为，投资成功的关键是要视野开阔，心中不怀偏见，尽可能多研究些企业。可是，多数投资者的头脑却不够灵活，思想不够开通，偏见太多，甚至作茧自缚，过于偏重某些行业、公司，而忽视另一些行业、公司。

林奇的做法总是独辟蹊径，不为流俗所蔽，实事求是，见人所未见，为此，他建立了一整套另类的选股方法，特别偏爱如下既有特色又容易被人忽略的公司：名字很傻的公司、业务乏味的公司、业务让人讨厌的公司、谣言很多的公司、从母公司分拆出来的公司、投资者很少关注的公司、处于零增长行业的公司、拥有一个"壁龛"（指的是行业和业务的垄断性或独家经营权，和巴菲特的城堡概念是一样的）的公司、内部人自愿购买所在企业股票的公司、大家必须购买其产品的公司、使用高科技产品的公司（不是开发或生产高科技的公司）。笔者以为，这部分内容是林奇投资方法的精华或精髓所在，尤其值得个人投资者学习和使用，如果说林奇的六大类型公司分析专业性较强、比较适合机构使用的话，那么，他的另类选股则完全是大众化的了。

（3）日常生活化选股

这与费雪的闲聊选股法是一脉相承的，可以说是对费雪思想的发扬光大。

对于选股，林奇往往是从生活中和身边的事情开始，"从室内到户外，从学校到购物中心，到处可见上市公司。无论衣、食、住、行、居家、公务用的产品，几乎都有上市公司生产的；而从生产香水到制造小刀，抑或生产澡盆或热狗的上市公司，投资者都可以自由拥有其股权。""如果你平时在自己工作的场所或者附近的购物中心时能够保持一半的警觉，就可以从中发现表现出众的优秀公司，而且你的发现要远远早于华尔街的投资专家。"

由此可以看出，时时处处都可以发现投资机会，关键是投资者要留心观察这些琳琅满目的产品及其上市公司，林奇就是这方面的典范。林奇住宅附近有一家大型超市，他就从这里发现了沃尔玛和"碧加"饮料等一系列高速成长的好公司，前者的股票在1986—1991年间涨了50倍，后者的股票1年内增长了9倍。林奇还特别留意妻子卡罗琳和三个女儿的购物习惯，1971

年的某一天，他发现妻子卡罗琳所买的"莱格斯"牌紧身衣是一个走俏商品，于是，他立即买进生产这种紧身衣的汉斯公司股票，没过多久，该股票价格竟涨了6倍。

从林奇的一些选股例子中，我们可以看到他对股票的搜寻已经成为一种职业的本能，就像一只猎犬一样，在生活中始终保持着敏锐的职业嗅觉。

◎ **林奇的主要贡献**

林奇是与索罗斯、巴菲特属于同一个等级的投资大师，只是因为他掌管的是公募基金，使其名气和声望似乎比后二者要略低一些，这显然是不太公正的。相反，笔者认为，正是林奇以公募基金投资经理的身份取得和索罗斯、巴菲特一样伟大的成就，无论其品格还是投资方法更具有社会意义，假如全球有一半的公募基金投机经理，具有林奇一样的品质和能力，那广大散户真的就可以享受收益了，笔者也用不着辛辛苦苦写关于投资教育的书了。

可是，在1999年到2004年10月期间，林奇通过富达股票交易厅的两名交易员索取和接受了61张各类门票，其中包括12张音乐会、体育赛事和剧幕的入场券。根据美国证监会的报告，这些门票的总价值为1.5948万美元，证监会还发现，林奇收受的其他门票中，包括11张爱尔兰摇滚乐队U2的演唱会门票，14张1999年在加州伯克利和马塞诸塞举办的莱德杯高尔夫锦标赛，以及至少6张2004年在密歇根州举办的莱德杯高尔夫锦标赛。林奇的发言人道·贝利对记者说："彼得的这些门票多数是为朋友、工作伙伴和家人准备的，他自己很少使用。"

林奇晚年发生的这件事，确实有损他的完美想象，但笔者不认为林奇有道德问题或贪小便宜的心理，更可能是如下原因造成：林奇本来就有性格上洒脱随意、不拘小节的一面，这从他的文章风格很容易看出，加上自己的巨大成就，使他放松了对自己的严格约束。林奇事后说，"在请求富达股票交易厅的交易员偶尔帮我订票的过程中，我从来没有做任何不对的事。我也对索票这件事表示遗憾。"但不管怎样，这件事起了很坏的影响，正如美国证监会负责调查此事的WalterRicciardi所说的那样，"如果上层领导从跟经纪商打交道的交易员那里索取门票，这就等于给交易员发出了一个信号，即这样的失范行为是可以被容忍的，从而破坏了公正的文化。"所以，这是一个名人需要吸取的教训。

就投资风格、方法而言，林奇不如信奉趋势投资的索罗斯那样深度、广度，也不如同属价值投资的巴菲特那样厚重，但林奇的灵活、细致、全面应在巴菲特之上，而且林奇也有着自己独特的贡献，甚至这种贡献在价值投资领域不亚于巴菲特。

1. 对企业和产业加以投资上的细分

林奇对股票投资的第一个贡献，是他建立的行业细分和企业分类方法，并且根据每个类型制定出相应的投资策略。这样，给股票投资带来两个好处：一是通过不同类型企业的多元分散投资，可以构建起更合理的投资组合，有利于平衡投资收益与投资风险之间的关系，在这样的在组合中，20%的投资可能带来80%的收益，另外80%的投资至少也能达到市场平均水平，最终使整体投资的收益率提高、风险降低，林奇掌管的麦哲伦基金的表现，已经完全证明了这一点；二是扩大了选股的视野和范围，以往的投资过多地集中于少数行业和大公司，而林奇的选股则不拘一格，更是在冷门行业和中小企业中，挖掘出了很多优秀的股票。这两方面的价值，前者更多地体现在机构投资中，而后者无论是机构投资还是个人投资，都能得到体现。

2. 将相反理论完美地运用在选股中

无论是林奇的鸡尾酒投资法还是另类选股法，本质上就是相反理论的运用。相反理论的产生和运用都是很早的事，但过去主要用在趋势或大势判断上，虽然也有用于选股的，但将其完美地、系统地运用到选股上，林奇是最出色的。林奇一再告诫投资者要独立思考，选择那些不被其他人关注的股票，做一个选股上的逆向投资者。他说："真正的逆向投资者，并不是那种在大家都买热门股时偏买冷门股票的投资者(例如：当别人都在买股票时，他却在卖股票)。真正的逆向投资者会等待事态冷却下来以后，再去买那些不被人所关注的股票，特别是那些让华尔街厌烦的股票。"彼得·林奇进一步认为，自己成功的主要原因就在于与众不同的选股策略："在我掌管富达公司麦哲伦基金的这13年间，尽管有过无数次的失误，但每只个股还是平均上涨了20多倍。其原因在于我仔细研究之后，发现了一些不出名和不受大家喜爱的股票。我坚信任何一位投资者都可以从这样一种股票分析策略中受益。"

无独有偶，在欧洲的英国，也有一位与林奇一样运用相反理论选股取得不凡成就的基金经理，那就是被称为"欧洲的彼得·林奇"的富达特别情况基金前基金经理安东尼·波顿。自1981年之后，在富达特别情况基金的十大重仓股名单中，一些如英国电讯、英国石油、渣打银行等大家耳熟能详的公司都只是"配角"，而真正的"主角"都是些名不见经传的"另类"公司；当互联网泡沫越吹越大时，波顿却不断增仓传统行业股票，不但躲过了互联网泡沫破裂时的危机，更是在泡沫之后大赚一笔；在"9·11事件"之后，波顿又大举买入保险业、旅馆业、交通业等相关公司的股票，同样在复苏之后大赚一笔。这说明相反理论具有很大的普遍性，而且，运用到选股上可能比运用到趋势上，效果更佳。

3. 打通了机构投资与个人投资、专业投资与业余投资的鸿沟

长期以来，人们对各种证券投资机构和专业人员，有一种莫名其妙的神秘感，而且总觉得个人投资者肯定比不上机构投资者。正是林奇打破了这种机构或专业投资的神秘感，并且进一步认为个人投资比机构投资更有优势，还详细地列举出了彼此的差异：

①个人投资没有相对硬性的规定，买卖相对的自由度更大，可以自由地根据自己的判断买卖，也不用担心建仓被别人

发现；②个人投资不需要考虑资金被别人赎回的情况，在资金管理上可以根据自身的实际情况，拿出合适的资金进行投资；③个人投资没有那么大的资金规模，只要分析正确，买卖股票不会引起市场的关注，可以重仓持有少数几只股票，从而获得集中投资的优势；④个人投资者不存在业绩的压力，对市场状况没有把握或把握不大的时候，完全可以空仓等待，根本没有必要与其他人比较收益率，专业的投资机构则不然，业内互相的直接对比往往会让落后的投资经理背上更大的思想包袱；⑤在研究方面，个人可以用空闲的时间集中对有限的股票进行研究，而且，许多个人由于具备地域或者行业优势，更可以获得比专业投资机构更加有效的信息。

而机构投资者反而存在诸多劣势：

①专业投资者是一群乌合之众(林奇的意思并不是说他们是股市上的输家，只是平庸而已，因此，比没有头脑的业余投资者还是会好许多的)。②专业投资者往往滞后许多年才发现好公司，他们只在上涨的最后一段时间是对的。③机构投资的严格检验，筛掉了许多大牛股。④"不求有功，但求无过"的职场法则，使基金经理总是毫不犹豫放弃赚大钱的可能性，而选择亏小钱的确定性。这种法则也使得他们趋于选择同行都选的股票，结果就是大家都重仓持有IBM。⑤机构用选股名单选股，而选股名单必须经过30位委员一致同意。可我们知道，根本不存在一部由全体委员共同写成的名著或谱成的名曲。⑥每季度一次的业绩评比，使得基金经理急功近利。给大客户做投资的基金经理尤其受到来自客户的压力和干扰。一般来说，基金经理要花近1/4的时间向同事、上司和客户解释自己的投资。⑦资金规模过大。⑧专业投资者为了逃避指责，尽量避免认输，例如，他们不会以19元的价格重新买回以前11元卖掉的股票。

林奇的这种对比虽然有一定道理，但也不能绝对化。实际上，个人投资和机构或专业投资，既各有所长，也各有所短，关键是如何扬长补短。只要理念正确、方法得当、能力超群，无论个人投资还是机构投资，都能获得伟大的成功，巴菲特、索罗斯是接近个人方式的投资者，而林奇、安东尼·波顿等完全是机构投资者，但他们都获得了伟大的成就。不过，林奇调侃式的抬高个人投资者、贬损机构投资者的做法，确实有助于个人投资者树立信心。

当然，林奇对投资大众化、通俗化真正的贡献，是他关于投资的著作，他用最平实易懂的语言、精彩的比喻、生动的案例，为业余投资者全面展示了股票投资的所有奥秘，而且具有中学水平的投资者都能懂，这是他的前辈都没有做到的，无论价值投资者还是趋势投资者都一样。道氏理论虽然也同样通俗易懂，可他不仅没有投资成绩，而且压根儿就不是从事投资行业的；格雷厄姆虽然是价值投资之父，但其著作对业余投资者显得过于专业了，不容易看懂；费雪比格氏好一些，但通俗化还是不够；巴菲特通过讲座和股东大会的方式，对价值投资的大众化、通俗化起了很大作用，但他却不愿意著书立说；索罗斯尽管极力宣传和普及自己的投资理论，但限于其理论本身比较深奥，其投资操作手法又不像价值投资那样有相对明确的规定，所以，基本上无法大众化、通俗化。

所以，笔者建议，广大散户投资者最好把林奇的著作作为入门教材，然后再慢慢延伸、扩展，最终抵达投资的堂奥。

第六章
Chapter6

万法归宗

第一节 技术分析投资法总评

Section1

　　前面对证券投资方法的回顾和评析，其中的趋势分析投资法部分，除了索罗斯之外，其实都可以归入我们熟悉的技术分析之中，但趋势投资并不等于技术分析投资，只能说技术分析是趋势投资的众多方法之一，因此，这一节的内容也只是对技术分析的评价，并不是对趋势投资的评价。

◎ 价格趋势分析及局限性

　　所有技术分析投资方法的重心，都在于预测价格或指数的趋势，而且是技术面趋势，对于基本面趋势则不太关心，甚至完全忽略不管。使用这一方法的投资者，一般都深信源于道氏理论的技术分析三大假设，其核心思想就是认为价格已经反映了一切，用不着再去花心思去探求或寻找价格变化后面的原因。因此，技术分析所关注的价格趋势，其实只是市场的现象或结果，技术分析所研究出来并使用的方法，也仅仅是市场现象层面的经验总结，这是技术分析巨大的也是致命的缺陷，致使技术分析永远不可能真正理解市场，也不可能获得投资的真正成功，这已经被技术分析上百年的发展和运用历史所证明。

　　为了更好地理解这一点，可以把价格比喻为市场的体温，而技术分析则大致相当于体温计或其他类似的计量表。一般来说，体温确实反映了一个人的健康状况，量体温也是医生诊断疾病必不可少的常规手段，而且，它对某些疾病如感冒、发烧的诊断，还具有很大的充足性。但是，无论对于一个人健康状况的全面判断还是对许多疾病的全面诊断，光了解体温是远远不够的，毕竟人身的结构十分复杂，通过体温得到的信息是有限的、不全面的，所以，作为医生，只知道量体温及通过体温诊断，那是不合格的，他必须受到生理解剖、病理学等方面的理论和实践训练，才能成为一个合格的医生。证券投资也是一样，价格是市场分析判断必不可少的指标，通过技术分析量度市场体温也是很有必要的，但仅仅通过价格来分析判断整个市场的状况，仅仅依据技术分析来决定投资，也是远远不够的。

要认识证券市场、把握市场趋势，必须要掌握经济发展、社会变迁、市场结构、投资者心理、产业变化、企业经营管理等这些影响价格的根本性因素，光依靠价格数据、历史走势、成交量等技术要素，就想弄清市场、获得投资成功，是不符合逻辑的，与天方夜谭无异。如果投资者使用的投资方法仅局限于技术分析，又希望能准确预测市场，那么，久而久之，他就会发现，没有任何一种技术分析方法是理由充足的，没有任何一种技术分析方法是能够预测未来的，没有任何一种技术分析方法是值得信赖的。

◎ 通用于所有市场和双向交易

由于技术分析方法主要着眼于价格的变化而不关心其实质性内容，因此，它具有形式化的特点，可以通用于不同市场、品种，股票、期货、外汇等无论什么市场和什么品种，都可以无差别地使用同样的技术分析方法，就像量体温适用于所有疾病的诊断一样。

此外，利用技术分析跟踪判断市场和进行交易，没有方向的限制，既可以做多，也可以做空，具有完全的双向自由性，这是技术分析方法的最大优点。

◎ 自然主义与实用主义相混合的哲学

技术分析的哲学基础是自然主义和实用主义相混合的产物。自然主义是其逻辑假设或前提，那就是相信市场存在着一种自然性力量在左右着价格的变化，而且认为这种自然力量具有一定的形式轨迹或线路，通过一定的方法可以找出这种自然线路或轨迹，从而达到预测市场的目的，这种信念在艾略特和江恩这两个技术分析的头面人物中，表现得最为强烈。

自然主义是一种很朴素又古老的信仰，就任何事物都具有规律这一点而言，它是正确的，那么，问题出在哪里呢？问题就在于把事物的规律性，等同于固定的线路，等同于先验的决定论，等同于认识的完全可知性。而真实的状况是，虽然事物有规律制约，可并不是任何规律都可以像牛顿力学那样公式化，然后依据恒定不变的公式对运动轨迹做出准确预测，牛顿力学那样的线性规律只是所有自然规律在物理学局部领域的特例，更多的自然和社会规律是非线性的规律，也就是测不准的规律。即使是艾略特和江恩十分看重的数学，也无力帮助人类将所有规律公式化、工具化，因为所有的数学恒定公式完全是形式上的抽象，比如$1+1=2$，这里的1和2既可以说代表任何东西，也可以说不代表任何东西，它们仅仅是人类通过思维抽象出来的形式，自然界本来是不存在的，自然界存在的都是具体的事物，如一只苹果、两条小狗等。这样，$1+1=2$这个数学真理并不能帮助人们解决更多的实际问题，一个男人和一个女人组成家庭，要面对非常多的问题，而这些问题靠$1+1=2$这个公式是无力解决的，需要运用到更多的其他知识、智慧。技术分析的根本错误也就在这里，那就是用抽象化的、不含具体内容的形式，来预测市场和指导投资，就像用$1+1=2$来指导婚姻家庭一样。

至于技术分析中的实用主义，主要指的是一种投资态度或心理，也就是不管白猫黑猫、抓住老鼠就是好猫，因此，技术分析投资者不作投资与投机的区分，对做多、做空也是同等看待，投资什么市场和品种也都可以，关键是有机会就行，所以，也可以称他们是彻底的机会主义者。这一点，从商业的角度看，是没有错误的，即使在现实社会中，也是一种很普遍的价值观，只是这种没有定准、以变应变的投资策略，是很难驾驭和把握的，需要非常高超的判断力，仅仅靠技术分析是远远不够的。江恩和索罗斯就是两个最好的对比例子，二者都是机会主义者和实用主义者，也都是悟性很高的绝顶聪明者，都广泛地参与股票、期货、债券、外汇多个市场的投资，但由于江恩的方法局限于技术分析，而索罗斯则运用更具市场和社会内涵的反身性理论，导致二者的结果相差巨大，前者基本上是个悲剧人物，后者却成为伟大的投资家。

◎ **技术分析的弊端**

技术分析方法存在着很多弊端，但许多投资者对此却没有足够的认识，所以，尽管笔者此前已经反复阐述了这个问题，可仍然觉得还是有必要作个简要的归纳总结。

1．重技术面趋势而轻基本面趋势

这在前面第一个题目中已论述过了，这里补充一个经典案例，好让投资者加深印象。技术分析重视市场运动的结果，并不是他们不明白价格涨跌后面存在着基本面的原因，只是他们坚信基本面信息已经反映到了价格之中，再没有去研究它们的必要，不如直接分析价格图表或轨迹来得省事和快捷，不仅如此，他们进一步认为，接受"多余"的信息，反而会影响或干扰他们准确地研读图表。技术分析大师级人物、《股市趋势技术分析》的作者约翰·迈吉，就是这一信仰的代表，他在麻州春田市的一间小办公室里工作，连窗户都用木板钉上，以防外界干扰。他曾说："当我走进这间办公室，就把世界留在外面了，我只专心于研究我的图表。这个房间不论是在大风雪中或是6月里月色皎洁的夜晚都一样。"

2．难以避免的自我论证

技术分析具有强烈的主观色彩，技术分析的主观性表现在自我论证的逻辑推理上，很有点像"因为这样，所以这样"的诡辩法，这是因为技术分析对未来预测或分析的结论，并不是靠价格之外的基本面因素来提供依据的，它的依据来自价格自身的历史轨迹和数据，也就是用自己证明自己。虽然从历史往往会重演原理来看，这种处理方法也是有一定道的，但历史会重演是一个宏观规律，并不能用来判断具体事件的具体变化。所以，当技术分析用于较长的周期时，确实具有较充足的科学依据和较大的判断价值，但用于中短期预测和判断，则往往错漏百出，原因就在于，历史不是简单地重复，而是在更高层次、更宏观的范围内重复，这是所有历史规律的共同特征。因此，在运用历史重演规律时，必须从宏观框架上着眼或参考，不能照搬照套，否则，后人就完全无事可做至少是用不着动脑子了，因为前人已经有了数不清的经验教训可供后人使用，但历史并不是这样发展的，而是一代不同一代、一代超越一代，证券价格的运行也是同样的道理，过去的轨迹虽有借鉴、参考作用，但照搬照套解决不了问题。

3．无所适从的交易规则

技术分析的交易规则和标准很多，每个大师或过来人都会写上几条或数十条交易规则、守则之类的东西，但除了顺势而为外，从来就没有一条获得过普遍的认同和遵循，基本上是不同的使用者各执一端、自行其是，主要还是依据个人的理解来运用，因此，不仅分析方法的主观性很强，交易体系的主观性更强。

这里暂且不论没有取得共识的技术分析交易标准或规则，就是获得普遍认同的"顺势而为"标准、规则，也好不到哪里去。"让利润随趋势充分增长，把损失控制在一定范围"，这是所有技术分析都认可的顺势而为的含义，可惜，这样的愿望多半只能停留在理想层面，一旦进入现实，依然是无所适从。因为，只有在趋势非常平稳、波动很小的状况下，"让利润随趋势充分增长，把损失控制在一定范围"才不难做到，而实际的市场及其趋势，总是剧烈波动的状况为多。当这种情况出现时，既不保证趋势还能继续，又不能断定趋势反转，从而使交易变得左右为难，离场吧，违背了已有趋势的指向和技术分析的预测，不离场吧，巨大的波动随时可能超出止损范围，即使严格按规定止损出了场，下一步怎么办同样是左右为难。结果，"顺势而为"没有几个人能真正做到，左右摇摆、进退两难，甚至左一巴掌、右一巴掌，反而成为"顺势而为"的家常便饭。主要原因在于，技术分析眼中的"顺势而为"，主要依据的是已经发生的技术面趋势，而对未来的趋势判断，又仅仅是一种价格现象层面的推测、预测，以至于未来的趋势状况到底如何发展，在投资者心理仍然是朦胧一片，因此，这样的"顺势而为"，只能是一个美好却难以到达的愿望。

4．一劳永逸的幻想

技术分析者都有几分天真、几分幼稚，其中又隐含着几分惰性。所谓天真和幼稚，是因为他们相信市场一定藏着阿里巴巴的秘密，只要我们能找到解开这个秘密的方法，就等于拿到打开秘密的钥匙，就可以一劳永逸地获得取之不尽的财富。所以，很多人穷尽一生，都在做着解开市场秘密的美梦，江恩、艾略特就是两个最突出的代表。但这是不可能的，市场确实有秘密，却没有固定不变的秘密，而且，市场的秘密是不可能完全让人知道的，否则，人就和上帝一样了，无所不知，无所不能。真实的状况是，市场在不同时间、不同地点有不同的秘密，你解开了上一个，不等于你能解开下一个，更不等于你可以用解开上一个秘密的方法，解开一个又一个的秘密。

市场不可知、不可测即秘密的一面是永恒存在的，是不断变化的，一旦市场真的像清澈见底的水那样一览无遗的话，市场就不可能再存在下去了，这是由市场的本质决定的，不是人类更不是个人所能改变的，所以，技术分析者还是少些天真和幼稚为好。

总体来说，尽管技术分析一直很兴盛，信奉和使用者很多，但由于其致命的缺陷，使其从来没有获得过真正的成功，也不可能获得真正的成功，对此，随机漫步派的代表马尔基尔曾经给予辛辣的讥讽："假如你仔细观察就会发现，技术分析师的鞋子经常都是开着口的，衣领也常磨损了。我个人就从没见过一个投资成功的分析师，破产的倒看到过几个。"马尔基尔的话虽然说得很尖刻，而且随机漫步也不是很成功的方法，但他道出的却完全是实情，其实，巴菲特及其他投资大师也持有类似的观点。

不过，与完全否定技术分析的人不同，笔者认为，技术分析并不是错的，也不是没有用的，它的主要问题是存在着巨大缺陷，而且这种缺陷仅仅从技术分析的角度入手是无法解决的，必须要依靠其他方法来解决或弥补。这就像一个人，一生下来就缺一条腿，也就是天生残缺，但其他地方依然是完好的，怎么办？让这个人自己努力再长出那条所缺的腿，这显然是不可能的，唯一的办法就是给他再安装一条腿，这样，他就接近一个基本健全的人了。此外，笔者认为用价格图表技术方法来分析预测市场或价格趋势，属于功能错位，技术分析本来的功能是对趋势的检验，当投资者用其他方法（主要是基本面方法）对未来趋势作出研判后，技术分析是对研判结论最好的检验方法，而技术分析自身是无法有效研判未来趋势的，这就像企业产品的质量管理体系，质量的好坏或合格与否，关键的因素在生产和科研部门，质检部门只是最后做出鉴定而已，质检部门本身是无力决定产品质量好坏的，技术分析则正是投资分析体系中的质检部门。

第二节 价值分析投资法总评

Section2

◎ 股票价值分析及估值困惑

所有价值投资方法的核心或重心，都是对股票所代表的企业进行价值评估，然后比较价值与股票当时价格的差额，如果差额是正数即价格低于价值，就值得投资，否则就不值得投资，而且，随着价值投资理论和方法的发展，越来越注重企业的长期价值及其增长性和稳定性。因此，价值投资其实也是对趋势的预测，只不过它关注的不是技术分析眼中的指数或个股的技术面派生性趋势，它要分析预测的是上市公司基本面本源性趋势，对个股价格的技术面趋势则完全忽略不计，至于指数，无论是基本面趋势还是技术面趋势，在理论上也都不是特别关注，但在实际的投资操作中，肯定也会有所考虑。

企业内在价值是价值投资方法的理论基础，也是逻辑假设，即认为股票价格与企业内在价值是两个完全不同的范畴，前者是经常波动的，后者则是相对稳定的，因此，二者往往存在背离，这就为价值投资提供了机会和安全保证，假如价格和价值总是一致的话，就无所谓价值投资了。也正是这一点，使其与趋势技术分析投资者区分开来，因为趋势投资者是不做价值与价格区分的，他们认为二者原本就是同一个东西。

内在价值最先是由格雷厄姆在总结前人磐石理论的基础上提出来的，但他重点强调的是上市公司的绝对价值，也就是公司所拥有的有形资产的清算价值，他认为这种价值是能够被事实确定的，是可以量化出来的，这些事实包括公司的资产、收入、红利以及任何未来确定的预期收益，也就是企业价值的定量分析。因此，在格雷厄姆那里，内在价值的含义是较为狭窄和相对静态的，侧重于企业有形资产，而不看重上市公司的无形资产，如专利、品牌等。

费雪在格雷厄姆之后，第一个把内在价值的内涵加以根本性扩充，集中表现在注重内在价值的成长性和定性分析，他把这样的"内在价值"称为企业的特质，即上市公司所拥有的高于一般水准的能力，这种能力可以使得公司的利润逐年递增，因此，他更加看重上市公司的未来发展及其所创造的价值，于是，就将那些能够增加公司未来价值的因素，也纳入到内在价值的分析之中，即他提出的判断企业成长性的十五个要点。

因为企业价值分析无外乎就是定量和定性两个方面，所以，格雷厄姆和费雪基本已经将价值投资理论的框架定型了，这样，继承者巴菲特和林奇等，就没有必要再过多地探讨价值投资的理论问题，主要任务是对二者的理论加以综合、完善以及实践，他们确实也是这么做的。前期的巴菲特更偏向于格雷厄姆，但中后期的巴菲特，已经将格雷厄姆和费雪两人的观点与方法彻底地融合了起来，并进行了创造性的发挥、完善，从而达到了更加高超的境界，取得了巨大的成功，成为价值投资方法的标杆。至于彼得·林奇的投资方法，基本上也是由格雷厄姆和费雪融合而来的，在其投资组合中，相当大一部分是按照费雪的理论而买入极少数成长型优秀公司，并通过长期持有获取了超额回报，也有很多股票是依据格雷厄姆的观点而买入的，即不断寻找那些被市场低估的公司股票，然后在企业的恢复性上涨中获利，不过，林奇在选股的具体方法上，也有不少自己的创见，尤其重视冷门股的挖掘。

企业内在价值从理论上说是非常科学合理的，但在实际运用上同样是存在困惑的，那就是内在价值的衡量或计算并没有绝对的标准。这一点在格雷厄姆当初提出内在价值概念时就看到了，价值投资大师巴菲特也同样承认这一点，他说："内在价值是一个非常重要的概念，它为评估投资和公司的相对吸引力提供了唯一的逻辑手段。内在价值的定义很简单：它是一家公司在其余下的寿命中可以产生的现金贴现值。但是内在价值的计算并不如此简单，它是估计值而不是精确值，而且它还是在利率变化或者对未来现金流的预测修正时，必须加以改变的估计值。""我们只是对于估计一小部分股票的内在价值还有点自信，但也只限于一个价值区间，而绝非那些貌似精确实为谬误的数字。价值评估既是艺术，又是科学。"所以，内在价值的评估，无论在理论上还是在实践中，都是一个难以克服的困难，运用之妙，存乎一心。所以，就像技术分析对市场或价格趋势预测没有逻辑保障或必然性一样，企业或股票的价值评估也是没有绝对标准和保障的，二者都少不了依靠经验和直觉，由此，也更加充分地证明了一个真理，那就是任何投资方法都有内在的局限性，没有万能的方法。

以笔者的理解，内在价值应该是企业客观状况和市场主观认识的统一，或者说具有客观和主观的双重性，但价值投资理论基本上是从纯客观的一面来看待股票价值的，而对股票价值主观性的一面总是闪烁其词，这是片面的。在这一点上，笔者比较赞同西格尔在《投资者的未来》提出的观点，他认为股票的长期收益并不依赖该公司实际的利润增长率，而是取决于企业价值增长与投资者预期的比较，这样一来，价值的含义就更社会化和市场化了，价值投资和趋势投资也就可以融为一体了。

此外，还必须看到股票或企业价值的变动性和地区差异性，这一点，趋势投资者比价值投资者要看得更清楚，被尊为"全球避险基金教父"、"世界级短线杀手"、华尔街历史上最成功的基金经理人之一的迈克尔·斯坦哈特就说过："价值观往往是时间和地点的产物，而这两者都是不停地变化着的。"比如，中国股市的市盈率或股价普遍偏高，按美国的标准，基本上都不符合价值投资的要求，但中国投资者也许认为，既然市场或投资者认可较高的市盈率，那么，中国股市的价值标准就要低于美国。这就像两国对官员的评价标准存在很大差异一样，在美国，一个官员是很难获得较高评价的，而在中国，一个官员只要廉洁就是学习榜样了，原因就在于中国好官员的标准大大低于美国。对此，价值投资者本身往往看不到，盲目地以为存在着放之四海而皆准的估值标准。

◎ 局限于个股选择和单向交易

内在价值的难以评估虽说是价值投资的局限，但并不是它最大的局限，毕竟内在价值在一定时间范围内是具有市场共识的，这种市场共识就可以大致看成价值的评估标准。价值投资真正的最大局限，是其适用面太窄。从投资对象来看，它只能用于个股选择，不能用于大盘指数，在期货、外汇上也不能直接应用，即使基本原理仍然有效，但运用效果不见得就很好，因为期货、外汇的价值衡量更没有可靠的标准，稳定性也远不如企业。

从交易方向上看，价值投资只能用于单向做多，不能用于做空，虽然理论上也可以反向运用价值分析方法操作，即当价格高于价值时沽空，但这样做，比起价格低于价值时买进，其安全可靠性要低得多，危险性反而很大，许多投资错误实际上就是这样造成的。

◎ 成熟规范的市场约束条件

价值投资还有一个被多数人忽略的隐性局限，那就是它对市场的成熟规范程度要求很高。追寻价值投资的发展轨迹和成功区域可以发现，它只是在美国获得了巨大的成功，在其他国家并没有获得普遍的成功，而且也只是在美国证券发展史中最近的100年内才出现和成功的，而近百年恰好正是美国国力全面高速发展时期，也是美国证券市场成熟规范时期，从而使美国诞生了一大批十分优秀的企业，全球的资本、人才一齐流向美国，这是任何其他国家都难以具备的条件。即使同样是美国，在其实力还不强大、证券市场还不规范之前（大致以1930年为界），也不存在价值投资，更没有出现过价值投资大师。

因此，从某种意义上看，与其说价值投资成就了巴菲特、林奇，不如说是美国成就了巴菲特、林奇等价值投资大师，这一点，其实巴菲特心中是非常有数的，他曾经在大学演讲即将结束时说过一段意味深长的话，"我是在合适的时间来到了合适的地方。盖茨说，如果我出生在几百万年前，权当了那些野兽的鱼肉耳。我跑不快，又不会爬树，我什么事也干不了。他说，出生在当代是你的幸运。我确实是幸运的。"这说明巴菲特是有自知之明的，只不过他没有必要对此大肆宣传而已。

在笔者看来，就投资方法而言，对比巴菲特和索罗斯，索罗斯的理论和方法，无论从哪个角度看，都更加令人信服，因为他不限于投资股票，更不限于投资美国，但他却能取得比巴菲特收益率更高的成绩，这说明其理论和方法的普遍有效性要高于价值投资，只是太难掌握而已，不像价值投资有那么点守株待兔和懒人哲学的通俗味道，只要市场的成熟、规范条件允许，学习运用并不是太难。

中国股市是一个新兴市场，更是一个很不成熟、规范的投机性市场，严格按照美国的价值投资理论和方法，基本上是行不通的，因此，中国也就不可能有美国式的价值投资，以这个标准来看，中国自称的价值投资者都是伪价值投资者，或者说是完全变了味的中国特色的价值投资。想想看，中国股市的平均市盈率长期在20倍以上运行，高达50—70倍的时候也不少见，假如让价值投资大师来中国股市投资，要么耸耸肩、皱皱眉、一筹莫展，要么放弃他的价值投资随乡入俗参与投机。再看中国的上市公司，没有几家的技术、管理、产品是真正过硬的，许多效益好的企业，靠的也是政策、资源垄断或国家体制保护，不是自己的真本事，要不就是吃老祖宗的饭。严格地说，中国总体上还不具备产生现代优秀企业和企业家的体制和环境条件，中国的企业管理者，无论是国企还是民企，十个有九个是具有强烈政治色彩、投资色彩的，纯粹按商业逻辑、企业逻辑、公平竞争原则，致力于建立一个长期优秀企业的，没有几个。以上状况，三五十年内恐怕都难以根本改变，所以，在中国探讨和宣传价值投资是需要的，真正能够实现价值投资，可能是百年以后的事了。

◎ 历史主义与理想主义相结合的哲学

价值投资的哲学基础是历史主义和理想主义的结合，这是与技术分析自然主义和实用主义的哲学基础是完全不同的，而且没有可比性，各有优劣。至于什么是历史主义和理想主义，也是很难具体说清楚的，但如下几点是其在证券投资中的基本信念：相信优秀的、美好的东西总是有价值的或会获得普遍认可的，就像金子总会发光一样，这一点不管社会怎么变化、市场怎么波动都不会改变；股市长期大趋势总是向上的，因为社会不断在进步；市场会犯错误，所以，才会出现价格低于价值的不正常状况，但市场同样也会修正错误，不可能让错误永远存在下去；价值是市场的底线，遵循市场底线即使不能获利，也能保障资金安全，就像遵纪守法、老老实实做人是社会底线一样，虽然当官发财可能没你的份，但起码可以平平安安地过日子。

正因为企业价值分析投资与技术分析趋势投资有着完全不同的哲学信念，彼此在处理投资问题的许多方面也是不一样甚至是完全相反的。

对于投资安全，价值投资将其建立在价格低于价值的基础上，并把安全看成最好的机会，对此，巴菲特是这么说的，"价值投资不能保证我们盈利，但是价值投资给我们提供了走向真正成功的唯一机会"；而趋势投资，则将安全放在趋势的惯性作用上，称之为跟随趋势或顺势而为。

对于盈利的来源，价值投资认为在于企业价值，"你买的不是股票，你买的是一部分企业生意。企业好，你的投资就好"；而趋势投资，则认为利润来自市场失衡所导致的大起大落。

对于价格波动或下跌，价值投资要么不在乎，要么持欢迎态度，"对于大市的走势，我一无所知……但是我希望它向下调整。……当股市真的走低时，我会很用心地研究我要买些什么，因为我相信到那时我可以更高效地使用手上的资金"；而趋势投资，对超过事先设定幅度的波动，必须止损离场。

对于交易原则或信号的取舍，价值投资非常苛刻，不达到要求绝不进场，宁愿耐心等待，而且相信由于市场存在不理性的一面，只要有耐心，哪怕3—5年，总会出现符合高安全边际的价格，因此，其交易频率也就很低；而趋势投资尤其技术分析，多半认为市场总是存在大小不等的趋势，并且许多分析方法也不断给出买卖信号，因此，其交易频繁普遍较高。

尽管企业内在价值评估困难，并且美国式的股票价值标准也不是通用的，但笔者还是认为，价值分析方法要比单纯的技术分析方法更可取，更具有经济、市场和社会历史的逻辑基础，只不过价值的具体标准需要因时因地而异。所以，在中国不成熟规范的股市，经过对估值标准的适当调整，价值投资也是可以运用和发挥作用的。

◎ 反对市场预测

几乎所有纯正的价值投资者都反对进行市场预测，他们反对的直接理由，是市场不可成功地预测，否则，投资就太简单了。在美国，有很多经济学家被高薪聘请从事预测经济变化和利率走势的专职工作，如果他们能够连续两次预测成功的话，他们可能早就成为百万富翁了。事实是，在1987年10月美国华尔街股市暴跌1000点之前，没有任何一位投资专家或者经济学家预测到这次股市暴跌，也没有一个人事前发出警告，这样的情况历史上是一直存在的，它足以证明预测是不可能的。

价值投资之父格雷厄姆曾说："如果说我在华尔街60多年的经验中发现过什么的话，那就是没有人能成功地预测股市变化。"

巴菲特说："我从来没有见过能够预测市场走势的人。""对于未来一年后的股市走势、利率以及经济动态，我们不做任何预测。我们过去不会、现在不会、将来也不会预测。"

彼得·林奇说："不要妄想预测一年或两年后的股市走势，那是根本不可能的。""我们不做经济判断，在我们这里没有人会告诉你将出现经济衰退，不要买电子股，或是经济马上要起飞，快买柯尔开特公司的股票。1980—1981年经济发生不景气之时，没有人打电话告诉过我。"

他们反对市场预测的间接理由，是不预测也能赚钱，巴菲特和林奇的巨大成功本身就证明了这一点，以至于林奇敢于说出这样的话，"很显然，投资者并不需要具备预测市场的能力，照样可以在股市上赚钱，如果不是这样的话，那么我就应该一分钱也赚不到。在几次最严重的股市大跌期间，我只能坐在股票行情机前面，呆呆看着我的股票也跟着大跌。"

关于市场预测，总的来说，笔者不赞同价值投资者不可预测和不预测的说法，相反，预测是投资的基本组成部分，关键不在于要不要预测的问题，而在于如何理解和如何更科学地预测的问题。预测的核心是市场、经济、社会、产业、企业的大趋势以及其他基本面状况，不是预测指数点位和股票价格的具体变化。尽管价值投资取得了伟大的成就，但盲目地反对预测与盲目地预测一样，是不可取的，是对投资者的误导，在这点上，无论巴菲特还是林奇或其他人，似乎都有点矫情了。

因为：其一，股票或企业价值分析本身就是一种预测，只不过对个股而言是最好的预测方法；其二，价值分析只是众多预测方法之一，但它不是万能的，尤其是无法用于指数、期货、外汇的分析和投资；其三，除了极少数十分优秀的企业股票外，绝大多数股票的走势受大盘指数的影响程度，绝不亚于受其内在价值的影响程度，因此，对多数股票的投资，如果不能较好地预测判断大盘指数的话，就很难获得投资的成功，在中国尤其如此，美国也不会太例外；其四，巴菲特、林奇价值投资的成功，本身就是建立在对美国社会、经济、股市等大趋势的正确预测基础之上的。

巴菲特刚创业时，就曾经花了几个月的时间阅读一个世纪以来的报纸，了解商业循环模式、华尔街的历史、资本主义的历史和现代公司的历史，他密切关注全球政局，分析其对商业的影响。只不过由于美国国力异乎寻常地强大和领先，致使其股市大趋势长期向上并相对稳定，从而给人以不预测也能赚钱的错觉，假如巴菲特、林奇自中国股市成立就在其中投资的话，如果对大盘指数也不作预测，料想他难以取得成功，同样，当美国衰落后股市变得比较动荡时，价值投资者恐怕就不敢再夸口不预测也能赚钱了。

第三节 投资与趋势关系的再认识

Section3

证券市场诞生至今已有400多年的历史了，与之相比，证券投资方法的系统化研究和运用要晚得多，公认的开端是道氏理论，但从道氏算起，至今也只有100年多一点。尽管如此，对证券投资方法的研究和运用，应该说已经比较充分了，而且取得了伟大的成就，巴菲特和索罗斯就是这一领域的双子星座，因此，对证券投资方法进行系统的梳理、总结、归纳，具备了基本的条件。由于中国的证券市场及其投资的历史不长，愈加需要对西方的投资理论进行系统总结和研究，这样，才能加快我们的发展步伐，缩短学习探索的过程，提高投资能力，减少不必要的错误。

笔者虽然在投资上还谈不上成功，对投资的专业研究时间也不长，因此，对投资方法还不能说已经了解得很深入和全面了，但这是国内的普遍状况，不独笔者如此。相反，笔者确信自己在这方面还有些优势，故不揣浅陋，不怕见笑，就证券投资方法做一个概括性的研究总结，这既是自己学习的需要，也希望对投资者有所借鉴、启发。

◎ 趋势是投资盈利的客观基础

证券投资盈利与生产经营盈利和劳动收入有着本质的不同，那就是它盈利的客观基础是价差以及在价差基础上所形成的价格趋势，如果仅仅只有价差，但没有相对稳定和可以预判的趋势的话，也是难以实现盈利的。只要有了市场趋势，而投资者又能相对准确地判断出这种趋势的话，盈利就实现了，而且，它不需要组织生产和管理，不需要营销，不需要任何体力劳动，甚至连看都不用天天看。就这一点来说，投资是件懒人活，一方面靠天（市场）吃饭，另一方面只能靠智力吃饭，其他方面的勤奋和辛劳是不需要的，甚至是有害的，频繁操作和天天盯盘就是如此。

证券市场只能靠趋势盈利，这是不证自明的基本逻辑前提，任何证券品种和任何投资方法，在依靠趋势盈利这一点上是完全相同的，即使是存在分红或利息的股票、债券也不例外。一方面，分红和利息与趋势利润相比是微不足道的，另一方面，严格地说，分红和利息所获得的利润不属于纯粹的证券投资范围，仍然属于实业投资领域，分享的是实业投资的利润，只不过是投资者把资金委托给企业管理层而自己不必亲自经营罢了。当然，股票分红有利于股票趋势发展及盈利，或者说是股票趋势形成的基本面条件之一，但与证券投资的趋势盈利本身是两回事。证券投资的主要目的就是趋势利润，假如只有分红利润而没有任何趋势利润的话，那么，绝大部分投资者就可能不会再投资股票，反而会投资期货、外汇，即使是巴菲特也不例外。

反过来说，如果一个证券市场或一个证券品种，总是形不成趋势，或者趋势规模小、走势混乱（如图2-10那样），那投资者就难以获得盈利，久而久之，投资者就会对这样的市场或品种失去兴趣，最终会离开这样的市场或品种。因此，越是趋势性强或者活跃程度高的市场、品种，投资者参与的积极性就越高，这反过来又会强化趋势，这种趋势和投资者之间的相互作用，也是投资者喜欢追涨杀跌的原因，更是许多暴涨暴跌形成的机制所在，索罗斯的反身性理论大致也就是这个观点。

总之，趋势是证券投资盈利的必要条件。

◎ **趋势是投资方向的路标**

但是，即使市场存在趋势，也只是具备了盈利的必要条件和可能，并不等于必然盈利，因为还存在着一个判断操作正确与否的问题，只有对趋势判断操作正确，才能真正实现盈利，相反，如果判断操作错误，不仅不能盈利，必定会出现亏损。这就形成证券投资的第二法则，那就是道氏理论早就提出也是众所周知的顺势交易，它是投资盈利的充分条件。

这个法则虽然容易理解，但笔者还是要用一个比喻来帮助说明。趋势就是道路的路标或驾驶的方向盘，趋势往哪个方向走，就该往哪个方向投资或交易，这样，才能到达目的地，假如走路走错了方向或坐车坐错了方向，不仅到达不了目的地，而且会离目的地越来越远，就像南辕北辙故事说的那样，马车向反方向跑得越快，离乘车者要去的楚国越远。

顺势交易的道理虽然好理解，但要做到却很难，因为趋势并是真的像路标那样标得那么清楚的，趋势的运行也不是真的像道路那样早就修好或存在固定线路的，虽然趋势往哪里走，总是存在着一定的甚至很明确的迹象或大方向，但最终还得靠投资者自己判断和选择，就像我们穿过荒无人迹的山林，没有现成的道路可走，只能根据所去目的地的东南西北大致方位，探索着前进，开辟从未有过的道路。这种趋势的模糊性和不确定性，正是趋势判断的难点所在，也是所有的证券投资理论、方法、策略、技术要解决的核心问题，而一旦对趋势的方向有了足够的把握，投资的其他问题也就非常简单了。

◎ **趋势分析预测是投资的必然要求**

在证券投资中，有很多似是而非的错误观点，不要预测市场或趋势、只能跟随趋势走，就是其中非常有害的一个。这种看法最初的来源是道氏理论中"不要过早投资趋势反转"的告诫，但却是对道氏理论的误解，也是对市场不可测一面的极端认识，更是很多投资者因为自己的预测屡屡失误，就从一个极端走向另一个极端，就完全否定市场可预测性的一面，就完全否定投资预测的必要性。

分析预测在投资中的必要性是不言而喻的，试想，一个投资者对整个市场和个股的未来发展毫无判断，他又依据什么去投资呢？所谓跟随趋势，那是已经过去的趋势，未来市场怎么走？趋势会不会继续下去？永远是未知数，所以，只要参与市场一天，就免不了就要对未来做预测。

其实，预测是人类活动的普遍要求，也是人类理性和思维价值的所在，如果排除了预测，人类与动物依靠本能生存和发展就没有什么两样了。中国古代对预测意义的认识是很充分的，《礼记·中庸》指出，"凡事预则立，不预则废"，而《易经》、阴阳五行哲学、《道德经》、《孙子兵法》、《黄帝内经》等中国文化的核心内容，无不属于关于自然、社会及相关领域的分析预测范畴，至于预测人生运辰、阳宅阴宅，无论官府还是民间，都是日常生活中的一部分，尽管这其中存在不少迷信的因素和错误成分，但中国人对于预测意义的认识应该说是很深刻的，这恐怕也是中国文化和民族能延续至今的一个重要原因之一。

各种各样的事物，都存在着过去、现在和未来，这是事物产生和发展的必然过程，其中肯定有着事物的规律性变化。而所谓预测，就是人们在观察和分析客观事物历史和现状的基础上，找到客观事物的内在发展规律，进而据其推断事物未来可能的过程和状况。因此，投资中关于市场或趋势要不要预测的问题，是没有探讨余地或必要的，问题的关键是如何正确地理解预测和如何正确地做预测。

在前面论述市场确定与随机、可测与不可测统一规律时，笔者其实已经对市场和投资预测做出了规定，那就是市场或趋势预测的性质、内涵是宏观性的、框架性的、大方向性的，就像下围棋时的形势判断，而不是市场的具体走势或趋势的具体线路，更不是指数的点位或个股的价位，因为前者是有规律可循的，也就是能够做出框架性、概率性预测的，而后者是随机的，也就是基本不可预测的。

可是，许多投资者甚至理论家却不是这么理解和运用预测，他们眼中的预测是要画出未来市场的轨迹或线路，然后遵照这样的轨迹或线路操作，这纯粹是痴人说梦，完全是对预测的不理解和曲解，这样的预测自然是不应该去做的。

此外，在市场或趋势预测中还有几点是需要注意的。其一，在预测时要考虑到未来的多种可能性，不能只预测一种可能，否则，就很容易造成预测片面和错误；其二，预测与投资计划、规划要统一起来，才能严肃地对待预测，并谨慎地做出预测结论，不能像有些投资者那样，预测归预测，操作归操作，两者不能成为一个整体，那样的话，预测就成了一种纯粹的智力或娱乐游戏；其三，预测中必须考虑最坏的情况出现，并制定出万一出现最坏结果后的防患措施，可有些投资者只考虑有利的一面，不考虑危险的一面，一旦坏的局面出现，就会惊慌失措，造成不应该的过大损失；其四，预测必须随着市场或趋势的发展而动态地跟进和调整，因此，预测是一个连续不断的过程，也是个不断调整的过程，不可能有一劳永逸的预测；其五，既然是预测，就必然免不了预测错误或失败，这时，要勇于认错，并及时改正错误，绝不能像有些投资者那样，当市场走势不符合自己的预测时，不是认为自己错，反而认为市场错了或者市场不理性，继续固执己见。要知道，市场永远是正确的，哪怕它确实不理性，也是真实的，也只能靠市场本身今后去纠正。作为投资者，千万不要有坚持真理并纠正市场错误的想法，投资不是政治或科学研究，坚持己见许多时候是不可取的。

最后，关于预测，笔者还有一个与常规看法不一样的认识，那就是在预测中，时间是一个非常客观又重要的方法，比起许多基本分析和技术分析方法来，时间的预测价值要远远大于它们，同时，相比于空间，时间的可预测性也要更强一些。至于其中的奥妙，笔者自己也还没有完全弄清楚，但大致可以这么来理解：事物的发展过程即空间路线总是在时间中展开的，没有足够的时间，趋势既不能形成，也不能走完全过程，因此，大部分情况下，空间和时间具有很好的匹配性或协调性，或者说一定的空间总要一定的时间来配合，反过来说，在一定的时间内，必然会创造出相应的空间，只有在两种极端情况下，时空才是失配的，那就是垂直式的暴涨暴跌和水平式的长期盘整，因此，这种时空失配的趋势或走势，也是最难判断的。正因为时间的这种独特性，其在市场或趋势分析预测中的价值非常大，而这一点一般的技术分析和绝大部分投资者是忽略的，往往只侧重于有形的空间，却不知道利用无形却更有分析预测价值的时间。因此，也可以这么说，凡是不理解时间、不会运用时间的投资者，也就是很难理解和预测市场或趋势，就不可能获得持续稳定的投资成绩。

◎ 参与趋势宁早勿晚

在进行趋势投资时，有一种十分流行的说法，那就是不要过早地参与趋势，更技术化的说法，就是不要抄底抓顶，也有人称之为趋势右侧交易法则。这种说法最先是道氏理论提出的，他是鉴于在趋势发展过程中，有一些调整往往被投资者误认为趋势反转而这么说的，并进一步提出趋势反转必须得到有效确证，才能参与新的趋势。道氏的这种说法从技术分析的角度看是完全正确的，当投资者没有更好的方法确认新趋势而只能依据技术分析投资时，必须遵循道氏的这个建议。但是，道氏理论的趋势分析和判断方法，本身就是有缺陷的，他侧重的是派生性技术面趋势，以此看待趋势肯定是不足的，所谓趋势的反转验证或确认也只是经验法则，并没有必然的可靠性。

笔者的看法是，对趋势的分析判断主要必须依据基本面的状况进行综合分析，单纯的技术分析不足为凭，并且，假如投资者对趋势的反转或新趋势的形成有足够把握的话，一旦发现趋势存在反转的苗头，那么，参与新趋势就越早越好。

2008年商品期货的顶部反转就是一个很好的例子。始于21世纪开端的商品在牛市运行多年后，所有商品期货的价格都已经高高在上，其中作为商品期货代表的铜，在高位震荡了整整近两年，唯有原油和黄金期货因为与美元的特殊关系仍然牛气冲天。可是，到了2008年，商品期货的诸多核心因素已经发生了变化：美元指数见底的迹象非常明显，即使美元贬值政策美国一时不会放弃，但一轮大幅度的反弹是必然会来的；此外，在次贷危机的影响下，世界各国股市争先恐后地暴跌。所有这一切，都预示着商品期货的暴跌在所难免，如果有了这样的判断，2008年就是抓顶的好机会，在大跌前布局熊市的话，当年的收获可以说是很大的，笔者当时就建议客户和朋友全线做空期货和外汇，可并没有几个人真正理解。

2008年中国股市的底部反转是另一个经典例子。虽然由于之前不合理的暴涨，以及中国经济受世界金融危机的影响，使得股市在2008年反转下跌是必然的，但快速暴跌超过70%，成为中国股市历史上跌幅居第二位的大熊市，指数最终跌至1600多点，无论从哪个角度看都是超跌了。因此，当上证指数跌破2000点时，就应该考虑买入以等待趋势反转，笔者当时也是动员很多人买进，同样没有几个人相信，当然也可能是许多人被套在里面了。

其实，索罗斯之所以财富增长的速度超过巴菲特，他主要用的就是这样的手法，即提早捕捉大趋势或趋势反转，而且他更加大胆，敢于融资操作，所以，他批评许多投资者的错误，不是过于大胆而是过于谨慎，这是很有道理的。

从市场或价格的技术面趋势看，对趋势的反转或新趋势的准备，应该在原有趋势处于第三阶段即笔者所说的趋势衰竭结束阶段尾声时就开始着手，主要的判断标志，是出现惯性作用下的最后一涨或一跌，技术上形成衰竭性突破和反复背离，有关方法，笔者在《市场乾坤》和《图表智慧》中有很详细的分析介绍。

此外，提早下手趋势反转是需要讲究策略的，先用小量资金进行战略性建仓，并以此来跟踪把握市场，待市场验证自己的分析判断后，再重仓出击，索罗斯正是这么做的，他称之为假设—证伪投资法。当然，这种做法需要艺高才能人胆大，但逻辑上是合理的，因为投资本身就是高风险游戏，市场永远是不确定的，风险什么时候都是存在的，即使趋势反转被技术上确认后也一样，所以，事后参与趋势和事前参与趋势，在判断与风险上并没有本质的差异，关键看个人的预见能力，假如一个投资者事先没有预见性，即使趋势来了，事后也不见得就能把握住趋势，因为趋势本身在不断变化，当你认为趋势确定后，可能趋势正准备调整或已经开始调整了，这时趋势何去何从依然是个难题，投资可能更容易亏损。

◎ 上升趋势的总概率大于下降趋势

这个问题前面已经论述过了，这里要说的是，对于在上升和下降两种对立的趋势，上升趋势应是分析判断的重点和难点。它基于以下几点理由：

第一，在上升趋势和下降趋势的统计比较中，上升趋势的概率要大于下降趋势，因此，上升趋势的投资机会要多于下降趋势，在单向交易的中国股市更是如此，自然要对上升趋势给予更多关注。

第二，上升趋势比下降趋势更容易获得投资者、政府、经济学家的认可，同时也比下降趋势更符合人类和投资者的心理。

第三，上升趋势和下降趋势之间，存在着很强的前后因果关系，一般而言，总是先有上升趋势，然后才有相应的下降趋势，因此，理解和把握了上升趋势，再理解和把握随之而来的下降趋势，就更加顺理成章了。

第四，上升趋势主要属于社会力量推动的结果，而下降趋势主要属于自然力量推动的结果，因此，形成上升趋势需要更多的因素和条件，也更具有社会规律性和复杂性，所以，认识和理解的难度也就更大，下降趋势基本上是一种自然现象，运行相对简单，认识和理解也就相对容易些。

第五，从投资操作上看，上升趋势的投资也是难度更大，投资下降趋势要更简单容易些，所以，证券投资上有"宁做跌势，不做升势"的格言，相信有过双向交易经验的投资者，对此会有更好的体会。

◎ 投资趋势的四种模式

由于不同市场、品种的趋势，在内容和形式上都存在着较大差别，而上升趋势和下降趋势更是有着本质的不同，因此，投资趋势可以有多种路径和模式，归纳起来，大致分为四种。

1. 紧贴市场或价格趋势投资

也就是我们常说的趋势投资，这是一种较狭义、直接和原始的趋势投资。它的特点是对市场或价格趋势进行面对面的操作，以多种方法预测、跟踪市场或价格趋势为投资依据，判断价格趋势往哪个方向发展就往哪个方向操作。因此，它既可以做涨做多，也可以做跌做空，既可以针对指数，也可以针对个股，但以针对指数、期货、期权、外汇为主，较少用于个股。这种投资模式还可以随趋势周期性地交替进行，辩证统一地运用顺势与逆势的关系，当原有趋势还没有结束时，只能顺势操作，而当原有趋势即将反转形成新趋势时，需要利用反向理论反手操作，也就是一定时空范围内的逆势操作，但这种反手的逆势并不是真的逆势，而是提前把握新的趋势，本质上遵循的还是顺势原理，只不过难度很大而已。

由道氏理论所开创并经艾略特、江恩所发展的趋势技术分析方法，主要就是运用于这种投资操作的，凯恩斯、江恩是实践这一投资模式比较著名的人物，但由于他们的方法存在较大缺陷，并没有获得很大的成功，历史上只有索罗斯是真正对这一模式理解得最透彻、方法最恰当、成绩最突出的。

由于这种面对面地针对市场或价格趋势的投资模式非常直观和有诱惑力，因此，使用这一投资模式的人也就最多，在中国尤其如此，至少有70%—80%的投资者是按这种模式交易的。然而，这种模式也是难度最大的一种投资模式，相当于与敌人在战场上面对面地厮杀，需要绝对的智勇双全，只有索罗斯这样的全能型天才人物才能做到，所以，尽管研究和运用这种模式的人最多，可历史上成功者却最少，真正能长期稳定盈利的只有索罗斯一人，这使其显得特别地鹤立鸡群，其他人虽然也能获得偶然的、短暂的成功，但却不能持续。因此，笔者建议投资者，轻易不要使用这种模式，也不要轻易做只能用这种投资模式的期货、外汇，当然，学习、了解这种模式及其众多方法，还是很有必要的。

2．个股价值增长趋势投资

这是一种仅限于极少数优秀个股的投资方法，而且必须是上升趋势。它虽然也是对趋势的投资，但与前一种紧贴价格的趋势投资模式不同，它不是直接投资于股票的市场价格趋势，而是投资于企业经营管理及其所创造的价值趋势，习惯上称之为成长性价值投资，并且在投资介入后的一段相当长的时间内，甚至不关心、不在乎股价的市场波动状况，只是在把握买卖时机时，才关注股价的具体状况。这是由菲利普·费雪创立并运用的投资模式，后来的巴菲特、林奇继承了这一模式，进而使这一模式获得广泛的认同和推广。

这种模式应该说并不难掌握，寻找成长股的方法，主要是个股基本面或价值分析，具体途径概括起来也只有两个，一是通过产业的分析来发现上市企业的价值成长趋势，二是直接对上市企业的经营管理进行价值趋势分析，但通常需要将二者有机地结合起来。

其实，绝大部分成长股属于白马，不需要专门的研究，投资的关键是要耐心等待市场出现好的买入时机，如巴菲特长期持有的可口可乐、吉列等，中国的贵州茅台、云南白药等，几乎都是尽人皆知的事实，投资更多地需要非智力因素，而不是智力型的分析判断。当然，也有一部分成长股一开始是属于黑马的，后来才慢慢地变成白马，如美国的沃尔玛、中国的深发展等以及林奇投资许多个股，对这类隐藏的成长股，是需要相当高的分析判断能力的，应该是成长股投资的主要目标。

3．价值遗漏个股上升趋势投资

这与上一种模式有类似之处，或者说就是上一种模式的延伸，而且也只适用于个股及上升趋势。但与第二种模式不同的是，它不是单纯地从成长性的角度选股，甚至也不完全限于股票价值判断范围，它的选股角度非常独特，那就是特别强调被市场或投资者遗漏的有价值的或有价格上涨潜力的股票。虽然它总体上还是属于价值投资范围，但所选股票不见得就是成长股，主要强调的是被埋没的好股票，同拾遗补缺和爆冷的含义差不多，类似于中国的黑马概念，只不过中国股市的黑马更突出庄家的操纵、投机，从而演变为庄股概念。

这种模式主要是由彼得·林奇所创立和运用的，实际上与成长股投资一样，也是一种常用手法，只不过林奇运用得最为成功而已。

4．个股下降趋势安全边际投资

这是大家很熟悉的价值投资的最初含义和模式，是由格雷厄姆最先系统地提出来并运用的，后来被巴菲特、林奇继承和发扬光大。它既属于习惯上的价值投资范围，又属于趋势投资中的逆向操作，既关注股票价值又关注股票价格，但核心是股票价值与价格之间的正离差，所以，主要只能在指数和个股的下降趋势中进行，即选择那些价格下跌到低于价值的股票买进，然后等待趋势反转或价格向价值回归，从而最后获利。

这其实是一种趋势交易中常见又特殊的套利方法，只不过在股票上主要运用财务分析方法来衡量套利的空间和安全性，所以，尽管也可以叫价值投资，却不像第二种模式那样真正投资于企业的长期价值，所以，格雷厄姆也没有把自己的理论称之为价值投资，而他之所以被冠以价值投资之父，应该是后来人的理解。格雷厄姆真正要提倡的是理性投资、安全投资而不是价值投资，其中自然含有价值投资的因素，或者说用价值来衡量投资的理性、安全与否，但这与企业价值投资并不能完全等同。

其上四种投资趋势的模式或路径，各有优劣，谈不上哪一种绝对好，但投资难度和要求却有较大差异。就难度而言，第一种和第三种较大，也就是索罗斯和彼得·林奇所用的模式难度较大，且这种难度主要是就智力而言的，需要非常超群的分析判断能力。而第二和第三种即费雪和格雷厄姆所创立及巴菲特使用的模式，就智力而言，难度算不大，它的难度主要体现在非智力要素上，即在买入之前和买入之后，都需要特别有耐心，没有耐心的话，即使明明看准的个股，也难以实现盈利，要么买入价格过高而遭受长久套牢，要么卖出时间太早而失去最主要的利润，这两种情况都是普遍存在的。

在笔者看来，一般的投资者应以第二和第四种模式为主进行投资，但运用到中国股市时，必须对价值的衡量或评估标准有所改良，不可直接套用美国的估值标准。第三种模式应作为突破方向，而第一种模式轻易不要使用，即使使用，也要与其他模式结合起来运用，不能单独运用，因为单独运用的难度实在太大了。不过，如果进行期货、外汇投资的话，就只有第一种模式可用，这也是期货、外汇不适合一般投资者参与的原因所在。当然，这四种模式不是完全泾渭分明的，是可以相互融合的，那正是本书题目所言的"万法归宗"，也是笔者提倡和赞赏的。

◎ 趋势投资涵盖了价值投资

从上述投资趋势的四种模式或路径可以看出，价值投资是包含在趋势投资之中的，或者说价值投资也是趋势投资的一个有机组成部分，我们平常将价值投资看成与趋势投资并列的投资方法或模式，实际上是不对的，与价值投资方法对应或并列的，应该说是技术分析投资方法。

可以从以下三个方面来理解价值投资是趋势投资的一部分：

第一，一切证券投资最后都要归结到依靠趋势盈利，价值投资也不例外，脱离了价格趋势，价值投资也是要落空的，比如，整个市场如果处于下降趋势或大熊市中的话，那么，最有价值的股票也免不了会下跌，同样，因为流通盘过大、不属于投资热点、价格过高等因素的影响，即使有些企业或个股价值不错，但同样可能形不成趋势或趋势空间小，这种现象在中国股市就很普遍，相信在国外股市也是有的；

第二，价值本身就是形成趋势的重要因素之一，或者说个股的价格趋势会受到企业发展趋势的很大影响，而企业发展的内涵也就是价值增长，同样也是趋势，只不过属于前面说到的基本面实质性、本源性趋势，而所谓价值投资就是更侧重于发现和挖掘价格趋势中更本质的价值趋势，当然也属于趋势投资；

第三，价值投资主要分析的是企业或个股的基本面趋势，但在股市上，个股的趋势还要受到大盘指数的严重影响，这一点在中国股市表现得更加明显，那就是齐涨齐跌，指数向好时，所有股票都有可能涨，而指数变坏时，所有股票都可能跌，因此，在进行个股价值投资时，如果不与指数趋势相配合的话，价值投资同样会失败。

因此，将价值投资看成一种与趋势投资对立或独立的投资，是不对的，相反，趋势尤其是大盘指数上升趋势的存在，是价值投资的前提，同时企业价值本身也存在着趋势。有些价值投资者声称，价值投资既不必关心大盘波动，也不必关心所投资个股的价格波动，只要选择好有价值的个股就行了，这是不科学、不全面的，在绝大多数个股投资上也是行不通的。尽管价值投资大师巴菲特也说过类似的话，但他真实的意义是，只要指数大趋势没有问题，在个股价值尤其是长期价值有保障的前提下，不要在意指数和个股价格的短期波动，他并没有说价值投资就可以不管趋势，相反，巴菲特对指数趋势是特重视的，这一点笔者在《散户法宝》一书中有过详细的介绍。很显然，很多人将价值投资的意义或作用夸大了，从而使价值投资变成一个独立于趋势之外并无所不能的怪物，这显然是没有真正理解价值投资，既忽略了价值投资的前提即股市和国家大趋势的背景，又忽略了价值投资的时代和区域差异。

◎ **投资方法是一个综合系统**

通过前面的分析，我们已经知道，证券投资问题的核心就是趋势判断或预测问题，所以，所谓投资方法本质上就是市场趋势的分析方法。前面对投资方法的历史回顾又告诉我们，市场趋势的分析方法是很多的，不同的方法都有它一定的客观依据和使用价值，但要是从投资实践的需要来全面衡量的话，没有一种方法是可以畅通无阻和可以适用于所有市场状况的，每种方法都有特定的使用条件、适用范围以及固有的局限性甚至缺陷。所以，根据笔者的认识和理解，完整的投资方法应该是一个综合系统，需要多种相关方法的综合运用和相互配合，在这个系统中，必须包括四个最基本的部分。

1. 经济社会状况发展趋势分析

这个部分相当于习惯所称的基本面，但又不完全相同，主要包括宏观经济运行、国家经济政策、货币变动状况、产业发展变化、科技进步、国家实力、社会变迁、证券市场内部的结构与机制等很多方面，但基本都属于市场发展和趋势的宏观要素、社会背景、外部环境，其对市场趋势具有决定性的作用和影响，是市场趋势的深层原因。可是，这些方面的作用和影响往往不那么显现的，具有较大的隐蔽性或间接性，投资者在进行市场及趋势分析时，很容易忽略，甚至因习以为常以至于视而不见。这方面的分析，是目前中国投资者最薄弱的环节，从而导致分析结论的片面甚至错误，如关于价值投资、关于中国股市的许多说法和看法，都存在明显的"只见树木、不见森林"的片面性或错误。

2．市场或投资者心理状况分析

这是影响市场及趋势最直接的因素，前面已经对此做过分析即意识乖离规律，投资大师对这个部分的内容都非常重视，其中以索罗斯最为突出且研究理解最深，效果也最佳。但这部分内容既不能归入俗称的基本面范围，也不宜归入技术面范围，它是一个具有很强的相对独立性又有着很强的特殊性的要素，这是由物质和意识的基本关系所决定的，是人类意识或主观能动性对证券市场的巨大反作用，而且这种反作用往往以负面或放大的方式出现，从而造成市场、价格趋势与经济实际状况、企业价值的严重背离。

由于市场心理或投资者意识的作用比起宏观背景、市场外部大环境来更加隐蔽，所以，投资者尤其是初级和新入市的投资者，在进行市场及趋势分析时，很容易轻视这方面的原因，即使能想到这个问题，也由于心理或意识的不可测量性和飘忽性，不知如何很好地判断其作用方式和大小。可以说，对这方面至今还没有很好的方法加以分析、测定，只能做大致的定性分析，分析判断的好坏全凭投资者的悟性和经验，即使是关于这个问题最著名的相反理论和索罗斯的反身性理论，也还是以经验为主，别人无法有效地掌握。就这一点来看，市场分析和投资，是有很大模糊性的，要完全做到理性和纯客观的分析是不可能的，因此，直觉、想象的作用，有时甚至不在逻辑、推理的作用之下，一个优秀的投资者，必须对市场有敏锐而深邃的直觉。

3．企业经营管理发展状况分析

也就是大家所称的价值投资或价值分析，它是用于选股的最佳方法，也是价值规律在市场作用中的最好体现。但这个方法不能用于对整个市场即指数趋势的分析，用于期货、外汇分析也很勉强，局限性也很大。

此外，企业价值或价值成长的核心，不在企业资产，不在财务分析，甚至也不在技术先进与否，而在于企业的价值观、文化、管理、机制是否能持续地造就一个既有利于社会又有利于股东的优秀企业及经营管理层。所以，许多所谓的价值投资也不是真正的价值投资，同样是投机，只不过将投机从股票价格转移到了企业上面来，因为遵循价值原则的优秀企业少之又少，全球加起来也不会超过一百家，中国连十家都没有，相反，更多的企业无不是贪婪、奸诈、攫取、权谋、自私的代名词，就像索罗斯所说的那样，充满着谎言和欺骗，成功的光环后面，藏着许多看不见的污垢，成王败寇的评价逻辑不仅适用于政治，同样适用于企业，投资者千万不可太天真。

4. 技术走势状况分析

即市场或趋势的技术面分析，这是中国投资者最为熟悉的。应该说，技术分析具有其他方法所不具备的独特价值，这是因为技术分析是紧贴市场的，是对市场最直接和直观的反映，而且技术分析依据的都是最真实可靠的数据，只不过这些数据都是已经过去的历史数据罢了。正因为技术分析是单纯依据过去判断未来，其局限性也就非常大，因为多数情况下，指数、价格的前后之间不存在因果逻辑关系，根据过去的数据得出的未来结论，可靠性并不高。

以笔者之见，技术分析的作用或价值，不在于我们所熟悉的那些方法及其预测、信号等功能，而在于对宏观分析、心理分析、价值分析等其他分析方法结论的验证，可以说，整个技术分析体系和所有的技术分析方法，都属于市场及投资分析的验证或检验系统，相当于企业的质检部门或质监部门，起着最后把关的作用。

关于投资和市场分析预测的方法，是一个很大的课题，内容广泛而复杂，以上所谈只是主要或核心部分，并没有涵盖市场及投资分析方法的全部，即使是以上四项主要内容，在各自内部还可以延伸出很多具体的方法。所以，对待投资方法，最科学合理的态度是把它看成一个大系统，而不能把任何一种具体方法绝对化，也不能死认定一种方法并排斥其他方法，要兼容并蓄、融会贯通、取长补短、相互配合。

至于大家熟悉的基本面方法与技术面方法的划分，并不是很科学的，不足以涵盖所有的投资方法，并且二者之间也不是对立的关系，而是互补互融的关系，正如约翰·墨菲所说的那样："我既认为技术性方面确实领先于已知的基础性方面，同时也相信，任何重大的市场运动都必定是由潜在的基础性因素所引发的。因此，道理很明白，技术派应当对市场的基础性状况有所了解……基础派分析师也可以利用技术性因素来验证自己的判定，或者提醒自己市场上可能将要发生什么样的重大变故。"

此外，本书第二章提出的六大规律和趋势属性（即趋势规律），是笔者认为最主要的市场分析方法和工具，至于其他具体方法，都是从这六大规律中延伸出来的，而且任何一种单一方法都有很大的局限性，只有将主要的方法加以系统综合和灵活运用，才可能接近把握和预测市场及趋势，这就要看投资者的功底和能力了。

所有的投资方法都是公共的，但理解和运用上的深浅、高下差别，则可能是巨大的。如果通过投资方法的代表人物来构建投资方法体系或系统的话，笔者以为，把道氏、艾略特、格雷厄姆、费雪、索罗斯、林奇相加，整个投资方法系统基本上就完整了，若再对其他方法有所了解的话，那就更好了。

◎ 趋势投资应抓大放小

在前面的第二章中曾经分析过，趋势既有大小规模之分，又有高低层次之分，所以，在进行趋势投资时，必须抓大放小，有所为有所不为，才能获得投资的成功，如果胡子眉毛一把抓，不分主次，其结果必然是捡了芝麻，丢了西瓜，得不偿失。

抓大放小是一个处理问题和解决问题非常重要的策略，那就是要抓住问题的主要矛盾和矛盾的主要方面，毛泽东《矛盾论》一文是对这个问题的最好的分析论述，投资者应好好读一读这篇文章。具体到投资上，内容也非常丰富，至少包括如下几个方面：

第一，对市场进行分析预测时，必须抓住最重要的因素。每个大趋势、每轮大行情，尽管会受到多种因素的影响，但必定有一两个主题或因素是最重要的，这在前面系统规律中论述影响市场要素的权重排序时，已经谈过了。

第二，在选择投资目标时，尽可能做那些大中型趋势，放弃那些规模过小的趋势。衡量规模大小的标准主要是时间，同时结合空间。由于趋势大小在未结束之前，是无法准确界定的，但投资又必须在趋势开始时就进入，因此，趋势大小在投资时实际是个预测评估问题，这也就与上一个要点联系起来了。

第三，对待投资所持的仓位或所选的个股，必须用中长期眼光看待。一要看大盘指数中长期趋势健康与否，二要看个股企业、产业发展良性与否，只要这两个方面没有问题，就可以耐心持有，不要受短期指数和股价波动的影响。

第四，对于投资的盈亏，要有举重若轻的心态，风物长宜放眼量，志存高远，视野开阔，拿得起放得下，不可患得患失，目光狭窄，急功近利。

第四节 从投资方法到投资之道

Section4

关于证券投资方法的探讨和回顾，到此本来应该结束了，但从投资的实践需要来看，仅仅停留于此还不够，需要进一步从投资方法提升到投资之道。

◎ 投资是理念与方法、理论与实践的完美结合

"看山是山，看水是水；看山不是山，看水不是水；看山还是山，看水还是水"，这段著名的禅语，是我国古代禅宗对参禅悟道三阶段的经典概括。到了清代，大学者和诗人王国维，又以古代三位诗人的三首词作的集句，来表达对人生、学问、事业认识追求的三境界："昨夜西风凋碧树。独上高楼，望尽天涯路"为第一境界；"衣带渐宽终不悔，为伊消得人憔悴"为第二境界；"众里寻他千百度，蓦然回首，那人却在，灯火阑珊处"为第三境界。

无论禅宗论禅道还是王国维论学问，都指出了人类对客观事物的认识和实践，需要经过三个不同的阶段或过程，才能达到最高的境界，对证券市场的认识及投资实践也是这样的。其中，第一个阶段是现象性认识，与盲人摸象本质上没有什么两样，自己看到什么就认为是什么，今天指数大涨了，就以为上升趋势确定无疑了，明天指数大跌了，就认为趋势要反转了，今天见到自己的账户有浮盈了，就认为自己判断对了、能赚钱了，明天见到自己的账户出现了浮亏，就认为自己判断错了。当这种情况经历多了之后，投资者就不再那么简单地看待市场和投资了，知道市场和投资是复杂的，眼睛直接看到的不一定是准确可靠的，于是，开始学习、思考，探索市场更深层的规律，以期找到更稳定可靠的投资方法。这种不断探索和尝试各种不同投资方法的过程，是对市场和投资认识的第二个阶段，所有的投资理论和方法都是在这个阶段产生的，本书前面所有的内容都是对这个阶段认识成果的总结，而且涵盖了从近代到当代一百多年的历史。

但到此还远远不够，因为所有的投资方法还都是通过形式逻辑获得的，都存在自身不可克服的内在缺陷，这是一个

非常深奥又尖锐的科学和现实问题，20世纪30年代奥地利数学界哥德尔提出的科学不完备性定理，就是对这个问题最好的回答。

不完备性定理虽然理论形式比较深奥，但也可以大致用通俗的语言来这么表达：任何理论、任何科学、任何方法、任何事物，都存在自身不可克服的缺陷或者不能证明真假的命题、观点。哥德尔不完备性定理虽然是直接从数学入手研究的，也是用数学语言表达的，但却是所有科学都存在的困境，从哲学上看，也就是人类思维和知识的困境，尤其表明形式逻辑不能解决认识中的所有问题或矛盾，而现有的认识和科学知识体系，主要就是依靠形式逻辑建立起来的。

这种认识的局限性、不完备性，其实中国古人早就认识到了，只是没有形成哥德尔那样的理论模式，而是用各种通俗的形象加以表达，比如，人不能自己看到自己的后脑勺，人不能自己扛起自己，不识庐山真面目，只缘身在此山中，等等。

所以，在证券投资上，要想真正获得投资的成功，必须从投资方法阶段进入到投资之道阶段，也就是第三个阶段。在这个阶段，对各种不同方法已不是单纯地理解和使用，而是加以融会贯通、兼容并蓄，以整体、系统、发展的视野来看待市场及所有投资方法，也就是以辩证法或辩证逻辑作为最根本的方法，来统摄其他所有方法，也就是必须站在庐山之上（比如飞机上或比庐山更高的山上）看庐山，站在自身之外看自己，这是科学摆脱不完备性困境的必然之路，也是人类及其思维具有自我超越性的伟大之处。

在投资之道阶段，重要的已经不是投资方法，而是投资理念和个人修为，具体方法仅仅是投资的工具，它为投资理念服务，并在投资理念的指导下使用，因此，也就需要因时因地而异，并没有始终不变、永远正确的方法。这一点中国人应该不难理解，在中国源远流长的武术传统中，各种武侠小说、电影都会讲到武术之道和武术之器的关系，证券投资中的理念与方法的关系与此完全是一样的。武术大师都是道、器双修且以道统器的，投资大师也是这样，这就是为什么在方法上、在器具上，大家用的都是相同的东西，却只有少数人成为大师而多数人难以成功的主要原因，大师在道或理念的规范下，对方法、器具有更深刻、更准确的理解，然后又能做到更恰当的运用。

虽然投资之道更为根本，但它又不能越过投资方法阶段而直接到达，必须经过投资方法阶段的不断探索、学习，然后再反复积淀、融合、参悟，最后才可能进入投资之道阶段。这正是投资成功的艰难所在，许多人在达到投资方法阶段后，就无法进一步再迈向投资之道阶段了，江恩、杰西·利维摩尔（《股票作手回忆录》中的现实主人公）就是典型代表。另有不少人则只能坐而论道，谈投资理论或方法一套一套的，但基本属于纸上谈兵，许多所谓的专家、大学投资教授，就是这类人的典型代表。其实，后一类人所理解的投资理论还不是真正的道，至少不是活的道，而是死的、僵硬的道。

投资成功的整个过程，就是从现象到本质、从简单到复杂、由浅入深，再从本质到现象、化繁为简、深入浅出的认识循环，也是认识与实践不断循环的过程。将以上内容归总起来，那就是投资理念与方法、理论与实践的完美结合，如果能到达这种结合，那么，投资成功就是必然的了，如索罗斯、巴菲特、林奇，因此，可以将他们的成功称为必然性成功、真正的成功。如果不能实现上述结合的话，虽然谁都有可能获得短暂的、偶尔的成功，但这属于博彩性、撞大运式的成功，这样的成功是无法持续稳定的，不是真正的成功。

◎ 投资是对智慧和人性的全面挑战

证券投资就像体育中的十项全能比赛，需要十分全面的能力，不能有明显的缺陷或弱项，否则，你就不可能获得成功。因此，投资成功对人的要求非常高，甚至比战场打仗的要求还要严格，所以，几百年来，尽管这个领域的参与者总数至少超过十亿人，可成功者少之又少。

由于投资成功涉及的因素非常多且细，无法一一列举，这里只能概括性谈三个主要方面。

1．大智慧

投资需要一个非常聪明的头脑，这是很容易理解的，但仅仅聪明是不够的，它更需要的是一种超越聪明的大智慧。至于这种大智慧是什么，很难说得清楚，含义非常宽泛，几乎无所不包，人生、社会、自然、人性、经济、科学、历史、哲学、市场、金钱等都属于大智慧的一部分。勉强而言，大智慧也可以说是一个人对自然、社会、人生的整体认识和把握，以及相应的思维方法、核心理论、基本信念等，真是博大精深，无穷无尽。而且，这些内容属于比较抽象、宏观的东西，只可意会，难以言传，因知识的宽窄、经历的多寡、认识的深浅、境界的高低不同，每个人的理解差异会很大。

此外，在投资大智慧中，不仅需要逻辑，也需要在长期思考、实践之下所形成的良好直觉、感悟。

2．超然博大的胸怀

主要指对盈利、金钱、风险等利害关系要有正确的认识和豁达的胸襟。通过投资发财致富或视投资为最好的致富捷径，是许多投资者对证券投资最直观的理解和普遍的愿望，这虽然不能说有什么绝对性的逻辑错误，但却是对证券投资非常片面和带有强烈主观色彩的误解，这样，就很容易带着先入之见和过于强烈的金钱欲望看待市场，难以客观、冷静地对待市场的机会、风险及二者之间的关系，更不能深入地认识市场，结果，就会不断地造成判断错误，甚至导致破产的悲剧。

投资者与市场的关系很有点像男人对女人的关系。对待市场、对待投资，就应该像对待女人一样。你不能对她有过于强烈或直截了当的占有欲望，即使你真心爱一个女人、她也对你有些意思，你也不能露骨地表达、行动或穷追猛攻，否则，会将她吓跑；假如你心怀鬼胎，企图强行占有她，你可能得一时之快，但你也将面临牢狱之灾；假如你遇到用色相下套的女人而经不住诱惑、不能自持的话，你肯定会落入陷阱，成为别人的瓮中之鳖；假如你因为女人有不可理喻的一面，就冷淡她、伤害她、抛弃她，那你就不可能得到女人才能给予的幸福。

那么，什么才是对待市场之道呢？其实，问题的答案是有的，即对待女人的最佳方式，也就是对待市场的最佳方式。一方面，要有诚心、爱心、体贴心、认同心、宽容心、奉献心，总之，要有一颗博大的胸怀，要充分尊重和理解女人，只要不是破坏性的缺点，要包容女人的小毛病甚至明显的缺点，不可自私自利，不可唯我独尊，更不可视女人为玩偶，贪占不属于你的美色，或见异思迁，见一个、爱一个；另一方面，必须讲究策略和方法，对待女人、追求女人，最有效的方法是迂回进取，直接进攻往往会失败，此外，需要收放自如，若即若离，采用弹性策略，既不可盲目放纵，也不可紧捏在手里。

相对于投资方法，大师们对待金钱、投资和市场的态度也许更值得我们学习。巴菲特将投资比喻为打球，投资者紧盯着的应该是球，而不是记分牌，它的意义就是要求投资者别对盈利与否过于看重，真正的投资者应善于利用市场的非理性和其他人的愚蠢行为，并依靠耐心和毅力抵抗住市场非理性的诱惑，无论是分析还是投资，都要与市场保持足够的距离。他还说，"如果你有一个亿开始，每年既可以没有一点风险地挣10%，也可以有些风险地赚20%。一年结束后，你可能有1.1个亿，也可能有1.2个亿，这有什么区别呢？如果你这时候过世，写亡讯的人可能错把你有的1.2个亿写成1.1个亿，于是，有区别也变成没区别了。过于看重利益，对你，对你的家庭，对任何事，都没有任何一点点不同，但是万一有个闪失的话，特别是当你管理着属于他人的钱时，你不仅仅损失了自己的钱，朋友的钱，还要损失你的尊严和脸面。""总之，如果你认为得到两个X比得到一个让你更开心，你可能就要犯错了。重要的是发现生活的真谛，做你喜欢做的事。如果你认为得到10个或20个X是你一切生活的答案，那么你就会去借钱，做些短视以及不可理喻的事情。多年以后，不可避免地，你会为你的所作所为而后悔。"

3．良好的修炼和习惯

投资既需要良好健康的心态，也需要良好的习惯和严格的纪律约束，这都涉及个人品质、品行、性格的修炼。对此，大家已经比较熟悉了，笔者也反复做过论述，故这里就不再啰唆这个问题了，但抄录一段对大师的总结来表达笔者想说的话。

有一个叫马克·泰尔的人，专门从投资理念、纪律、习惯等方面来探讨证券投资大师的成功之道，并将研究成果撰写成一本叫《巴菲特和索罗斯的投资习惯》的著作，结果发现，两个方法、风格完全不同的世界顶级投资家，却有着23个几乎一致的投资习惯，尽管笔者认为，其中有些归纳并不是很到位，也不够专业，但其启发、借鉴意义还是非常大的。

（1）相信最高优先级的事情永远是保住资本，这是他投资策略的基石。

（2）作为习惯一的结果，他是风险厌恶者。

（3）他有他自己的投资哲学，这种哲学是他个性、能力、知识、品味和目标的表达。

（4）已经开发并检验了他自己的个性化选择、购买和抛售的投资体系。

（5）认为分散化是荒唐可笑的。

（6）憎恨交纳税款和其他交易成本，巧妙地安排他的行动以合法实现税额最小化。

（7）只投资于他懂得的领域。

（8）从来不做不符合他标准的投资，可以很轻松地对任何事情说"不"！

（9）不断寻找符合他标准的新投资机会，积极进行独立调查研究。只愿意听取那些他有充分理由去尊重的投资者或分析家的意见。

（10）当他找不到符合他标准的投资机会时，他会耐心等待，直到发现机会。

（11）在做出决策后即刻行动。

（12）持有赢钱的投资，直到事先确定的退出条件成立。

（13）坚定地遵守他自己的交易系统。

（14）知道自己也会犯错误，在发现错误的时候即刻纠正它们，因此很少遭受重大损失。

（15）把错误看成学习的机会。

（16）随着经验的积累，他的回报也越来越多……现在他似乎能用更少的时间赚更多的钱，因为他已经交够了"学费"。

（17）几乎从来不对任何人说他在做些什么，对其他人如何评价他的投资决策没兴趣也不关心。

（18）已经成功地将他的大多数任务委派给了其他人。

（19）花的钱远少于他赚的钱。

（20）工作是为了刺激和自我实现，而不是为了钱。

（21）迷恋投资的过程(并从中得到满足)，可以轻松地摆脱任何个别投资对象。

（22）24小时不离投资。

（23）把他的钱投到他赖以谋生的地方。

◎ 投资是以弱对强

与笔者喜欢将市场比喻为女人一样，笔者也喜欢将投资比喻为农业。投资与农业在许多方面是完全不同的，但在根本的一点上却是完全相同的，那就是靠天吃饭。市场就是投资的天，尽管农业的收成和投资的好坏，与农民和投资者的勤奋、努力、智力等也是有关系的，但这种关系并不能左右最后的结果，还要同时受到大自然、市场力量的左右。这种状况提到哲学的高度来看的话，就是农业和投资的主体（即内因）对于结果的控制性较弱，而外部条件（即外因）对于结果的制约性较强，而在如驾车、读书学习、科研、工业生产、建筑等活动中，主体对于结果的控制性是较强的，受外部条件的影响较小，只要主体严格遵循事物的规律和有足够的努力，其目的是基本能够控制和达到的，但农业和投资却是做不到这一点的。

正是因为农业受环境、气候等不可抗拒因素的影响很大，具有结果的不可控性，所以，经济学上将其称之为弱质产业，需要受到与其他产业不同的保护，这样，它才能获得与其他产业一样的社会平均利润率，才能更好地维持再生产以及相应的市场竞争力。这一点越是发达的国家表现得越明显，美国、欧盟、日本等，对本国农业制定了大量优惠政策，对农业的保护性补贴额非常高，中国也在几年前取消了农业的一切税费。可惜，与农业性质一样的证券投资，是不可能获得农业那种保护和补贴待遇的，因为证券投资本质上是一种权益流动，不直接创造财富，主要是参与财富的再分配，而且再分配后的财富也完全归个人所有，并不像农业那样属于整个社会的基本生活物质，因此，对于证券投资的弱质性、不可控性缺陷，只能靠投资者自己去把握和克服。

其实，无论从哪个角度看，投资者相对于市场都是弱者，而且这种弱者的地位是永远改变不了的，这一点如同人类与自然的关系，不管人类多么强大，在大自然面前永远是一个弱者，当地震、海啸、水灾、旱灾、生态失衡等自然灾害发生时，人类依然无可奈何。可是，许多投资者却不能充分地认识到投资这种以弱对强的本质，反而认为人类是自然之灵，因而完全可以战胜市场，其中主要有两种表现形式。

其一，认为自己特别聪明，能完全窥破市场的秘密，能找到对付市场的技术或方法，于是，穷其一身、千方百计地寻找、探索战胜市场的秘诀，而结果无一例外以失败甚至悲剧收场。或多或少地有这种想法和欲望的投资者特别多，笔者仅举出两个经典例子就够了，一个是前面讲过的江恩，一个是杰西·利维摩尔，即《股票作手回忆录》主人公原型（书中所述事件与实际情况几无差异），两人都是绝顶聪明的人物，都创造过神奇的盈利记录。江恩的事迹已经讲过了，利维摩尔也是同样了不起。20世纪初，年纪轻轻的利维摩尔，通过投机股票和农产品期货赚了几千万，曾留下两项著名的纪录，即一个月中赚取1000万美元和三个小时赚进20万美元，这在当时被人们视为一个天文数字，因为那时的美国人的年均收入不过才1000美元。

具有讽刺意味的是，他们两个是关系密切的同时代人，江恩和利维摩尔有过多次交往，而且，当1934年利维摩尔再次破产时，江恩还曾经资助过他，从而使利维摩尔渡过危机，卷土重来，并赚了很多钱。可是，江恩在他的《华尔街45年》里，却是这样评价利维摩尔的，"利维摩尔的一个弱点是，他除了学习如何赚钱以外，什么都不学。他从不学习保住钱的方法，他贪心，有权力欲，所以，当他赚了一大笔钱时，就不能稳妥地交易。""他试图让市场跟着他的意愿走，而不是等待市场或顺着自然的趋势。利维摩尔在赚了许多钱后自杀了，死的时候实际上已经破产。为什么利维摩尔赚了几百万美元却不能保住财产？这是因为他每次都同样贪心，同样欲图权力，希望成为大人物并操纵市场。他想要支配一切，没料到天有不测风云，意外确实出现了，而且总是出现，因此，结果是他最终输了钱。"而《股票作手回忆录》的作者，则模拟利维摩尔的语言说道，"根据我身为股票作手几十年的经验，我相信没有一个人可以始终一贯地持续击败股票市场。"而利维摩尔的原话是这样说的，"你可能是一时的国王，但你永远无法打败市场。"但不管怎么样，他等于用自己的亲身经历，验证了市场不可战胜的真理。

虽然江恩的结局要略好于利维摩尔，因为他在交易中有着较强的克制力，并且十分强调止损的重要性，但江恩在其预测体系中所表现出来的战胜市场的强烈欲望，绝不亚于利维摩尔在操作中战胜市场的欲望。可是，这两个人的崇拜、模仿者一直很多，其实他们的投资思想和方法，从根本上看是错误的，他们的结局也是失败的，原因就在于他们没有看到或不承认投资者在市场面前永远是弱者的残酷现实，即使他们嘴上也说过市场不能战胜的话，但骨子里还是把自己看成能战胜市场的强者，具有一种强烈的堂吉诃德式的、幼稚的英雄情结。

其二，认为自己有雄厚的资金实力，据此可以操纵或战胜市场。这固然有一定道理，而且确实也有一些个人或机构成功地操纵过市场，但是，这种资金实力上的强大是相对的，只是针对资金分散而弱小的散户而言是强大的，可针对整个市场而言，哪怕资金再大，依然是弱小的，如果认识不到这一点，同样逃不脱失败的命运。这方面的例子就更多了，本书第一章就举过三个著名的例子，像德隆系、中科系也是众所周知的例子，因此，也就不必要再举其他具体例子了。

总之，逆市场而动，企图依靠资金或其他实力战胜市场的操纵者，可以成功于一时，但最终必定以失败收场。不少人将索罗斯也看成市场的操纵者，或者认为他的巨额财富是靠操纵市场而得来的，这是不正确的。索罗斯确实能调动很大的资金，其投资方法与操纵也有相似之处，但除了某些带有政治因素的投资外（要知道索罗斯有着浓重的政治情结），在他完全出于经济考虑的投资中，无论从其动机还是投资依据看，都不能说是操纵，而是他深刻地认识到了社会和市场的体制性、政策性、结构性缺陷及其必然变化并加以利用的结果。

既然投资者在市场面前永远是弱者，是不是就不能取得投资的成功了呢？并不是这样，就像人类与自然相比是弱者，但人类照样可以取得各种伟大的成就一样，而投资大师的成功也同样证明了这一点，所以，问题的关键不在于是弱者，还在于作为弱者的投资者怎样应对强大的市场。

在这方面，其实我们的老祖宗早就为我们提供了现成的答案，那就是以静制动、以守为攻、大智若愚。在中国典籍和历史中，有关以弱胜强的哲学、思想、策略、方法、案例数不胜数，道家、兵家、毛泽东军事思想，是其中的三家杰出代表，老子的《道德经》、孙子的《孙子兵法》、毛泽东的战争艺术，可以说是世界上最优秀和最有价值的市场哲学、投资哲学，真正读懂了这三个人，其作用绝不亚于学习巴菲特和索罗斯，巴菲特其实就是老子的化身，索罗斯就是孙子的再现，甚至有几分毛泽东的影子。

由于这方面的内容实在是太丰富又深奥了，怎么说也都是表达不尽、论述不全，还是投资者自己去慢慢思考和体会吧！

◎ 投资的九九归一

九九归一是中国哲学、文化中一个十分核心和普遍运用的概念，含义非常丰富，即使写一本书也说不尽，但最基本的含义主要是四个相互关联的方面。

其一，表示客观事物的循环发展。"一"是一切事物的基础、开端、起点，但这时候的"一"，是混沌的、隐性的，当其经过很多的发展变化后，又会重新归于"一"，这时候的"一"，是完整的、完满的，是结束、是终点，又是新的开始。这种循环反复以至于无穷的过程，正是事物螺旋式前进和发展的普遍规律。

其二，表示人类对世界或客观事物漫长、复杂、完整的认识过程。曾有学者将这种认识过程的九九归一作出如下详细的排列：一是本原，混沌不清；二是矛盾或对立，两种相反的观点相互排斥，或者认识中出现自相矛盾；三是多样性或相对性，是事物矛盾本质的延伸，一般表现为左中右、上中下、涨跌横三元格局，不存在非此即彼的绝对性；四是过程和连续，认识在不断反复中深化；五是全面，东西南北中，一个都不能少；六是立体，要考虑时间和空间的关系，因时因地而异，具体情况具体分析；七是层次，事物是由不同层次构成的，认识也需要这样；八是系统，事物是一个完整而复杂的系统，又是发展变化的系统，不能就事论事，不能只见树木，不见森林；

九是极限，认识是受到主观和客观诸多因素限制的，因此是有极限的，也就是说，有些东西是永远无法认识或预测的；十（重新开始的一）是圆满，即必须将上述九个方面综合在一起，才是对事物完整的认识，这既是旧事物认识的终点，同时又是新事物认识的起点。

其三，表示对事物终极本源的认识、提炼、归纳。历史上几乎每一个哲学家、思想家、政治家，在对世界或某一客观事物进行较充分的认识后，都会将认识的最终结果或结论归结为"一"，如《易经》的"易"，老子的"道"，孔子的"仁"，法家的"法"，黑格尔的"绝对精神"，马克思的"物质"，毛泽东的"为人民服务"，证券投资的"趋势"、"价值"等等，即使像笛卡儿那样典型的"二元论"者，在其"二元"之上仍然要最终归于"一"——上帝，连大科学家爱因斯坦后半生也是致力于"统一场论"的研究，这种追求高度统一的思想，可以说是人类永恒的理想和追求。

其四，表示应对自然、社会的高超策略。这是中国人对策略、方法理解和运用的最高境界，如无为而无不为，无招胜有招，以不变应万变，以变应变。就拿大家熟悉的有招胜无招来说，它需要一步步经过五个不同的阶段（武术上也叫做重），才有可能达到有招胜无招的至善境界：第一重，"心中无招，手中无招"，即还未学武，不知道武术是何物；第二重，"心中有招，手中无招"，初学者，虽然知道或记住了一些很表面化的招数，但并没有真正掌握，更不会实战应用，一旦临敌就难以招架；第三重，"心中有招，手中有招"，熟练者，深浅、好坏不一，但还是比较机械，没有完全化为自己的东西；第四重，"心中无招，手中有招"，高手，招数已经内化为自己的东西，但还是不能摆脱招数的制约；第五重，"心中无招，手中无招"，至高境界，不但心中无招，使出来的也似招非招，旁人根本无从破解，就像道家所言的"大象无形"、"庖丁解牛"，得心应手，身心一体，天人合一。

　　在人类历史中，能到达九九归一高超境界的人是很少的。就文学艺术而言，中国有两个人基本到达了，一是诗人李白，一是小说家曹雪芹；就政治、军事领域而言，中国也有两个人基本达到了，一个李世民，一个是毛泽东。至于中国之外的历史，由于笔者还没有熟悉到应有的程度，不好下结论。

　　在历史不长的证券投资领域，笔者认为，只有索罗斯可以说基本达到这种九九归一的境界，至于巴菲特、林奇，似乎还欠缺点什么。

中国投资者对证券投资方法是最青睐的，股票书籍中关于投资方法也是最多的，但是，笔者认为，在中国，真正深刻、全面理解投资方法的不多，投资方法的运用自然也不会好到哪里去。主要原因有三：其一，证券投资方法涉及的内容太深太广了，自然、社会、人性、历史、文化、心理、经济、哲学、科学、产业、企业、财务、技术分析、经验等都在其中，几乎是无所不包，但投资者中，又有几个具备这样博大精深的知识结构呢？其二，中国证券市场的发展和投资历史太短了，又是从西方引进的外来嫁接品，所以，整个社会对证券市场及其投资的认识都是比较肤浅的，笔者从自身的经历中，就能强烈地体会到这一点，笔者的起点应该说不低，又勤于思考，过程尚且如此，其他人也就不会好到哪里去；其三，所有的投资方法都是从西方尤其是美国引进的，由于知识、经验的局限，翻译介绍者本身就没有弄懂这些方法，以其昏昏，又何以能使人昭昭？

正是基于这样的认识，在自己两年多的投资方法研究和写作基础上，决心撰写一部较深刻、全面、客观地探讨和介绍投资方法的著作，以作为投资者学习投资方法的入门教材，但愿本书能达到这个目的，不让投资者和读者失望。

证券市场及其投资是一个巨大的系统，投资方法自然也是如此，正因为这样，存在着许多或相同或不同、或相互容纳或相互冲突的方法。其中，任何一种方法都有道理和价值，又都有局限及相应的条件约束，因此，不存在万能的方法，而且，不同的方法之间，既存在着本身优劣程度的差异，又存在着环境条件的匹配差异。所以，投资者在选择和运用投资方法时，必须同时考虑到多个方面：一是每种方法本身的优劣程度；二是自己对每种方法的认识理解程度，再好的方法，你不能完整准确地理解，对你就不合适，至少需要等待理解后再用；三是每种方法的适用环境和条件，恰当的方法只有用在与其特点相适应的市场、品种上，才是好的方法，否则，就会南橘北枳；四是自己的个性特点和优势，某种方法只有与自己的个性、优势吻合，才是好的方法，否则，就会东施效颦，适得其反；五是要将所有的方法作为一个整体来考虑、平衡，相互配合，兼容并蓄，融会贯通，不能相互割裂，各行其是，否则，就会支离破碎，盲人摸象。

投资者学习和运用投资方法，最关键的问题是要摆脱具体方法的局限和约束，不要做井底之蛙和夜郎国人，要使自己的思维和视野进入到方法论的最高层次，从而把握市场和投资中最本质、最基本的一些要素、规律、矛盾、特点，然后形成自己既系统化又弹性化的投资分析和操作模式，这就是书名"万法归宗"的主要含义。

不过，"万法归宗"更深入的含义是，必须从投资方法提升到投资之道。如果用更宽广的视野来看证券投资的话，它和任何其他伟大的事业一样，成功只能建立在深刻的思想、高尚的品质、博大的胸怀基础之上，需要纵横捭阖的大智慧，天（市场）人合一的高境界，雕虫小技、思想浅薄、心胸狭隘、急功近利，是永远不可能获得成功的。到了这个境界，才能真正做到无招胜有招，既能使任何投资方法为我所用，又不拘泥于任何具体的方法，一切因时因地而异，一切顺势而定而变。

关于证券投资，笔者有四个最爱用的比喻：一是市场像女人，二是投资像农业，三是方法像工具，四是预测像下棋。四者结合起来，表达成逻辑语言，那就是用什么方式方法，去较准确地把握女人的心思和大自然的天意，然后赢得女人和老天（即市场）的赞许和恩赐，从而获得幸福和财富。但这样的表达方式还是比较功利化、工具化即经济学式的，不能完全达意，最好的表达是哲理式的文学或诗性语言：市场是投资者的亲密情人、血缘父母、哥们朋友，必须用自己的爱心、慧心并站在他们的角度，去体贴、去感悟、去理解，这样，才能做到心心相印、知己知彼、相互包容、主客一体、物我两忘；市场又是投资者的上天、大自然、主人，伴君如伴虎，它既能给你无限荣耀，也能轻易地要了你的命，你只能敬畏他、顺从他，不能违背它、抗拒它、指使它，甚至还不能评判它的好坏、善恶，但顺从又不能仅仅停留在察言观色的现象层面，必须进入到它的灵魂深处，同时还要清楚它是会变的，你也得因势因时因地而变，凡此种种，需要多么高超的智慧和娴熟的技能啊！

欢迎有志于投资方法的朋友相互交流、合作。

联系电话：13978622689

电子邮箱：gxchenlihui@sina.com

陈立辉

2009年12月

"引领时代"金融投资系列书目

序号	书名	作者	译者	定价
	世界交易经典译丛			
1	《我如何以交易为生》	（美）加里·史密斯	张 轶	42.00元
2	《华尔街40年投机和冒险》	（美）理查德·D.威科夫	蒋少华、代玉簪	39.00元
3	《非赌博式交易》	（美）马塞尔·林克	沈阳格微翻译服务中心	45.00元
4	《一个交易者的资金管理系统》	（美）班尼特·A.麦克道尔	张 轶	36.00元
5	《菲波纳奇交易》	（美）卡罗琳·伯罗登	沈阳格微翻译服务中心	42.00元
6	《顶级交易的三大技巧》	（美）汉克·普鲁登	张 轶	42.00元
7	《以趋势交易为生》	（美）托马斯·K.卡尔	张 轶	38.00元
8	《超越技术分析》	（美）图莎尔·钱德	罗光海	55.00元
9	《商品期货市场的交易时机》	（美）科林·亚历山大	郭洪钧、关慧——海通期货研究所	42.00元
10	《技术分析解密》	（美）康斯坦丝·布朗	沈阳格微翻译服务中心	38.00元
11	《日内交易策略》	（英、新、澳）戴维·班尼特	张意忠	33.00元
12	《马伯金融市场操作艺术》	（英）布莱恩·马伯	吴 楠	52.00元
13	《交易风险管理》	（美）肯尼思·L.格兰特	蒋少华、代玉簪	45.00元
14	《非同寻常的大众幻想与全民疯狂》	（英）查尔斯·麦基	黄惠兰、邹林华	58.00元
15	《高胜算交易策略》	（美）罗伯特·C.迈纳	张意忠	48.00元
16	《每日交易心理训练》	（美）布里特·N.斯蒂恩博格	沈阳格微翻译服务中心	48.00元（估）
	实用技术分析			
17	《如何选择超级黑马》	冷风树	——	48.00元
18	《散户法宝》	陈立辉	——	38.00元

19	《庄家克星》（修订第2版）	童牧野	———	48.00元
20	《老鼠戏猫》	姚茂敦	———	35.00元
21	《一阳锁套利及投机技巧》	一阳	———	32.00元
22	《短线看量技巧》	一阳	———	35.00元
23	《对称理论的实战法则》	冷风树	———	42.00元
24	《金牌交易员操盘教程》	冷风树	———	48.00元
25	《黑马股走势规律与操盘技巧》	韩永生	———	38.00元
26	《万法归宗》	陈立辉	———	40.00元

图书邮购方法：

方法一：可登陆网站www.zhipinbook.com联系我们；

方法二：可将所购图书的名称、数量等发至zhipin@vip.sina.com订购；

方法三：可直接邮政汇款至：

北京朝阳区水碓子东路22号团圆居101室　　邮编：100026 收款人：白剑峰

无论以何种方式订购，请务必附上您的联系地址、邮编及电话。款到发书，免邮寄费。

如快递，另付快递费5元/册。

请咨询电话：010-85962030（9：00-17：30，周日休息）

邮购信箱：zhipin@vip.sina.com　　网站链接：www.zhipinbook.com

丛书工作委员会

本书工作委员会

智品書業
ZHIPIN BOOKS